대통령을 묻어버린 거짓의 산

대통령을 묻어버린 거짓의 산

1권

우종창 지음

거짓과 진실

실마리,
나는 왜 이 책을 쓰게 되었나

 109번 버스는 내 교통수단이다. 서울 우이동에서 출발하는 이 버스는 미아동~길음동~삼선교~대학로를 거쳐 광화문까지 간 다음, 광화문광장에서 유턴해 우이동으로 돌아간다. 2016년 11월 12일 토요일 오후 3시경, 나는 109번 버스를 탔다. 3차 촛불집회를 취재하기 위해서다. 당시 나는 조갑제닷컴의 객원기자였다.
 오후 2시부터 대학생 2천명이 대학로 광장에 모여, 정부 규탄시위를 벌인 뒤, 촛불집회에 참석한다는 종편 보도를 보았기 때문이다. 대학로에 도착했을 때, 나는 허위방송에 속았다는 것을 알았다. 아무리 찾아봐도 10명 이상의 사람들이 모여 있는 곳이 없었다. 방송통신대 운동장에는 7~8명의 학생들이 축구공을 차고 있었다.
 후배 기자들한테 속았다고 생각하니 허탈했다. 오후 5시쯤 광화문광장에 도착했다. 이순신 장군 동상 부근에 수백 명의 군중이 모여 있었고, 시간이 지날수록 그 수가 늘어났다. 오후 7시쯤엔 광장이 가득 찼다.

청계광장 입구에는 포장마차들의 대목이었다. 나는 포장마차에서 닭꼬치와 오뎅을 먹으며 멀리서 집회를 취재했다.

밋밋했고, 열기도 없었다. 그러나 거리행진이 시작되면서 분위기가 서서히 변했다. "세월호 7시간"이라는 구호의 영향이었다. 선두 차에 올라탄 사회자가 "세월호"라고 선창하면, 군중들은 "일곱 시간"이라고 호응했다. 처음엔 소리가 크지 않았다. 점점 대열을 갖춰, 종로대로를 향해 행진하자 호응 소리가 커졌다. "세월호"라는 앞의 세 단어와 "일곱 시간"이라는 뒤의 네 글자가 운이 딱딱 맞아떨어지는 절묘한 구조였기 때문이다.

기자라는 직업의식 때문에 나는 교보문고 부근에 서서 군중 수를 헤아려보았다. 25명 내지 30명이 한 줄을 이뤄 행진했다. 대열이 100개에 이를 때까지는 손가락으로 세고, 100개가 넘으면 수첩에 바를 정(正)자를 표시했다. 1000개를 넘어서자 대열의 끝이 보였다. 대략 3만 명에서 3만5천명 사이였다. 경찰이 발표한 이날 추정 인원도 내 계산과 거의 맞았다.

그런데 어떤 방송은 참여 인원이 30만 명이라고 했고, 또 어떤 방송은 60만 명이 모였다고 방송했다. 열리지도 않았던 대학로 시위가 열렸다고 보도한 방송들이 이제는 집회 참여 인원까지 10배에서 20배로 과장했다.

나는 시민들의 반응을 살피기 위해 4차 촛불집회 현장에도 나갔다.

오후 6시쯤 KT 부근의 집회장 가운데에 앉았다. 집회분위기를 띄우기 위해 운동권 노래가 계속 나왔다. 대학 시절에 불러본 적이 있어, 입을 옹알이며 따라 불렀다.

그러나 "체포하라", "물러나라"는 구호가 나오면 입을 다물었다. 내 앞과 뒤에 앉은 20대 대학생 차림의 젊은이들도 나처럼 딴 짓을 했다. 그런데 내 옆에 앉은 빨간색 조끼 차림의 40대가 구호를 외치지 않는 내가 못마땅한지 계속해서 쳐다보았다. 전체주의 사회의 「빅 브라더」(대형)가 나를 감시하고 있다는 느낌이었다.

그 자리에 오래 앉아있었다가는 무슨 봉변을 당할지 몰랐다. 하지만 주변 인파에 갇혀 꼼짝할 수 없었다. 본격적인 집회가 시작되자 여기저기서 젊은 남녀들이 자리를 이탈하기 시작했다. 그 틈에 군중들 사이에 조그만 통로가 만들어졌고, 나는 그 통로를 이용해 빠져나왔다.

4차 촛불집회의 참석자 수는 3차 때와 비슷했으나, 집회 시작 전에 이탈자가 많은 게 특징이었다. 그런데 방송에서는 60만 내지 100만이 광화문광장에 모였다고 방송했다. 1987년에 있었던 6·10 사태를 현장에서 취재한 나는 100만 군중이 얼마나 많은 숫자인지를 알고 있다. 그에 비하면 촛불 집회는 새 발의 피, 즉 조족지혈(鳥足之血)이다.

박근혜 대통령 사건의 최초 제보자 고영태의 별명은 「고벌구」다. 입만 벌렸다 하면 구라(거짓말)를 쏟아내기 때문이다. 고영태가 「고벌구」로 불렸다는 사실은 법정에서도 공개됐다. 그런 「고벌구」가 절묘한 솜씨로 기자를 만났다. 그의 구라는 사실로 둔갑했다. 검찰 수사의 단서까지 되었다. 점차 고성능 마이크를 등에 업은 「고벌구」는 우리 사회의 이성을 마비시켰다.

대한민국을 혼란에 빠뜨린 대통령 사건을 나는 신문과 방송과 종편을 통해 접했다. 나는 그 기사들을 나이든 기자의 시각에서 보고, 읽었다. 기사의 기본인 육하원칙에 따라 작성되었는지, 소식통이나 관계자 따위의 정체불명의 취재원을 등장시켜 작문하고 있는 것은 아닌지, "확인했다"와 "들었다"를 구분해서 쓰고 있는 것은 아닌지를 주의 깊게 관찰했다.

답답했다. 기자들의 처우가 예전에 비해 나빠졌다는 점은 나도 부인하지 않는다. 정식 기자교육을 받지 않은 프리랜서 기자들이 넘쳐날 수밖에 없는 상황을 나도 안다. 유튜브나 페이스 북 같은 새로운 소통수단에 대비해야지,「무관의 제왕」이라는 기존의 ' 갑질」행태는 버려야 한다. 독자나 시청자들로부터 외면당할 때, 언론사도 타격을 입지만 기자 개인도 불행해진다.

2016년 탄핵 정국 당시, 대한민국에 언론의 광풍(狂風)이 휘몰아쳤다. 날조보도는 예사였고, 이를 바로잡아 줘야할 데스크나 부장이나 편집국장의 존재는 보이지 않았다. 한 기자가 선동적으로 쓴 허위기사를 다른 기자가 베끼고, 그 기사가 여러 매체에 보도되면서 거짓이 진실로 둔갑했다. 쓴 기사에 문제가 생기면, 베낀 기자들은 "이미 보도된 기사를 인용했다"며 책임을 회피했다. 종편에 출연한 몇몇 시사평론가와 몇몇 법조인들의 논평은 거의 선동가 수준이었다.

나는 박근혜 대통령을 두 번 만났다. 대통령이 정치에 입문하기 전인 1987년 무렵이다. 나는 월간조선 부장이었던 조갑제 기자의 취재에 후배기자로 따라갔다. 박정희 대통령이 서거한 1979년의 10·26 사태와 12·12 사태 당시, 청와대에서 있었던 일들을 취재하기 위해서다.

당시 대통령의 나이는 30대 후반이었다. 나보다 다섯 살이 많았다. 그런데도 흐트러지지 않은 단아한 모습으로 취재에 응했다. 질문엔 막힘이 없었다. 대답하기 곤란한 질문을 하면, 말없이 고개를 돌리는 것으로 답변을 대신했다. 체질적으로 거짓말을 하거나 말을 돌려서 하지 못하는 성품이 자연스럽게 행동으로 드러났다.

박근혜 정부 시절, 나는 사기혐의로 징역 8월을 선고받고 법정에서 구속된 적이 있다. 2심에서도 유죄가 선고되자 변호사는 포기의사를 밝히고 내 곁을 떠났다. 7개월 20일가량 수감된 나는 차디찬 감방에서 법전을 보면서, 내 손으로 직접 상고이유서를 썼다. 내가 겪었던 일들을 그대로 적었다. 대법원이 나의 상고이유를 받아들여 무죄 취지로 파기환송하고, 직권보석 결정을 내리면서 나는 석방되었다.

석방 후 1년가량 다시 재판을 받은 나는 최종적으로 무죄가 확정돼 정부로부터 3500만 원의 형사보상금을 받았다. 내가 감옥 안에서 몸으로 체험했던 감옥의 생리와 형사소송 절차와 관련된 많은 것들이 대통령 사건의 수사와 재판에 큰 도움이 되었다.

대통령도 죄가 있으면, 그 죄만큼 처벌을 받아야 한다. 하지만 대통령 사건은 방대한 검찰 조서와 공판 녹취록에 진실이 들어있는데도 검찰과 법원과 기자들은 외면했다. 사건의 한 단면만을 보았기 때문이다. 한 사람이 기록 전체를 보아야 대통령 사건의 실체적 진실은 오해 없이 파악할 수 있다.

내가 대통령 사건을 끝까지 추적할 수 있었던 힘은 박근혜 대통령을 믿고 사랑하는 애국 국민들에게서 나왔다. 그 분들이 매주 토요일마다 태극기를 들고 광화문광장에 나왔기 때문에 나도 힘이 났다. 그것이 대통령에 대한 사랑이고, 그것이 나라 사랑이다. 그런 사랑이 있기 때문에 대한민국엔 희망이 있는 것이다.

미르재단은 대통령이나 최서원과 무관하게 안종범과 차은택이 기획하고 공모했다는 증거는 「대통령을 묻어버린 거짓의 산」 2권에서 밝힐 것이다. 승마 뇌물이 얼마나 조작된 사건인지, 안종범 업무수첩의 실체가 무엇인지도 낱낱이 밝힐 생각이다. 법적 근거를 제시하다보니 책 권수가 늘어났는데, 아마도 내 필력의 한계인 것 같다.

이 책을 쓰는 과정에서 나를 도와준 한 명의 변호사와 한 명의 IT 전문가에게 감사를 드린다.

목차

서문 실마리, 나는 왜 이책을 쓰게 되었나 ・4

I. 언론과 검찰

의상실 CCTV는 2014년에 입수 ・18

「검찰 간부 A」 등장하다 ・22

검찰 간부 A는 윤석열 검사 ・27

신정아·변양균 사건에서 조우하다 ・30

블랙리스트 수사 단서는 이진동이 제공 ・34

윤석열 조언으로 이진동·김의겸 만나다 ・38

윤석열-이진동-김의겸의 「삼각 커넥션」 ・42

한강 주차장에서의 3자 회동 ・45

고영태가 머뭇거리면 노승일이 대답하고 ・48

고영태, 춘천까지 내려가 이성한 만나다 ・51

검찰, A4 용지 두 장짜리 증거서류 묵살 ・55

이성한, "30억5천만 원 받아 달라" 부탁 ・58

고영태, 민주당 오영훈 의원 비서 만나다 ・62

이성한, 한겨레신문과 JTBC 기자 만나다 ・65

고영태 휴대폰 통화내역 입수	• 69
류상영, 「김수현 녹음파일」 공개	• 72
이경재 변호사와 검찰의 날선 공방	• 77
고영태, 헌법재판소 증인 출석 거부	• 83
녹음파일의 주인공 김수현 법정 증언	• 86
이현정 증인 채택은 재판부가 외면	• 92
이진동과 김의겸, 대낮부터 소주 9병 마셔	• 98
「단골 마사지센터장」은 전형적인 날조기사	• 101
TV조선의 한강 주차장 허위 보도	• 104
연합뉴스TV가 보도한 「두 얼굴의 사무총장」	• 107
한겨레신문의 비선 실세 기사는 허위	• 110
검찰, 이성한 진술내용 공개 안 해	• 115
이진동 "고영태는 내부 고발자가 아니다"	• 119

II. 태블릿PC 「날조」와 진실

문서수정 기능 없는 태블릿PC	• 126
재판장의 날카로운 추궁	• 129
심수미의 말 바꾸기	• 133
취재팀장 손용석의 궤변	• 137
고영태 "딱 한 번 보았다"	• 140

태블릿PC 연락처에 최순실은 없어	• 143
김도형 수사관, 공용메일 비밀 풀다	• 146
「철수」가 보낸 메일, 「철수」가 받다	• 149
태블릿PC 요금 납부자는 김한수	• 152
최서원, 드레스덴 연설문 읽지 않아	• 154
검찰, 사실을 숨기려고 까맣게 표시	• 157
공용메일 사용자는 7명	• 159
공무상 비밀과 알권리	• 162
헌법재판관 8명을 고발한 이유	• 166
역사가들이 평가할 문제	• 169
"대통령은 철학이 분명한 분"	• 171
문서파일 147건의 실체	• 174
손석희가 언급한 숫자 44의 의미	• 177
김필준의 자의적 해설	• 180
빨갛게 표시된 드레스덴 연설문의 진실	• 183
독일 쓰레기통 발언은 노승권 검사	• 187
고형곤 검사, 최서원에게 자백 강요	• 190
문지석 검사, 정호성을 겁박하다	• 192
노광일의 등장, 그리고 심수미와 김필준	• 197
김필준, 박헌영 만나다	• 201

"술이 떡이 되도록 마셨다"	• 204
L자 잠금패턴의 비밀	• 207
김한수, 휴대폰 버리고 검찰 출두	• 210
사망한 이춘상에게 책임 떠넘겨	• 213
태블릿PC 분석보고서 공개되다	• 216
국과수, 태블릿PC 검증 실시	• 219
위치정보가 7개인 이유	• 222
독일 영사콜의 비밀	• 226
「자료 검색자」는 김한수로 추정	• 229
김한수 진술이 판결의 결정적 근거	• 233
김한수 고백은 특검에서 나왔다	• 236
"내가 손석희에게 태블릿PC를 주었다"	• 240
"태블릿PC는 필요 없었는지도 모른다"	• 243

Ⅲ. 재판과 감옥생활

길고 긴 기다림의 시작	• 248
구속영장을 밑줄 치며 읽었다	• 250
"차고 넘치는 증거"는 언론 보도	• 253
대통령 진술이 휴지조각 되다	• 255
대통령과 김수남 총장 집안의 악연	• 258

검찰 수사는 오로지 대통령을 겨냥	• 261
최서원 면회하러 남부교도소 가다	• 264
김수남·윤석열은 총각 검사 1호와 2호	• 267
TV조선, "대통령 울었다"고 허위 보도	• 269
감옥에는 자유가 없다	• 274
감방문은 오후 5시에 굳게 닫혀	• 277
감옥살이는 「앉은뱅이」 징역	• 280
감옥과 법정을 번갈아 오가는 고역	• 284
법정 책상에 처음 엎드린 대통령	• 286
"대통령이 죽으면 검사들이 책임질 거야"	• 289
특검의 무리한 수사와 일관성 없는 검찰	• 292
대통령에게 적용된 18개 혐의	• 295
최서원, 법정에서 통곡하다	• 298
누구도 원망하지 않은 대통령	• 301
"대통령님, 힘내세요"	• 304
김종, 박원오의 특검 진술 탄핵	• 307
"세계승마협회 홈페이지에 진실이 있다"	• 310
김재수 장관 등 재판 방청	• 312
구속영장 남발 가능성 지적	• 314
굶주린 사자 속에 던져진 대통령	• 317

13일의 금요일은 역시 불길한 날	• 319
변호사가 지켜본 대통령의 인간미	• 321
"대통령을 이렇게까지 엮을 수는 없다"	• 324
SK그룹 89억 뇌물요구 사건의 진실	• 327
박영춘 전무의 지혜로운 처신	• 330
"모든 책임은 저에게 묻고…"	• 333
혼자서 판결문을 낭독하는 판사	• 337
법조인이 나를 돕기 시작하다	• 340
신동빈 회장 "대통령은 청렴한 분"	• 343
뇌물죄와 제3자 뇌물죄의 차이	• 345
탄원서 보내기 운동 시작하다	• 348
"박근혜 대통령 탄핵은 대한민국 탄핵"	• 351
"여자들은 나이 들면 안 아픈 데가…"	• 354
조선일보에서 탄원서 운동 보도하다	• 358
특검, 탄원서에 의견서로 맞불	• 360
법정에서 악마의 미소를 보았다	• 363
대법원에 직권파기 의견서 제출	• 367
검찰에 형 집행정지 요청서 제출	• 371
기자의 천적은 기자다	• 374

I

언론과 검찰

의상실 CCTV는
2014년에 입수

「최서원 사건」은 최초 제보자 고영태가 이진동 TV조선 기자에게 「주장만 있지 증거가 없는 이야기」를 들려주면서 시작되었다. 고영태와 이진동이 첫 대면한 날은 2014년 10월경이었고, 장소는 서울 무교동에 위치한 한 호프집이었다. 면담을 주선한 사람은 경기도 안산에 거주하는 40대 후반의 여성 이현정이다.

이현정은 이진동이 2008년 국회의원 선거에서 안산 상록 을에 출마했을 때, 이진동 선거캠프에서 구전(口傳·입소문을 내는 것)과 홍보를 담당했다. 당시 이진동은 조선일보 기자를 사직하고 MB(이명박)계 수장 이재오 의원 천거로 한나라당 공천을 받았다.

호프집에서 이진동을 만난 이현정은 "펜싱 국가대표선수 출신인데 제보할 게 있다"며 같이 온 고영태를 소개했다. 당시 서른

여덟인 고영태는 "어떤 여자가 제 여자 친구만 있는 집에 들어와 현금 1억 원과 명품시계를 가져갔는데 찾을 수 있는 방법이 없을까 해서요"라며 찾아온 용건을 이야기했다. 이진동이 "경찰에 신고하면 될 텐데"라고 하자, 고영태는 "경찰에 신고해도 덮어 버릴 거예요. 그 여자가 최순실이라고 해요"라고 말했다.

최순실은 이진동에겐 잊을 수 없는 이름이다. 이명박 진영이 2007년 한나라당 대통령후보 경선에서 박근혜 후보를 상대로 흑색선전을 펼칠 때, 단골메뉴로 써먹은 게 최태민 목사이고, 그의 딸이 최순실이기 때문이다. 하지만 고영태 말만으로는 그 여자가 최태민의 딸 최순실이 맞는지, 동명이인인지 확인이 어려웠다.

이진동은 고영태에게 최순실 사진이 필요하다며 최순실이 자주 온다는 신사동 의상실에 CCTV를 설치할 것을 부탁했다. 고영태는 의상실 주인 임덕규의 동의를 받지 않고 비밀리에 CCTV를 설치했다. 이때가 2014년 11월 2일이다.

최서원(개명 전 이름은 최순실) 사건에서 충격을 준 영상이 TV조선에서 방송한 「의상실 CCTV」다. 박근혜 대통령이 해외 순방 때 입을 옷을 서울 강남구 신사동에 위치한 임덕규 개인의상실에서 만들어, 청와대에 전달하는 장면이 비밀리에 녹화된 영상으로, 최서원과 이영선(청와대 경호관), 윤전추(대통령비서실 행정관)를 비롯해 의상실 디자이너 임덕규의 모습이 담겨 있다.

이진동은 고영태 도움으로 이 영상을 입수했다. 2014년 11월 2일부터 12월 4일까지 한 달 동안 촬영된 영상이다. 12월 4일 이후에는 출입자가 거의 없어 고영태는 CCTV를 제거했다. 이 CCTV는 사람의 움직임이 포착될 때만 작동하는 구조인데, 소리를 녹음하는 기능은 원래부터 없었다.

녹화된 영상에는 디자이너 임덕규가 옷을 제작하는 모습과 윤전추 행정관이 혼자 의상실을 찾아와 옷을 찾아가는 장면이 대부분이었다. TV조선에서 방송한 의상실 영상에 소리가 빠져 있고, 다양한 장면이 들어있지 않은 게 이 때문이다.

TV조선은 확보한 영상 중에서 이영선 경호관이 윤전추 행정관과 디자이너 임덕규가 지켜보는 가운데, 자기 휴대폰의 액정 부분을 와이셔츠에 닦아 최서원에게 공손하게 건네주는 장면과 최서원이 자기 지갑에서 돈을 꺼내 봉투에 담는 영상을 집중 방송했다.

TV조선이 의상실 영상을 최초 방송한 날이 2016년 10월 25일이다. 종편 JTBC가 태블릿PC 날조(捏造)보도를 한 다음날이다. 이진동은 이 영상을 2014년 12월경에 입수하고도 1년 10개월 동안 보도하지 못한 이유에 대해, 자기가 쓴 책 「이렇게 시작되었다/박근혜-최순실, 스캔들에서 게이트까지」에 기록해 놓았다. "고영태 말을 듣고는 있었지만 솔직히 어디까지가 사실이고 어디까지가 추측인지 분간이 안 됐기" 때문이라는 것이다.

　이진동이 의상실 영상을 가지고 망설이는 동안에, 2015년이 지나가고 2016년이 되었다. 그 사이에 미르재단(2015. 10. 27. 현판식)과 K스포츠재단(2016. 1. 13.)이 설립됐다.

「검찰 간부 A」
등장하다

2016년 5월 초 어느 날, 이진동은 정부 관계자와 점심을 먹는 자리에서 "미르재단 때문에 난리"라는 말을 들었다. 이진동은 문체부 내부 동정을 취재하기 위해 문체부장관 정책보좌관 최철을 무교동 복집에서 만났다. 최철은 이진동의 연세대학 후배다.

최철은 이진동에게 문화창조융합본부에 문제가 있다는 사실을 알려주었다. 본부장 차은택이 한 달 전쯤 그만두었는데, 후임 본부장 여명숙이 문제점을 파악하려 하자 문체부에 난리가 났으며, 그 바람에 여명숙은 임명장을 받고 한 달 만에 그만두었다는 것이다.

여명숙은 국회 국정조사 청문회에 증인으로 출석하면서 얼굴이 공개됐다. 이진동 책에는, 여명숙은 이진동과 66년생 말띠 동갑이며, 「동지적 관계」라고 적혀 있다. 여명숙은 2016년 4월 8일 문화창조융합본부장에 임명되었으나, 한 달 보름 만인 5월 23일 해임됐다.

이진동이 여명숙을 만났을 때, 그녀는 문체부 산하 게임물관리위원회 위원장이었다. 여명숙은 이진동에게 "가서 보니 문화창조융합본부의 2016년도 예산 1300억 원이 이미 4월에 집행이 끝났고, 남은 예산 97억 원마저도 차은택이 정해 놓은 사업이 있으니 손대지 말라는 요청을 받았다. 문체부에 문화창조융합본부의 사업계획서와 영수증 집행내역서 등을 요구했으나 내놓지 않았다. 점령군처럼 굴지 말라는 소리만 들었다"고 말했다.

여명숙을 통해 차은택이 국가예산을 제멋대로 사용한 사실을 확인한 이진동은 2016년 7월 13일, 「문화계 황태자 차은택 행사 때마다 대통령 등장」, 「차은택, 대통령과 심야 독대보고 자랑」이라는 제목의 기사를 TV조선에 보도했다. 차은택의 전횡과 비리를 고발하는 기사였다.

그런데 이 보도가 있기 얼마 전에 이진동은 「검찰 간부 A」와 선약이 잡혀 있었다. 이진동과 검찰 간부 A와의 만남이 역사의 물줄기를 바꾼 대사건이다. 검찰 간부 A는 차은택을 겨냥한 이진동의 화살이 최서원을 거쳐 대통령을 향하게끔 방향을 틀어버렸다. 검찰 간부 A와의 만남에 대해 이진동은 자기 책에 이렇게 기록했다.

〈마침 검찰 간부 A와 6월 12일 일요일, 저녁 약속이 잡혀 있었다. 서로 멀지 않은 곳에 있어서 이따금 주말 저녁 간편복 차림으로 만나 설렁탕을 먹거나 맥주 한잔씩 해 오던 사이였다. 모 방송사 간부 Y씨, 중앙일간지 간부 K씨 등 예전 법조기자 시절 알고 지내던 4명이 모였다. Y나 K 등 두 사람 다 일선 취재현장을 떠나 있었지만, 그래도 기자들인지라 그 자리에선 궁금한 걸 물어볼 순 없었다.

자리가 파해 Y와 K를 먼저 보낸 뒤, A와 걸어가면서 CCTV 얘기를 꺼냈다.

"사무실 계약자고 실질적인 관리자인데, 종업원들 몰래 CCTV로 찍은 영상을 방송에 써도 문제가 없을까요?"

어떤 영상인지에 대해선 말하지 않고 제보 받은 것이라고만 말했다. A는 먼저 "음성이 들어 있느냐"고 물었다. 음성이 들어있다면 「도청」행위에 해당돼 통신비밀보호법 위반소지가 있다고 했다. "없다"고 하자, "그럼 개인정보보호법인데 과태료 사항"이라고 알려줬다.

CCTV를 운영하려면 설치목적과 장소 이런 것들을 고지하게 돼 있는데, 이걸 하지 않은 것이니 개인정보보호법을 어긴 것으로 보이지만 과태료 처분 정도라고 설명했다. 그는 또 언론이 공공의 이익에 부합하는 알권리 차원에서「증거수집」을 했다면 별 문제는 없을 것이라고 덧붙였다.

헤어지기 직전 그는 영상 내용이 뭔지도 모르면서 "맘 놓고 보도해도 돼요"하고 돌아섰다.〉

검찰 간부 A는 이진동의 오랜 고민을 해결해 주기는 했지만, 그의 답변은 잘못된 법 해석이다. 검사 A는 개인정보보호법 위반에 대한 판단을 꼼꼼히 하지 않았다. 설치자 고영태는 영상에 등장하는 최서원과 이영선, 윤전추와 임덕규의 동의를 받지 않고 임의로 CCTV를 설치해 영상 정보를 불법적으로 획득했고, 등장인물들의 동의를 얻지 않은 상태에서 이진동이라는 제3자에게 유출했다.

개인정보보호법 제71조(벌칙)에는「정보주체의 동의를 받지 아니하고 개인정보를 제3자에게 제공한 자 및 그 사정을 알고 개인정보를 제공받은 자는 5년 이하의 징역 또는 5천만 원 이하의 벌금에 처한다」고 규정돼 있다. 때문에 CCTV를 불법 설치한 고영태와 고영태로부터 이를 입수하고 보도한 이진동의 행위는「5년 이하의 징역 또는 5천만 원 이하의 벌금」에 처할 정도의 무거운 죄에 해당하며 검사 A에게도 책임이 없는 게 아니다.

이진동이 검사 A를 현직 검찰 간부라고 밝혔으므로, A검사는 불법행위를 알았으면 말리든가 고발함이 마땅한데도 그렇게 하지 않았고, 개인정보보호법을 무시하고 보도해도 좋다고 잘못 조언했기 때문에 더 엄중한 책임을 물어야 한다는 게 법조계의 유권해석이다.

검사 A가 2016년 6월에 이진동에게 의상실 영상을 보도해도 좋다고 조언한 이유는 확인되지 않는다. 그러나 검사 A의 잘못된 조언은 최서원 사건 보도에서 허위 기사를 대량 생산하는 데 큰 영향을 주었다.

검찰 간부 A는
윤석열 검사

그렇다면 이진동에게 의상실 CCTV 영상을 보도해도 좋다고 조언한 검찰 간부 A는 누구일까? 이진동은 자기가 검사 A와 돈독한 관계이고, A에게 최서원 사건과 관련된 많은 「첩보」를 제공한 사실을 의도적으로 과시하기 위해서인지는 몰라도, 자기가 쓴 책에서 총 9페이지(67쪽, 211쪽, 231쪽~236쪽, 301쪽)에 걸쳐 언급했다.

이진동은 검사 A가 윤석열 검사라는 실명만 밝히지 않았지, 검사 A가 누구인지를 알 수 있게 하는 결정적 단서 7개를 남겨놓았다. 이 단서가 윤석열 검사를 지목하는 근거는 이렇다.

첫째, 검찰 간부 A는 이진동과 자주 통화한 2016년 6월에서 9월 무렵에 수사 부서에 있지 않았다는 내용이다. 인용하면 이렇다.

〈사실 A는 상당히 많이 알고 있었다. 「알고 있었다」기보다는

「많이 알게 됐다」는 표현이 맞을 것이다. 당시엔 수사부서에 있지도 않아 터놓고 많은 걸 얘기했다. 법적인 「크리티컬 포인트」들에 대한 자문을 하다 보면 사실 핵심을 다 알 수밖에 없었다. 이 사람 저 사람에게 묻고 다닐 사안도 아니어서 A 한 사람하고만 수시로 전화 상담을 했다. 내가 먼저 전화를 걸면 "상담료 받아야 하는데…"라고 농담을 하면서 시간을 내주곤 했다.〉

　이진동과 자주 통화한 시기에 윤석열 검사는 대전고검 검사였다. 고검 검사는 항소심 공판을 전담하기 때문에 수사를 할 수 있는 위치가 아니다. 또 근무처가 대전이기 때문에 윤석열 검사는 평일에는 대전에 있고, 주말을 이용해 서울에 올라갈 수 있다. 윤석열 검사의 근무처가 서울이라면 찾아가서 만나면 되지, 보안이 요구되는 중요한 사안을 굳이 전화로 상담할 이유가 없다.
　둘째, 만난 날짜와 장소에 대한 언급이다. 이미 밝혔듯이 이진동은 6월 12일 일요일 저녁에 검찰 간부 A를 만났고 이어, 7월 9일 토요일 저녁에도 만났다는 내용이다.

〈7월 9일 토요일 저녁에도 교대 인근에서 만나 CCTV 영상을 잠깐 보여 준 적이 있었다. 6월 12일 헤어질 때 구두로 물어본 데다 전화 컨설팅만으로는 불안해 보도하기 전에 최종적으로 「리스크」 여부를 확실하게 해 둘 필요가 있어서였다. A는 영상이 CCTV

가 맞는지, 설치자가 어떤 사람인지를 확인하더니 별 문제 없겠다고 했다.「CCTV설치 안내판 미부착」으로 과태료를 받을 수도 있겠지만 법적으로 그 이상 책임을 물을 순 없다고 확언했다.〉

이진동은 윤석열 검사를 만난 장소와 관련하여,「서로 멀지 않은 곳에 있어서 이따금 주말 저녁 간편복 차림으로 만나」,「교대역 인근」이라는 단서를 남겼다. 이진동의 집은 서울 방배동 방배3차 ○○○○○○아파트이고, 윤석열 검사는 무너진 삼풍백화점 자리에 새로 지은 아파트에 살았다. 두 사람은 책에 적힌 대로 거리상 멀지 않은 곳에 거주했고, 그 중간 지점이 서울 교대역 부근이다.

신정아·변양균 사건에서
조우하다

셋째, 검찰 간부 A는 대형사건 수사를 해 본 경험이 많다는 내용이다. 윤석열 검사는 2004년에 안대희 대검 중수부장이 지휘하는 수사팀에서 노무현·이회창 캠프의 대선 자금 수사를 담당했고, 2006년에는 박영수 대검 중수부장 밑에서 현대자동차 비자금 사건을 수사했다. 2007년에는 「신정아·변양균 게이트」를 수사했는데, 이진동은 당시 법조 출입기자였다. 이진동이 자기 특종이라고 자랑하는 기사 중의 하나가 신정아·변양균 사건이다.

윤석열 검사는 2009년 대구지검 특수부장을 지낸 후, 대검 중수부 2과장과 1과장을 차례로 거쳤다. 이명박 정부 시절엔 서울중앙지검 특수1부 부장검사가 됐다. 특수수사 분야의 요직을 두루 거친 특수통이어서 윤석열 검사는 대형사건 수사 경

혐이 많다.

넷째, 이진동은 검찰 간부 A로부터 뇌물죄에 대한 법적 자문을 많이 받았다고 언급한 대목이다. 인용하면 이렇다.

〈그날 이후엔 A가 어차피 영상을 본 터라, 최순실이 원단비 등을 현금 지불하는 장면에 대해서도 말로 설명하고, 「뇌물」이 되는지 등 세세한 부분까지 법적 자문을 받았다. "대통령이 행사나 해외 순방 때 입는 옷인데, 청와대 비용으로 지불하면 안 되는 것이냐"고 물었을 때, "그럼 퇴임 때 옷을 두고 가? 갖고 가?"라고 반문해 "다 갖고 나가지 않느냐"며 「사적 용도」라는 점을 명쾌한 논리로 설명해 준 것도 A였다.

7월 26일 본격적인 최순실-박근혜 게이트의 첫 기사인 「청와대 안종범 수석, 미르재단 500억 모금 지원」의 출고 직전에도 돌다리 두드리듯 꼬치꼬치 법적인 부분을 따졌다. 「뇌물」 혐의가 쟁점이었고 A의 결론은 된다는 쪽이었다.

검찰 1차 특수본(특별수사본부) 수사 때는 제3자 뇌물수수를 빼고 강요죄만 적용했지만, 특검은 박근혜와 최순실을 뇌물수수 혐의로 기소했다. A의 자문은 이런 부분이었고 법적 쟁점을 잘 집어내 설명했다. 특검은 실제로 이 옷값에 대해 뇌물혐의를 적용해 수사했고, 이후 검찰도 국정원에서 박근혜에게 건네진 특수활동비로 지불됐는지를 조사했다.〉

대통령 의상비에 뇌물죄를 처음 적용한 게 특검이고, 당시 특검 수사팀장이 윤석열 검사다. 검찰은 1차 수사 때 전경련(全經聯) 산하 18개 기업이 미르재단과 K스포츠재단에 출연한 출연금 774억과 삼성그룹이 두 재단에 출연한 204억에 대해 직권남용과 강요혐의는 적용했으나, 재단 출연금은 뇌물이 아니라는 이유로 범죄혐의에서 제외했다. 그러나 특검은 같은 사안임에도 대통령과 최서원에게 뇌물수수 혐의를 적용했다.

이진동에게 일찍부터 뇌물혐의 부분을 자문해 주었다는 검찰 간부 A는 이러한 사실관계를 종합할 때, 특검 수사팀장 윤석열 검사임을 부인하기 어렵다. 윤석열 검사의 수사 경력에 비춰, 그는 뇌물죄에 정통했다.

다섯째, 검찰 간부 A는 권력 상층부의 동향 파악을 잘하며 정치적 감각이 뛰어나다는 내용이다. 인용하면 이렇다.

〈바로 며칠 전 검찰 간부 A는 "안종범의 미르·K스포츠재단 개입은 특별감찰관실 감찰대상이고, 감찰 진행 중일 가능성이 있으니 알아보는 게 좋겠다"는 귀띔을 해 주었다. 미르재단과 K스포츠재단을 제2의 일해재단이라고 판단했던 것도 A의 자문을 받은 결과였다. 당시 A는 일해재단의 판결문을 찾아보라는 조언을 해 줬다. 대형사건 수사를 해 본 경험이 많아 전개될 파장도 잘 예측하는 편이었다.〉

윤석열 검사는 2012년 말, 특수부 검사들이 한상대 당시 검찰총장의 퇴진을 요구한 검란(檢亂)사태가 발생했을 때 선봉에 선 검사다. 현대자동차 비자금 수사 때는 검찰 지휘부가 정몽구 회장의 구속 여부를 놓고 고심하자, 윤대진 검사와 함께 정상명 당시 검찰총장을 찾아가 "법대로 구속해야 한다"고 주장하며 사직서를 제출한 강골 검사이기도 하다.

윤석열 검사는 서울대 법대 79학번이지만 사법시험에 합격한 것은 1991년이다. 서른하나에 사법시험을 통과한 늦깎이 검사다. 그러나 김수남 검찰총장과 서울대 법대 동기여서, 비록 사시 합격은 늦었지만 선배 검사들이 함부로 대할 수 없는 후배 검사였다.

동료 검사들에 의하면, 정치판 분석에 관한 한 윤석열 검사를 따라갈 사람이 없다는 것인데, 이는 법조 출입을 오래한 기자들은 익히 아는 사실이다.

블랙리스트 수사 단서는
이진동이 제공

여섯째, 블랙리스트 사건 수사에 대해 언급한 내용이다. 인용하면 이렇다.

〈김영한 업무일지 보도가 나가자 검찰 간부 A에게서 전화가 와서 "천하의 김기춘이 김영한의 업무일지에 발목이 잡히겠네"라고 말했다. A의 예측은 정확했다. 검찰의 1차 특수본 수사 때는 김영한 업무일지를 들여다 볼 여력이 안 됐지만, 특검에선 블랙리스트(문화계 지원 배제 리스트) 수사의 단초가 됐고 김기춘에 대한 기소와 재판에서 증거자료로 활용됐다.〉

블랙리스트 사건은 검찰 1차 수사 때는 한 번도 거론된 적이 없다. 그러나 특검은 발족 후 첫 수사대상으로 블랙리스트 사건을 꼽았다. 블랙리스트 수사에서 특검이 증거물로 활용한 게 김영한 업무일지다.

김영한은 공안검사 출신인데, 2014년 6월부터 2015년 1월까지 청와대 민정수석을 역임했다. 그는 민정수석 임용 첫날인 2014년 6월 14일, 김기춘 비서실장이 지시하는 복무지침 내용을 시작으로, 청와대 민정수석 시절에 있었던 많은 일들을 업무일지에 기록했다.

이 업무일지를 최초로 입수하고 보도한 기자가 이진동이다. TV조선이 김영한 업무일지를 보도한 날은 2016년 11월 10일로, 특검 발족 직전이다. 그래서 검사 A는 이진동에게 전화 걸어, "천하의 김기춘이 업무일지에 발목이 잡히겠네"라는 반응을 보인 것이다. 특검이 김기춘 청와대 비서실장을 구속하고 기소한 근거가 김영한 업무일지다.

(필자 주; 김영한 업무일지는 박근혜 정부의 국정운영이 얼마나 치밀하게 이뤄졌는지를 입증하는 또 하나의 기록이다. 특검과 기성 언론은 문화계 좌파 인사들에 대한 지원배제 부분만을 부각시켰으나, 언젠가는 재평가해야 할 기록이다.)

일곱째, 책에 보면 이진동은 검찰 간부 A에게 존댓말을 사용했고 A 검사는 이진동을 하대(下待)한 것으로 돼 있다. 예컨대 검사 A는 이진동에게 "그럼 퇴임 때 옷을 두고 가? 갖고 가?"라고 반문하는 식인데, 이는 윤석열 검사 특유의 말투다. 윤석열 검사는 1960년생으로, 1966년생인 이진동보다 여섯 살이 많다.

이진동이 자기 책에 써 놓은 일곱 개 단서를 종합하면, 「검찰 간부 A」는 윤석열 검사가 확실했다. 증거는 또 있다. 이진동이 최서원 사건 취재와 보도 과정에서 많은 부분을 윤석열 검사와 상의한 사실을 최초 제보자 고영태도 알고 있었다는 점이다.

고영태가 김수현(김수현 녹음파일 제작자)과 통화에서 "이진동이 신정아·변양균 사건을 수사한 검사를 만나고 있다. 모든 공을 이진동에게 넘겨줄 수 없다"고 거론한 사실에서 확인할 수 있다. 2007년에 있었던 신정아·변양균 사건 수사 검사 가운데 2016년 무렵까지 현직에 남아 있으면서 이진동과 가깝게 지낸 검사는 윤석열이 유일하다.

놀라운 사실은 고영태와 김수현이 이런 내용을 통화한 날이 2016년 3월 17일이라는 점이다. 이 날짜는 김수현 녹음파일에 기록돼 있다. 그러므로 이진동은 자기가 쓴 책에서 밝힌 날짜보다 훨씬 전에 윤석열 검사와 접촉했다. 이로 미뤄, 이진동은 윤석열 검사와의 「특별한」 관계에 대해 많은 부분을 숨기고 있음을 짐작할 수 있다.

나는 윤석열 검사의 입장을 듣기 위해 취재협조문을 서울중앙지검장실에 팩스로 보냈다. 이진동의 책이 출간된 날은 2018

년 2월 23일이고, 내가 윤석열 검사에게 팩스를 보낸 날은 2018년 3월 5일이다.

나는 서울중앙지검장실에 전화해, 여직원을 통해 팩스번호를 파악했다. 취재협조문을 팩스로 보낸 시각은 오후 1시30분경이고, 팩스를 보낸 후엔 그 여직원과 다시 통화하여 수신 상태를 확인했다.

나는 취재협조문에서 이진동이 책을 출간한 사실을 밝히고, "이 책에 등장하는 검찰 간부 A가 귀하를 지칭하는 게 맞는지"를 질문했다. 책에 적힌 단서들도 적시하고, "유튜브 방송 「거짓과 진실」에서 보도할 예정이므로 3월 6일 오후 2시까지 입장을 밝혀 달라"고 요청했다. 윤석열 검사는 이 취재협조문에 답변하지 않았다. 그래서 나는 2018년 3월 6일 이후, 여러 차례에 걸쳐서 윤석열 검사와 이진동의 유착관계를 공개했다.

윤석열 조언으로
이진동·김의겸 만나다

    이진동의 취재에 방향을 잡아주고 법률 자문에 응한 A검사가 윤석열 검사라는 결정적인 증거는, 윤석열 검사가 이진동을 통해 알게 된 정보를 김의겸 한겨레신문 선임기자에게 흘렸다는 사실이다.

    좌파 성향의 한겨레신문 선임기자 김의겸이 자기보다 언론계 후배이자 우파 성향인 TV조선 이진동에게 먼저 만나자고 요청한 것은 윤석열 검사의 조언이 있었기 때문이며, 이진동은 김의겸이 취재차 자기를 찾아올 것이라는 정보를 윤석열 검사를 통해 사전에 파악하고 있었다.

    이 부분이 이진동 책에 자세히 언급돼 있는데, 전문(全文)의 상당 부분을 인용하는 이유는 2016년 8~9월경에 있었던 이진동·윤석열·김의겸의 특별한 관계가 최서원 사건의 「기획취재」와 「기획수사」에 결정적인 역할을 했기 때문이다. 인용하면 이렇다.

〈사실 김의겸의 연락이 갈 것이라고 중개한 강희철(한겨레신문 특별취재반 소속의 법조 출입기자)의 전화를 받았을 때, 딱 떠오르는 사람이 있었다. "우병우가 아니라 미르·K스포츠가 본질이다"고 본 강희철의 얘기는, 그렇게 생각하고 있는 누군가에게 들었기 때문일 것이다. 배후에 최순실이 있다는 걸 알고 있는 사람이었다.

짚이는 사람이 있었다. 검찰 간부 A였다. 의상실 CCTV 영상을 보도할 경우 감수해야 할 법적 리스크 등에 대해 자문을 했던 바로 그였다. 보나마나 그 검찰 간부가 김의겸과 강희철에게 얘기한 게 틀림없었다. 그때까지만 해도 검찰 간부 A 말고는 두 재단의 배후에 최순실이 있다는 걸 외부에서 알 만한 사람이 없었다.

휴가 직전인 8월 18일과 8월 19일 검찰 간부 A와 통화를 했다. 특별감찰관 이석수가 조선일보 기자에게 감찰 내용을 흘렸다는 MBC 보도(2016. 8. 16.)가 나온 직후, 급격히 「우병우 블랙홀」이 형성되던 시점이었다. 이때쯤엔 검찰 간부 A와도 하루에 한 차례 정도는 통화를 했다.

"우병우가 이렇게 커지면 결국엔 「우병우 판」에 휩쓸릴 텐데 걱정이네요." 지금까지 기사의 배경과 진행 과정을 아는 제3자라서「최순실 기사」를 꺼내기에 적당한 시점인지를 물어본 것이다.

A 역시「최순실 기사」를 쓰기 어려운 상황이라는 분석이었다.

"다른 데 흘려주는 것도 방법이잖아?"

A는「최순실」을 다른 언론에 알려주면 어떻겠느냐는 제안을 조심스럽게 했다.

"아직은 아닌 것 같은데요. 나중에 필요하면 얘기할게요."

A야 제3자니까 쉽게 쉽게 얘기하지만「최순실」을 쓰기 위해 지금까지 그물치고 자락을 깔아왔는데, 최순실 게이트 부분에서 「배후가 최순실」이라는「정점」을 다른 언론에 흘린다는 건 쉬운 결정이 아니어서 유보적인 입장을 피력했다.

그리고 휴가를 다녀온 첫날인 8월 28일 일요일에도 A와 통화를 했다. 그래도 김의겸과 만나기 전날 명확히 확인해 둘 필요가 있어 A에게 전화를 걸었다.

"혹시 한겨레한테 얘기했어요?"

"뭐 별다른 얘기 안 했어요. 청와대가 조선일보에 난리치는 건 다들 우병우 보도 때문으로 알고 있는데, 미르가 본질이고 그 뒤에 미스「최」가 있다는 것밖엔." 미스「최」는 최순실을 뜻했다.

"그럼 다 얘기한 거네 뭐. 또 뭘 얘기했는데요?"

"정권의 명줄이 달려있다고 했지."

"CCTV까지 얘기했어요?"

"CCTV라곤 하지 않고,「영상이 있는 것 같더라」라고만 했지."

어차피 A가 한겨레 쪽에 얘기를 뱉어버린 이상, 주워 담고 말고 할 것도 없어 그냥 "알았다" 하고 끊었다. 그러니 김의겸이 찾아와서 "이 부장(이진동)이 갖고 있는 걸 줄 수 없느냐"고 말한 건, 오히려 A한테 들었다는 걸 자백하는 것이나 마찬가지였다.

미르·K스포츠재단 배후를 최순실이라고 콕 짚어 얘기했다면 그건 사실 전부를 말해 준 거나 마찬가지였다. 최순실을 꺼냈다면 그건 대통령 박근혜까지 연결되는 문제라고 알려 준 거나 다름없었다.

"그렇게까지 다 얘기했느냐"고 힐난하자, A는 멋쩍었던지 "잘될 거예요"라고 했다.「잘될 거다」라고 한 건, 교착상태에서 한겨레가 길을 내주면 TV조선의「운신의 폭」이 넓어지면서 보도를 할 수 있는 여건이 되지 않느냐는 논리였다. 그렇게 알게 된 정보 중 핵심 부분이 한겨레에 넘어간 것이다. 검찰 간부 A가 아니었으면 한겨레의「최순실 보도」는 없었을지 모른다.〉

윤석열-이진동-김의겸의
「삼각 커넥션」

이진동은 한겨레신문의 최순실 보도는, 윤석열 검사가 자기에게 들은 이야기를 김의겸에게 제공했기 때문이라는 사실을 단정적으로 밝혀놓았다. 윤석열·김의겸·이진동 세 사람은 법조계에서 검사와 기자 관계로 만난 사이다. 윤석열 검사가 1960년생, 김의겸이 1963년생, 이진동은 1966년생으로 윤석열 검사가 맏형 격이다.

한겨레신문 특별취재반이 지은 「최순실 게이트/기자들, 대통령을 끌어내리다」라는 책에는 김의겸이 윤석열 검사에게 들었다는 정보가 적혀 있는데, 그 내용은 이진동이 윤석열 검사와 주고받은 이야기와 정확히 일치한다. 인용하면 이렇다.

〈미르재단과 K스포츠재단은 대통령이 퇴임 뒤 정치력을 발휘하려는 공간이다. 전두환의 일해재단과 같은 것이다. 더 큰 문제는 이 재단을 최태민의 딸 최순실이 주도하고 있다는 점이다. 최순실이 재단 돈을 전적으로 맡고 있다. 청와대로서는 이게 터지면 바로 식물인간이 된다. 대통령의 정치적 생명과 관련된 사안이다.〉

TV조선보다 한 달이나 늦게, 미르와 K스포츠재단 취재에 착수한 한겨레신문의 취재방향은 윤석열 검사의 조언대로였다.

검사 윤석열과 기자 이진동이 한겨레신문에 협조하면서, 우파와 좌파 매체 간에 거대한 「연합전선」이 형성된다. 윤석열 검사가 이진동에게 "다른 데 흘려주는 것도 방법이잖아"라고 조언한 그 다른 데가 한겨레신문이다.

TV조선이 혹시라도 정부 견제에 의해 보도통제를 받게 되면, 한겨레신문이 앞장서서 길을 터주고, 그렇게 해서 길이 열리면 TV조선은 운신의 폭이 넓어져 더욱 더 폭넓은 보도를 할 수 있다는 논리가 윤석열 검사가 말한 「잘될 거다」라는 의미다.

이렇게 해서 좌우 양 진영에 대단한 영향력을 가진 TV조선과 한겨레신문의 중견기자 2명이 윤석열 검사와 한편이 되었다. 세 사람이 미르재단을 제2의 일해재단이라고 규정한 시점은 2016년 9월경이다. 본격적인 검찰 수사가 시작되기도 전이다.

주장만 있지 물증이 없는 고영태의 제보와 의상실 CCTV를 통해 본 소리 없는 영상을 근거로, 세 사람이 미르재단은 박근혜 대통령이 퇴임 후를 대비해 만든 제2의 일해재단이라고 단정한 데서부터 최서원 사건은 꼬일 수밖에 없었다.

편견을 가진 언론이 앞장서서 허위 기사를 「기획취재」하고, 현직 검사가 뒤에서 「기획수사」하는 구도가 조성되면서 최서원 사건은 「인민재판」이 되었다. 법과 절차는 사라지고 선전과 선동이 판을 쳤다.

"미국산 소고기를 먹으면 광우병에 걸린다"는 광우병 파동과 같은 언론의 거대한 광란(狂亂)이 또 한 번 대한민국을 뒤흔들었고, 쓰나미에 휩쓸린 청와대는 대통령을 보호하지 못했다. 대통령은 결국 「거짓의 산」에 묻혀버렸다.

김의겸은 한겨레신문 특별취재반이 지은 책에서 윤석열 검사의 실명을 숨기기 위해 「사정당국의 한 관계자」라고 표현했는데, 이 관계자의 정체와 관련해서는 "무엇보다도 대인관계가 폭넓어 고급 정보가 저수지처럼 모이는 인물이다. 그래서 자신의 공식 업무가 아닌데도 어떤 사안은 내부자처럼 훤히 꿰뚫고 있는 경우가 있었다"라는 단서를 남겼다. 「폭넓은 대인관계」와 「고급 정보의 저수지」는 윤석열 검사에 대한 법조 출입기자들의 공통된 평가다.

한강 주차장에서의
3자 회동

구름이 잔뜩 낀 금요일 저녁이었다. 서울 강남구 압구정동 부근의 한강 시민공원 주차장에 검은색 카니발 승용차 2대가 줄지어 도착했다. 맥주와 치킨을 파는 「훌랄라」라는 가게 앞이었다. 먼저 도착한 승용차 운전석에서 다부진 체격의 40대 남자가 내렸다. 뒤따라 온 차에서는 안경을 쓴 남자가 나왔다. 둘 다 손수 운전이었다. 곧이어 쥐색 SUV(그랜드 체로키) 승용차가 가게 앞에 주차했다. 운전석 뒷자리 오른쪽에 중년 여성 한 명이 타고 있었다. 주변의 이목을 의식한 듯 그녀는 차에서 내리지 않았.

먼저 도착한 두 명의 남자가 SUV 차량에 다가갔다. 다부진 체격의 남자가 운전석 옆자리 조수석에 올랐고, 안경 쓴 남자는 운전석 뒤쪽, 여자 왼편에 앉았다. 남자 두 명이 앞과 옆에서 한 여자를 에워싼 모습이다.

중년 여성은 박근혜 대통령의 40년 지기(知己) 최서원. 그 왼쪽에 앉은 남자는 미르재단 전(前) 사무총장 이성한. 조수석에 앉은 남자는 고영태였다. 이들이 차에 오르자 운전석에 앉아있던 고영태의 친구 류상영은 차에서 내렸다. 그 직후 차 문은 굳게 닫혔고, 세 사람은 짙게 선팅된 차 안에서 밀담(密談)을 나누기 시작했다.

20분쯤 지나자 이성한이 차 문을 열고 나왔다. 굳은 표정의 이성한은 주차돼 있던 자기 차를 몰고, 집이 있는 춘천 방향으로 떠났다. 조금 지나 고영태가 차에서 내려 자기 차로 향했고, 최서원은 류상영이 운전하는 차를 타고 떠났다.

2016년 8월 19일 한강시민공원 주차장에서 있었던 일이다. 이보다 한 달 보름 전인 6월 29일, 이성한은 미르재단 사무총장에서 직위 해제됐다.

이 무렵, TV조선은 미르재단과 K스포츠재단 설립을 둘러싼 의혹을 연일 보도하고 있었다. 「안종범 수석, 미르재단 500억 모금 지원」(7. 26.), 「안종범 수석이 사무총장 사퇴 요구했다」(7. 28.), 「의문투성이 두 재단, 미르와 케이스포츠」(8. 5.), 「차은택 카르텔…청와대 수석은 외삼촌, 장관은 스승」(8. 18.)이라는 제목의 기사다.

TV조선이 시작한 일련의 「기획폭로」는 미르재단이 전두환 대통령 시절의 일해재단인 것처럼 오해를 불러일으키기에 충분했다. 하지만 TV조선 기사를 인용하거나 보도하는 매체는 한 군데도 없었다. 심지어 TV조선의 모기업인 조선일보마저도 TV조선 보도에 눈길 한 번 주지 않았다.

바로 이 시기에 있었던 세 사람의 한강 주차장 회동이 실은 최서원 사건 폭로전의 기폭제였다. "최순실의 취미는 대통령 연설문 고치는 것"이라는 고영태의 허위 주장과 "최순실이 비선(祕線) 실세"라는 이성한의 허위 폭로는 최서원·이성한·고영태 세 사람이 외진 한강 시민공원 주차장에서 만나, 차 안에서 잠시 밀담을 나눈 뒤 뿔뿔이 헤어지면서 시작됐다.

한 달 후인 9월 29일, 민노총과 행동을 같이하는 「투기자본감시센터」라는 단체가 안종범, 최서원을 포함하여 재단법인 미르의 대표 및 이사, 재단법인 K스포츠의 대표 및 이사, 전경련 회장단과 64개 대기업 대표 등 총 86명을 특가법(특정범죄가중처벌 등에 관한 법률)상 뇌물죄와 특경법(특정경제범죄가중처벌 등에 관한 법률)상 배임죄로 고발하는 고발장을 서울중앙지검에 제출했다.

10월 29일에는 민노총 등이 주도하는 제1차 촛불집회가 광화문 광장에서 열렸다. 옥외집회나 시위를 하려면 집회 시작 720시간(30일) 전부터 48시간(2일) 전에 관할 경찰서장에게 집회신고서를 제출하게끔 되어 있다. 고발장 제출과 촛불집회 개최는 이처럼 절묘하게 맞물려 있다.

고영태가 머뭇거리면
노승일이 대답하고

　그러면 최서원·이성한·고영태 세 사람은 왜, 8월 19일 저녁 무렵에 한강 주차장에서 만나게 되었을까? 그리고 만나서 무슨 얘기를 했기에 뿔뿔이 헤어진 것일까?

　이와 관련해 검찰이 최초 조사한 사람은 고영태다. 고영태는 2016년 10월 27일 밤 10시30분부터 다음날 오후 6시45분까지 검찰에서 1차 참고인 조사를 받았다. 고영태는 그 당시 태국에 있었는데, K스포츠재단 사업부장 노승일 권유로 귀국한 후, 노승일과 함께 검찰에 자진 출석했다고 검찰 조서에 기재돼 있다. 노승일과 고영태는 한국체육대학 95학번 동기이자 친구다.

　고영태를 조사한 사람은 서울중앙지검 특수1부 최재순 검사다. 최재순 검사는 고영태를 조사할 때, 그 옆자리에 노승일을 앉히고 두 사람을 번갈아 가며 심문했다. 고영태가 진술을 머뭇거리면 노승일이 대신 대답하고, 노승일이 모르는 부분은 고영태가 보충해 주는 방식으로 조사가 이뤄졌다. 이는 진술조서에 기재돼 있는 내용이다.

10월 27일 밤 10시30분부터 시작된 고영태와 노승일에 대한 검찰 조사는 10월 31일 오전 11시40분까지 4박5일 동안 계속되었다. 조사 기간 내내, 고영태는 서울중앙지검 청사 안에서 먹고 자며 생활했다.

고영태는 한강 주차장에서 있었던 일을 이렇게 진술했다.

〈당시 제가 이성한과 사이가 좋았던 때라, 이성한이 저에게 하소연하면서 하는 말이, "안종범 수석과 차은택이 나보고 재단에서 나가라고 하는데 최순실이 시킨 것 같다"고 하였습니다. 그러면서 이성한이 언론에 「안종범 수석이 미르재단에서 사퇴할 것을 종용하였다」는 취지의 녹취록을 공개하자, 최순실은 이성한이 언론에 자신의 존재에 대하여도 녹취록 등을 공개할까봐 이성한을 달래려고 저에게 이성한을 만나게 해 달라고 하였습니다.

그래서 제가 2016년 8월 중순경, 이성한과 최순실을 한강 둔치에서 만나게 해 주었는데, 최순실이 이성한을 달래기는커녕 오히려 이성한과 차은택 둘 사이에 발생한 일로 왜 나까지 걸고넘어지느냐고 화를 내어, 오히려 사이만 악화된 채, 저는 최순실과 함께 이성한과 헤어졌는데, 최순실이 저에게 이성한이 5억 원을 달라고 했다면서, "니가 이성한과 짜고 나한테 5억 원을 뜯어내려 한 것이 아니냐"면서 저를 이상한 사람 취급하기에 화가 나, 최순실에게 "인간답게 살라"고 하고는 그 다음부터 최순실과 연락을 끊고 지낸 것이 오늘까지 이어진 것입니다.〉

고영태가 이렇게 진술하면, 최재순 검사는 "세 사람이 현장에 같이 있었는데, 이성한이 최순실에게 5억 원을 요구한 이유가 무엇인지 진술인은 알고 있나요"라고 물어보는 게 수사의 ABC다.

그러나 고영태의 이 진술이 끝나자마자, 최재순 검사는 「다시 노승일에게 문답하다」 하는 식으로 심문 방향을 돌려버렸다. 최재순 검사는 고영태 진술만 기록하고 의심스러운 부분은 추궁하지 않았다.

고영태,
춘천까지 내려가 이성한 만나다

　검찰이 고영태 다음으로 조사한 사람은 이성한 전(前) 미르재단 사무총장이다. 이성한은 고영태가 출석한 다음날, 10월 28일 검찰에 출두했다. 이성한은 이날 오후 2시15분부터 다음날 새벽 3시50분까지 13시간 동안 조사를 받았다. 이성한에 대한 조사는 서울중앙지검 공정거래조세조사부 부부장 김민형 검사가 담당했다.

　이성한은 한강 주차장 회동이 이뤄지게 된 경위와 밀담 내용에 대해 이렇게 진술했다.

　〈제가 최순실을 만난 것은 2016년 8월경이고 장소는 한강 반포 인근 한강시민공원 주차장이었습니다. 제 휴대전화로 고영태가 전화를 하여, "이 대표님, 저 고영태입니다. 회장님이 한 번 만나시자고 하십니다"라고 하기에, 제가 오늘은 어렵고 내일 보자고 하여 그 다음날 고영태가 카니발을 타고 미르재단 사무실로 왔었고, 그래서 제가 제 차를 이용해서 고영태가 가는 곳을 쫓아 갔더니 한강 주차장이었습니다.

둘 다 차에서 내려 좀 기다리니 최순실 회장이 타고 온 SUV가 도착했는지 고영태가 그쪽으로 가자고 하였습니다. 그 차량에 다가가 고영태는 조수석에 앉고, 저는 운전석 뒷좌석에 앉았더니 최순실은 조수석 뒷좌석에 앉아 있었습니다.

제가 별로 이야기한 것은 없고 최순실이 주로 말했습니다. 최순실 말로는 "내가 뭐 잘못했냐, 국가를 위해서 일했지 내가 이익 본 게 뭐 있냐"라는 식으로 말하였고, TV조선에 대하여 불만 섞인 이야기를 많이 하였습니다. 최순실이 저에게, 자신에 대한 불리한 내용을 언론에 이야기하지 말아 달라고 부탁하거나 회유한 사실은 없습니다.

제가 최순실에게 5억인가를 요구했다는 말이 맞냐고 기자들이 물어보곤 했는데 그것은 절대로 사실이 아니고, 아마 최순실이 저의 손발을 묶기 위하여 허위로 진술한 것으로 일부 언론이 그대로 받아 적은 것입니다.〉

이성한이 한강 주차장 회동에 나가게 된 것은, 그가 먼저 고영태에게 전화를 걸었기 때문이다. 그 경위가 이성한의 검찰 조서에는 이렇게 기재돼 있다.

〈사실 제가 직위 해제되는 과정에서 차은택, 이한선(미르재단 상임이사)하고 멀어지게 되었는데, 그렇게 되자 차은택이 저한테 "고영태 만나지 말라"고 했었던 말이 생각나, 한 번 전화나 해 보자고 해서 연락을 했더니 고영태가 춘천까지 내려왔습니다.

그때 이런저런 이야기를 나누었는데, 주종은 차은택에 대한 불만토로였습니다. 고영태 말로는 자기가 차은택을 최순실 회장한테 소개시켜 주었는데 오히려 차은택이 회장에게 자기를 모함했다는 취지로 말을 하였고, 저도 차은택이 왜 그랬는지 모르겠다고 맞장구를 쳐 주었습니다.

처음에는 고영태가 최 회장하고 멀어졌다고 하더니, 또 며칠 있다가 전화하면 고영태가 "사무실에서 가끔 본다"라고 말하기도 하였습니다. 그래서 물어보니 고영태 말로는 "예전부터 최 회장하고 같이 사업을 해 온 것이 있다"라고 말을 하였습니다.〉

이성한의 진술 중에는 수사관이 아니라 하더라도 궁금증을 일으키는 부분이 많다. 예컨대 "서울에 거주하는 고영태가 왜 춘천까지 내려와 진술인을 만나려고 했나요"라든지, "두 사람이 춘천에서 만나 이야기했다는 이런저런 내용이 무엇인가요" 등이다. 하지만 김민형 검사는 캐묻지 않았다.

이 부분이 중요하지 않다고 생각해서 묻지 않은 것인지, 심문은 했지만 검찰에 불리한 내용이어서 기록하지 않았는지는 검찰 조서에서 확인되지 않는다. 고영태를 조사한 최재순 검사도 고영태와 이성한의 춘천 회동에 대해서는 심문하지 않았다.

검찰 조서에서 확인할 수 있는 내용은 언론에 보도된 미르 및 K스포츠재단의 설립과 운영에 관련된 각종 가짜 뉴스들이 사실이라는 전제 아래, 그에 부합하는 답변만을 원하고 있었다는 점이다.

초동수사의 기본 원칙은 사건의 동기 파악에 있다. 원한에 의한 복수극인지, 치정인지, 돈 때문인지를 알아야 수사 방향을 정할 수 있다. 검찰이든 경찰이든 수사기관에서는 사건에 연루된 사람들을 조사할 때, 그들의 진술에 「합리적 의심」이 드는 부분은 없는지, 진술이 오락가락하지 않고 일관성이 있는지 등을 우선적으로 파악한다. 수사기관에서의 최초 진술은 신변이 자유로운 상태에서 이뤄지기 때문에 그만큼 진실에 가까운 진술이라 할 수 있다.

그 다음에 사건 현장에 남아 있는 증거물을 수집하여, 그 증거들을 쫓아서 범인을 잡는 것이 수사의 원칙이고 정도(正道)다. 기자의 취재방식도 이와 다르지 않다. 실타래처럼 얽히고설킨 복잡한 사건도 단서가 되는 한 올의 실을 움켜쥐고 계속해서 쫓아가면 결국 풀리게 마련이다. 다만 그 과정이 힘들다 보니 하지 않을 따름이다.

검찰,
A4 용지 두 장짜리 증거서류 묵살

　이성한과 고영태 진술의 진위 여부를 가려 줄 증인이 있다. 한강 주차장 회동 때 최서원의 운전기사 역할을 한 류상영이다. 류상영은 세 사람의 대화 내용을 바로 옆에서 듣지는 못했지만, 최서원을 집까지 바래다주는 과정에서 그 내용을 알게 된 사람이다.

　류상영은 고영태와 한국체육대학 95학번 동기다. 그는 운동선수 출신이 아니어서 대학 졸업 후 ㈜예상이라는 기획사를 차렸다. 관세청이나 체육단체에서 주관하는 각종 회의들을 기획하는 일을 하면서, 고영태나 노승일 같은 운동선수 출신의 동기나 후배들에게 사업 자문을 해주거나 사업기획안을 만들어 주었다.

　그 덕분에 류상영은 고영태 소개로 한강 주차장 회동이 있기 두 달 전에 최서원과 처음 만나 미팅을 가졌다. 초지(草地) 복원사업 때문이었다. 최서원은 자기와 자기 딸 정유라가 공동 소유한, 강원도 평창군 용평면 도사리 일대의 목장 부지를 복원하고 개발하는 사업을 류상영에게 맡겼다.

이 일로 류상영을 자주 만났던 최서원은 고영태가 느닷없이 외진 한강 주차장에서 만나자고 하자, 고영태 친구 류상영을 운전기사로 데리고 나간 것이다.

류상영은 검찰 조사에서 이성한과 고영태가 한강 주차장 회동에서 최서원에게 돈을 요구했다가 거절당한 사실을 공개하고, 그것이 최서원 사건의 폭로를 촉발한 동기이므로 그에 대한 수사가 이뤄져야 한다고 진술했다.

류상영은 자기 주장이 사실이라는 것을 증명하기 위해, 이성한이 자필로 써서 고영태에게 준 A4용지 2장짜리 서류를 서울중앙지검 형사4부 용성진 검사에게 증거로 제출했다. 이성한이 한미약품에서 30억5천만 원을 받을 게 있다고 정리한 서류였다.

그러나 용성진 검사는 류상영의 진술을 검찰 조서에 기록하지 않았다. 뿐만 아니라 2장짜리 증거마저 증거목록에 첨부하지 않았다. 그 결과, 최서원을 직권남용 및 강요 등의 혐의로 구속 기소한 검찰이 법원에 제출한 수많은 수사기록 어디에도 류상영이 진술한 한강 주차장 회동에 대한 조서가 없다. 류상영은 검찰에서 4차례나 조사를 받았지만 사건기록에 첨부된 류상영 진술조서는 2개뿐이다.

국가를 대리하여 공익을 실현하는 검사는 피고인에게 불리한 증거는 물론이고, 유리한 증거도 법원에 제출하게끔 되어 있다. 이는 검사의 의무이며, 이렇게 해야 사건의 실체가 정확히 드러나기 때문이다. 수사의 기본은 범죄를 입증할 수 있는 증거확보에 있으며, 재판은 증거 위주로 진행된다.

형사소송법 제307조(증거재판주의)에는 「①사실의 인정은 증거에 의하여야 한다. ②범죄사실의 인정은 합리적인 의심이 없는 정도의 증명에 이르러야 한다」고 규정돼 있다. 사람의 인신(人身)을 구속하고 자유를 박탈한 상태에서 진행되는 형사재판은 민사재판과 달리, 합리적 의심이 조금이라도 있으면 헌법에 규정된 무죄추정의 원칙에 따라 무죄를 선고해야 한다. 대법원 판례도 이렇게 되어 있다.

이성한과 고영태의 허위 폭로동기를 공개하고, 그 증거물까지 제출한 류상영의 진술을 용성진 검사가 고의적으로 은폐한 것에서부터 최서원 사건은 검찰이 의도하는 방향, 즉 박근혜 대통령을 겨냥한 사건으로 변질되기 시작했다.

이성한,
"30억5천만 원 받아 달라" 부탁

류상영에 의하면, 이성한은 한강 주차장 회동에서 최서원에게 두 가지를 부탁했다고 한다. 하나는 한미약품에서 30억5천만 원을 받을 게 있는데, 이 돈을 최서원이 대신해서 받아 달라는 것이었다.

이성환은 미르재단 사무총장에 취임하기 2년 전인 2013년 5월경, 의사와 약사 등 수백 명을 강원도의 한 리조트로 초대해 한미약품을 홍보하는 대대적인 행사를 주관했다. 병원이나 약국에서 의약품을 처방하거나 팔 때, 가능하면 한미약품 제품을 이용해 달라는 일종의 리베이트성 행사였다.

이 행사를 주관한 이성한은 수만 명의 의사 명단이 기록된 DB(데이터베이스)를 한미약품에 넘겨주고 행사용역비로 30억5천만 원을 요구했다. 이에 대해 한미약품 측은 "했던 일에 비해 요구하는 금액이 과하다"며 거부하고, 법적 대응을 불사하겠다는 강경한 입장을 보였다. 한미약품 측이 최종 거부의사를 밝힌 게 2016년 8월 10일로, 한강 주차장 회동이 있기 9일 전이다.

미르재단 사무총장에서 갑자기 직위 해제되면서 돈 받기가 더욱 힘들어진 이성한은 이런 사정을 고영태에게 하소연했고, 고영태 코치에 따라 대통령과 가까운 사이로 알려진 최서원을 이용해 한미약품에 압력을 행사하기로 마음먹었다. 그러나 최서원은 "개인적인 금전거래에는 관여하지 않겠다"며 이성한의 부탁을 거절했다고 한다.

이성한이 최서원에게 두 번째로 부탁한 것은 변호사 비용이다. 이성한은 "한미약품을 상대로 소송을 하려면 변호사 비용으로 5억 원이 필요하다"며 "회장님께서 강원도 용평군 이목정리와 도사리 일대에 목장개발을 하려는 것으로 알고 있는데, 그 땅보다는 제가 소유하고 있는 강원도 인제 땅이 개발가치가 훨씬 높으니 5억 원에 사 달라"고 부탁했다고 한다.

두 사람의 대화를 옆에서 듣고 있던 고영태가 최서원에게 "이성한의 딱한 처지를 한 번만 도와주었으면 좋겠다"고 적극적으로 거들고 나섰으나, 최서원은 두 사람의 요구를 일축했다고 한다. 두 가지 부탁이 모두 실패로 돌아가자 이성한은 차문을 열고, 먼저 나가 버렸다.

하지만 고영태는 차에서 내리지 않고 계속해서 최서원에게 "이성한의 요구 중 하나라도 들어줄 것"을 간청했다고 한다. 이성한이 한미약품에서 돈을 받게 되면 그 중의 5억 원을 고영태에게 사례비로 주기로 약속했기 때문이다.

한강 주차장 회동이 있던 무렵, 고영태는 주식사기 사건으로 고소돼 서울 강남경찰서에서 조사를 받고 있었다. 서울 강남구 청담동에서 「K라인」이라는 개인회사를 운영했던 고영태는 한 해 전인 2015년 11월경 중소기업을 운영하는 정○○에게 "주식투자를 통해 큰 수익을 내 주겠다"며 8천만 원을 빌렸다. 그러나 몇 달이 지나도록 수익은커녕 원금도 갚지 못하자, 정○○은 2016년 4월경 고영태를 주식사기 혐의로 서울 강남경찰서에 고소했다.

그 당시 고영태의 채무는 이것만이 아니었다. 고영태는 서울 강남의 사채전주 최○○으로부터 1억 원을 빌려, 경기도 모처에서 불법 사설경마장을 운영하다가 빌린 돈을 고스란히 날렸다. 게다가 그의 형 고○○이 은행에서 대출받은 수천만 원도 사설경마장 운영비 등으로 탕진했다. 돈에 쪼들린 고영태는 관세청 이○○ 과장에게서 2천만 원을 받아 개인적으로 유용했다.

이로 인해 고영태는 수시로 강남경찰서에 불려가 조사를 받는 한편, 월 5부에 이르는 사채 이자와 형의 은행대출금을 갚느라 주변 지인들에게 아쉬운 소리를 하고 다녔다.

이성한도 이 무렵 경제적인 어려움을 겪고 있었다. 검찰 진술조서에 의하면, 사무총장 시절 이성한의 한 달 실 수령액은 750만 원이었다. 그런데 느닷없이 사무총장에서 쫓겨나면서 이성한은 40대 중반의 나이에 수입원을 잃었다. 고영태가 춘천까지 내려가 이성한을 만난 이유가 이성한과의 잦은 전화통화를 통해 그가 한미약품에 30억5천만 원의 채권이 있다는 사실을 알았기 때문이다.

최서원의 힘을 빌려, 한미약품에서 30억5천만 원을 받게 되면 이성한, 고영태는 단번에 경제적 어려움을 극복할 수 있었다. 춘천에서 치밀하게 각본을 짠 두 사람은 최서원을 한적한 한강 주차장까지 유인하는 데는 성공했으나, 최서원의 거부로 물거품이 되자, 최서원을 겁박하기 위해 폭로전을 펼치기 시작한다.

고영태,
민주당 오영훈 의원 비서 만나다

고영태는 2016년 9월부터 시작되는 정기 국회를 이용하기로 마음먹었다. 고영태는 후배 윤○○을 통해 정치권과 연결되는 줄을 찾았다. 윤○○은 인기드라마 「태양의 후예」에 조연급으로 출연한 연기자다. 윤○○은 고영태에게 더불어민주당 오영훈 의원의 비서진 중 한 명인 박병○을 소개했다. 오영훈 의원은 제주특별자치도 제주시 을 출신이다.

고영태는 서울 강남구 청담동에 위치한 「세번걸이」라는 와인 카페에서 박병○을 자주 만났다. 이 카페는 고영태가 사는 집 근처에 있다. 고영태는 박병○에게 "최순실은 최태민 목사의 딸로서 박근혜 대통령의 오랜 친구다. 최순실은 미르재단과 K스포츠재단 설립에 관여했으며 박근혜 대통령이 해외 순방 때 입을 옷을 서울 강남구 신사동 의상실에서 만들었다. 그 장면을 찍은 CCTV 영상을 내가 갖고 있다"는 등의 얘기를 해 주었다.

하지만 고영태의 주장은 이때까지만 해도 언론에 전혀 보도되지 않은 내용이었다. 첩보를 입수한 오영훈 의원 비서진은 문체부에 요청해 미르재단과 K스포츠재단 관련 자료를 확보했다. 오영훈 의원이 문체부를 관장하는 국회 교문위(교육문화체육관광위원회) 소속이었기 때문에 가능했다.

오영훈 의원 비서진이 문체부를 통해 확보한 문서는 미르재단과 K스포츠재단에 출연금을 기부하기로 약속한 기업체 명단과 기업체 대표들이 서명한 약정서, 두 재단의 창립총회 회의록, 두 재단의 설립 당시 임원진 명단과 그들의 이력 및 주소 등이었다.

고영태가 박병○ 비서에게 부탁한 사안은 정기국회 기간에 최순실이라는 이름을 거론해 달라는 것이었다. 대정부 질문이나 국정 감사장에서 이름이 언급되기만 하면, 최서원이 고영태와 이성한의 요구를 들어줄 것으로 생각했다.

하지만 오영훈 의원은 야당 초선의원이었다. 국회에서의 발언에 면책특권이 주어지기는 하지만 초선 의원이 폭로하기에는 감당하기 버거운 내용인데다, 언론에서 대대적으로 보도하기 전에는 먼저 나서지 않는 게 야당 의원들의 생리다.

오영훈 의원 비서진은 확보한 자료 전부를 한겨레신문 방준오 기자에게 넘겼다. 한겨레신문 특별취재반이 지은 「최순실 게이트/기자들, 대통령을 끌어내리다」라는 책에는 자료 입수 경위가 이렇게 적혀 있다.

〈오영훈 의원은 한겨레보다 한 발 앞선 8월부터 미르재단과 K스포츠재단 관련 자료를 문화체육관광부 등에 요청해 차곡차곡 모아 놓은 상태였다. 기자가 발로 뛰어 모을 수 있는 자료가 아니었다. 방준오가 협조요청을 부탁하자 오영훈 의원실의 박성오 비서관은 흔쾌히 수락하며 어렵게 받아 낸 자료들을 한겨레에 몽땅 넘겨줬다.

박성오 비서관이 건넨 자료 가운데 가장 귀한 것은 두 재단의 임원 명단이었다. 앞으로 「최찾사」(최순실을 찾는 사람들의 약칭으로 한겨레신문 특별취재반 명칭)가 찾아가 만나야 할 인물들이었다. 당연히 K스포츠재단 설립 당시 임원진의 명단과 그들의 이력 그리고 주소도 기재돼 있었다. K스포츠재단의 정동춘 이사장이 CRC 운동기능회복센터 원장이라고 기재돼 있었고, 그의 집 주소도 적혀 있었다.〉

오영훈 의원 비서진은 이 자료들을 검찰에 고발장을 제출한 「투기자본 감시센터」에도 제공했다. 투기자본 감시센터가 추가로 제출한 고발장에는 오영훈 의원실 제공이라는 출처가 명시돼 있다.

이성한,
한겨레신문과 JTBC 기자 만나다

한강 주차장 회동에서 소기의 목적을 달성하지 못한 이성한은 한겨레신문 류이근 기자를 만난다. 2016년 9월 7일이다. 이들이 만난 곳은 미르재단 근처의 커피숍으로 가구점을 겸한 곳이었다. 이성한은 「오프 더 레코드」(취재원의 동의 없이는 보도하지 않는다는 취재 준칙)를 전제로 인터뷰에 응했다.

이성한은 "TV조선에 보도된 건 사과껍질 정도"라는 식으로 운을 뗐다. TV조선이 기획기사로 보도한 미르재단 기사가 사과껍질이라면 과육(果肉)은 따로 있다는 이야기다. 류이근은 9월 9일, 재차 이성한을 만난 데 이어, 9월 18일에는 이성한이 사는 춘천까지 내려갔다.

이성한은 류이근에게 "대통령이 단독으로 결정할 수 있는 사안은 없다. 최순실한테 다 물어보고 승인이 나야 가능하다고 보면 된다. 최순실이 유일하게 움직일 수 있는 사람은 한 명이다. 그게 바로 대통령이다"고 말했다. 최순실이 비선 실세라는 취지의 내용이다.

인터뷰를 끝낸 이성한은 류이근을 자기 차에 태우고 식당으로 가는 도중에 자기가 녹음테이프 80개를 갖고 있다고 자랑하고 일부 내용을 잠깐 동안 들려주었다. 이런 식으로 이성한은 기자의 취재욕구를 은근 슬쩍 건드렸으나 결정적인 증거물은 내놓지 않았다. 고영태에게 들었다는 말이 유일한 물증이기 때문이다.

류이근은 9월 25일 다시 춘천으로 내려가 춘천 MBC 사옥 안의 커피숍에서 이성한을 만났다. 이로써 류이근은 네 차례에 걸쳐 총 16시간을 이성한과 인터뷰했다.

그러나 류이근은 "최순실이 비선 실세"라는 이성한 주장을 보도하지 않았다. 이성한이 「비보도」를 전제로 인터뷰에 응한 점도 있지만, 그의 주장이 「확인되지도 않고, 확인할 수도 없는」 황당한 내용이었기 때문이다. 이성한이 류이근에게 흘린 내용은 고영태에게 들었다는 이야기에 살을 붙인 것에 불과했다.

류이근은 2000년에 한겨레신문에 입사하여, 사회부·경제부·정치부·국제부를 두루 거친 경력 17년의 베테랑 기자다. 그는 음모론과 각종 「설(說)」을 싫어했고, 자기가 직접 보고, 듣고, 확인한 팩트가 아니면 믿지 않는 기질이 강했다고 한겨레신문 특별취재반이 출간한 책에 적혀 있다.

이성한은 류이근을 만난 지 얼마 후, JTBC 심수미 기자를 접촉했다. 2016년 10월 4일이다. 이성한은 고영태에게 들었다고 하면서 "최순실의 취미는 대통령 연설문 고치는 것"이라는 정보를 흘렸다. 심수미가 "그 내용을 잘 아는 고영태와 같이 만났으면 좋겠다"고 제안하면서 세 사람은 10월 5일 저녁에 만났다. 폭탄주가 오고 갈 만큼 화기애애한 자리였다고 심수미는 법정에서 진술했다.

이성한이 언론사 기자들을 연달아 접촉할 수 있었던 이유는 그가 언론계 생리에 익숙했기 때문이다. 이성한은 대학 졸업 후 춘천 MBC 보도국에서 2년 동안 근무한 적이 있다. 이는 이성한의 검찰 조서에 기재된 내용이다. 이성한은 기자가 아니고 계약직 일반사원(컴퓨터그래픽 담당)인데, 지방 방송사 보도국에서 기자들과 같이 근무한 관계로 기자들의 생리를 어느 정도 터득하고 있었다.

이성한과 고영태를 만난 심수미는 그러나 이들의 주장을 곧바로 기사화하지 않았다. 서강대 신문방송학과 출신인 심수미는 이들이 충격적인 내용을 거리낌 없이 떠벌리자 의심한 것이다. 10월 5일에 두 사람을 만난 심수미는 이들에게 들은 내용을 10월 18일까지 보도하지 않았다. 그 이유를 심수미는 2016년 12월 8일에 방송된 JTBC 메인 뉴스 시간에서 이렇게 밝혔다.

"고영태씨는 최순실씨가 탭을 끼고 다니면서 수시로 대통령의 연설문을 읽고 수정한다는 말을 했고, 이성한씨가 이를 부연하였습니다(옆에서 거들고 맞장구를 쳤다는 의미). 고씨는 최순실의 태블릿PC 수정과 관련해서 말을 하면서, 최순실이 하도 많이 고쳐서 화면이 빨갛게 보일 지경이라는 표현도 했었습니다. 충격적인 말을 아무렇지도 않게 두 사람이 나눴던 거예요. 그 말만 듣고서는 기사를 쓰는 것이 정말 불가능했었는데, 태블릿PC를 발견하면서 보도를 하게 된 겁니다."

JTBC가 태블릿PC 날조보도를 하기 전까지만 해도, 정상적인 기자교육을 받은 기자들의 취재는 사실 확인이 우선이었다. 어떤 사건이든 검증한 다음에 보도할 만큼 대부분의 기자들은 신중했다. 언론계의 정상적인 관행을 한꺼번에 무너뜨린 게 JTBC의 태블릿PC 날조보도다.

고영태 휴대폰 통화내역 입수

검찰에서 4박5일 동안 조사를 받을 때, 고영태는 2대의 휴대폰을 사용하고 있었다. 최서원의 변호인 이경재 변호사는 1심 재판에서 고영태가 사용한 휴대폰 전부에 대해 통화내역 사실조회를 요청했다. 고영태가 최서원과 결별한 직후부터 특검 수사가 끝날 때까지의 기간 동안, 고영태가 통화한 사람들의 정체를 알게 되면 탄핵 정국에서 있었던 고영태의 역할을 짐작할 수 있기 때문이다.

통화내역 조회는 검찰이 대형사건 수사에서 맨 먼저 하는 일이다. 검찰은 안종범과 정호성을 조사할 때 두 사람의 휴대폰을 압수한 다음, 통화내역을 조회했고 정호성의 경우에는 대통령과의 통화내용을 확인하기 위해 휴대폰에 대한 포렌식 검사까지 실시했다.

그러나 검찰은 고영태 조사에서는 휴대폰을 압수하지도 않았고, 통화내역 조회에 대해서는 관심조차 갖지 않았다. 때문에 검사 출신인 이경재 변호사가 법원에 통화내역 조회를 요청한 것이다. 이 요청에 대해 1심 재판장 김세윤 판사는 고영태 친구들이 알고 있는 휴대폰 번호(010-52xx-59xx)에 한해 사실조회를 허가했다. 이 바람에 고영태가 개인적으로 은밀히 사용했던 휴대폰에 대한 통화내역 조회는 이뤄지지 않았다.

나는 이경재 변호사를 통해 고영태의 휴대폰 통화내역을 입수했다. 2016년 9월 1일부터 2017년 2월 28일 사이의 통화기록이다. 2016년 9월 1일이면 한강 주차장 회동이 있은 직후로, 고영태가 최서원과 결별한 이후다. 즉, 고영태의 허위폭로가 시작된 시점이며, 2017년 2월 28일은 특검(特檢) 수사가 끝나갈 무렵이다.

2016년 9월부터 2017년 2월까지 6개월 동안, 고영태가 전화를 건 횟수는 1065건이고, 전화를 받은 횟수는 1316건이었다. 한 달에 평균 170여 통의 전화를 걸었고, 220여 통의 전화를 받은 셈이다. 고영태가 별도의 휴대폰을 은밀히 사용한 것을 감안하면 통화 횟수는 더 많았을 것이다.

그러나 이 통화내역에는 고영태가 언제, 누구와 몇 분간 통화했다는 사실은 기록돼 있지만 주고받은 통화내용은 알 수가 없다. 나는 입수한 통화내역에서 고영태 휴대폰과 두 차례 이상 통화가 이뤄진 번호들을 별도로 골라내, 내 휴대폰에 저장했다. 이렇게 하면 그 번호들과 내 휴대폰이 카톡 친구로 연결될 가능성이 있으며, 카톡 메시지를 통해 휴대폰 번호의 주인을 추적하는 단서를 얻을 수 있기 때문이다.

이런 방법을 통해 나는 고영태가 최서원과 결별한 이후 상당히 많은 수의 기자들 및 정치권 사람들과 통화했음을 확인했다. 고영태와 제일 많이 전화를 주고받은 기자는 TV조선 이진동이었다. 그 밖의 많은 기자들이 고영태와 통화한 사실은 확인했지만, 통화내용을 확인할 수 없었기 때문에 이름은 공개하지 않는다.

고영태는 검찰에서 조사받던 4박5일 동안 검찰 청사 안에서도 30회에 걸쳐 전화를 걸었으며, 51회에 걸쳐 걸려온 전화를 받았다는 사실이 확인됐다. 검찰 진술조서에 기록된 조사 시간에도, 즉 검찰 조사를 받고 있는 상태에서도 고영태는 전화를 걸거나 전화를 받았다.

이 기간 중에 고영태가 걸려온 전화를 받았을 경우에는 평균 10분 이상 통화를 했으며, 전화를 건 경우에는 최고 9분48초간 통화했다. 검찰 조사를 받으면서 고영태가 이처럼 많은 통화를 했다는 것은 고영태 진술의 신뢰성에 의문을 갖게 하는 부분이다.

류상영,
「김수현 녹음파일」 공개

고영태는 검찰에서 자유로운 상태로 조사받을 때, 「김수현 녹음파일」에 대해 한 마디도 진술하지 않았다. 이 녹음파일은 고영태와 그 친구들이 최서원 사건을 어떻게 끌고 가려고 했으며, 어떤 이익을 노리고 있었는지, 다시 말해 범죄의 동기와 목적이 녹음된 중요 증거물이다.

이 녹음파일은 고영태로부터 한 달에 350만 원의 봉급을 받았던 김수현이 녹음하고 정리했다. 김수현을 고영태에게 소개한 사람이, 고영태를 이진동에게 소개한 그 이현정이다. 이현정과 김수현은 2008년 이진동의 선거캠프에서 선거운동원으로 같이 일한 사이다.

김수현은 고영태 개인사무실에 첫 출근한 2014년 5월부터 고영태가 사기혐의로 서울 강남경찰서의 조사를 받고 있던 2016년 8월까지 2년 동안, 고영태와 둘이서 통화한 내용에서부터 자신이 고영태 친구들과 대화한 내용을 녹음했다. 녹음파일의 총 개수는 2391개다.

녹음파일 속의 등장인물은 모두 7명이다. 이른바 「고영태 7인방」이다. 이 가운데 고영태·노승일·류상영은 한국체대 95학번 동기이고, K스포츠재단 과장 박헌영은 한국체대 97학번이다. 나머지 3명은 이현정·최철·김수현이다.

최철은 2014년 10월 2일, 김종덕 문화체육관광부 장관의 정책보좌관에 발탁돼 조윤선 장관이 재임하던 시절까지 문체부장관 정책보좌관을 지낸 별정직 3급 공무원인데, 최철을 김종덕 장관의 정책보좌관으로 추천한 사람이 이현정이다. 이런 사실을 종합하면, 이진동과 고영태, 고영태와 김수현, 이진동과 최철 간의 관계에서 연결고리 역할을 한 이현정은, 최서원 사건을 기획한 「막후 기획자」라 할 수 있다.

김수현 녹음파일의 존재를 최초 공개한 사람은 류상영이다. 류상영은 용성진 검사의 조사를 받을 때, 이성한과 고영태의 허위폭로 증거라고 제시한 A4 용지 2장짜리 증거물을 용성진 검사가 묵살하자, 고영태의 폭로동기가 녹음된 녹음파일이 있다고 공개했다. 류상영은 용성진 검사실의 고동주 수사관(검찰주사보)을 서울 송파에 위치한 물류창고로 안내했다.

물류창고에는 최서원의 조카 장시호가 특검에서 진술한 「이모의 빨간 금고」를 비롯하여, ㈜예상의 자료들이 보관돼 있었다. 이 자료들 속에 김수현이 사용하던 컴퓨터가 있었고, 이 컴퓨터에 녹음파일이 심어져 있었던 것이다.

송파 물류창고 압수수색에서 눈길을 끈 것이 「빨간 금고」다. 그동안 기성 언론은 이규철 특검보의 브리핑을 근거로, 아직 찾지 못한 빨간 금고 안에 최서원 소유의 수많은 재산 목록과 비밀서류 등이 들어 있다고 보도했다.

그러나 이날 압수수색에서 고동주 수사관은 류상영이 열어 준 빨간 금고 안에서 의미 있는 증거들을 발견하지 못했다. 검찰은 빨간 금고의 실체를 이미 알고 있었으나 공개하지 않았고, 장시호 진술에 근거했다는 특검의 허위 브리핑으로 인해 가짜 뉴스만 양산하는 꼴이 되었다.

용성진 검사가 「김수현 녹음파일」을 입수한 것은 2016년 11월 7일이다. 하지만 녹음파일의 개수가 2391개여서 이를 듣고 녹취하려면 상당한 시간이 걸릴 수밖에 없었다. 이 가운데 29개에 한해 녹취록을 완성한 검찰은 11월 28일, 녹음파일 속의 등장인물인 최철 보좌관을 처음으로 검찰에 소환했다.

검찰이 최서원·안종범·정호성을 일괄 기소한 날이 2016년 11

월 20일이므로, 검찰이 최철 보좌관을 조사한 무렵에는 최서원 사건 재판이 진행되고 있었다. 최철 보좌관을 조사한 검찰은 그 다음 날 K스포츠재단 과장 박헌영을 재차 소환했고, 이틀 후인 12월 1일에는 고영태를 다시 불러 조사했다. 12월 6일에는 녹음파일을 정리하고 관리한 김수현이 검찰에 소환돼 조사를 받았다.

언론의 허위 보도가 사실이라는 전제 아래, 최서원을 구속 기소한 검찰은 재판 시작과 함께 새로운 증거물인 김수현 녹음파일이 등장하자 위기에 봉착했다. 용성진 검사가 검찰 측에 결코 유리하다고 할 수 없는 김수현 녹음파일을 재판 시작과 함께 증거물로 제출하고, 관련자들의 진술조서를 재판기록에 첨부한 것은 혹시라도 재판 막바지에 이 녹음파일이 공개되었을 경우, 그 후폭풍을 검찰로서는 감당할 수 없었기 때문인 것으로 짐작된다.

최서원 사건의 수사기록은 A4 용지로 2만5천여 페이지에 이른다. 수사기록은 누락을 방지하기 위해 일련번호가 매겨지는데, 최철 보좌관에 대한 검찰 진술조서는 2만3362페이지에서부터 시작하고, 고영태의 추가 진술조서는 2만5260페이지에서 시작해 2만5809페이지에서 끝난다.

수사가 끝나고 재판이 진행되는 무렵에 새로운 증거가 추가로 발견되면, 검찰은 기존의 범죄혐의를 변경해야 한다. 공소장 변경이다. 그러나 새로운 증거물인 녹음파일이 검찰의 기존 수사 방향과 완전히 다른 내용이어서 검찰은 곤혹스러울 수밖에 없었다.

검찰은 녹음파일 2391개 중에서 녹취록을 작성한 29개만 증거물로 제출하고, "우리끼리 농담 삼아 한 이야기에 불과하다"는 고영태 진술을 근거로 녹음파일의 중요성을 평가 절하했다. 검찰은 최서원 사건 공소장을 끝내 변경하지 않았다.

이경재 변호사와
검찰의 날선 공방

　서울중앙지방법원 417호 법정은 최서원 사건의 진실을 규명하는 역사의 현장이다. 150여 명이 들어갈 수 있는 대법정이지만 혼잡을 피하기 위해 방청권을 가진 사람만 입장이 가능했다.
　나는 이경재 변호사를 통해 미리 확보한 방청권을 목에 걸고, 2017년 2월 6일 오후 2시10분부터 열린 재판에 참석했다. 검찰 측이 신청한 증인 고영태가 법정에 출석하는 날이기 때문이다. 이 무렵 헌법재판소는 대통령 탄핵여부를 심리하고 있었다.
　최서원 피고인에 이어 안종범이 고동색 수용자 복장 차림으로 들어왔고, 양복에 코트를 걸친 증인 고영태가 맨 나중에 입정했다. 증인심문이 시작되기 전, 최서원의 변호인 이경재 변호사가 손을 들고 자리에서 일어났다.

"검찰이 제출한 김수현 녹음파일 3개를 오늘 이 법정에서 들으면서 고영태 증인을 심문하고자 합니다. 고영태에 대한 검찰의 주(主) 심문이 2시간가량 걸릴 것으로 예상되므로, 변호인의 반대심문이 시작되기 전까지 검찰 측은 녹음파일을 들을 수 있도록 준비해 주기를 요청합니다."

이에 검찰 측은 "김수현의 녹음파일은 2천여 개가 있는 것으로 확인되었습니다. 그 중 절반은 김수현의 사적(私的)인 통화내용이고, 이 사건과 관련된 것은 100개 미만입니다. 그 가운데 29개만 녹취록이 작성돼 있으므로 추후 증거로 제출하겠습니다. 그러나 변호인 측이 갑자기 요청하므로 오늘 법정에서 녹음파일을 틀기는 어려울 것 같습니다"며 녹음파일 공개를 거부했다.

한 해 전인 2016년 11월 7일에 녹음파일을 입수하고, 12월 6일에 관련자들의 조사와 녹취록 작성까지 마친 검찰이 고영태에 대한 증인심문이 시작된 2017년 2월 6일에 느닷없이 김수현 녹음파일의 공개를 거부했다. 검찰이 재판을 지연시킨 이유는 김수현 녹음파일이 대통령 탄핵과 맞물려 있기 때문이다.

김수현 녹음파일은 바로 그 무렵, 헌법재판소에 증거채택 신청이 되어 있었다. 하지만 헌법재판소는 결론을 내리지 않고 시간을 끌고 있었는데, 문제의 녹음파일이 형사법정에서 증거로 채택되면 헌법재판소의 대통령 탄핵심리에 엄청난 영향을 줄 수 있기 때문이다. 그만큼 김수현 녹음파일은 폭발력을 가진 증거물이었다.

그래서인지 서울중앙지법 형사합의22부 재판장 김세윤 부장판사는 녹음파일에 대한 증거채택 여부는 나중에 검토하겠다고 고지하고, 고영태에 대한 증인심문을 시작하도록 했다.

심문을 시작한 검찰은 고영태가 검찰에서 진술한 내용을 장황하게 읽어준 뒤, 끝에 가서 "증인은 검찰에서 이렇게 진술하고 서명 날인했지요"라고 물었다. 이에 고영태는 "예"라는 대답을 기계적으로 반복했다. 고영태 주장의 사실여부에 대한 판단을 하지 않은 검찰은 고영태의 일방적인 허위주장을 법정에서 기자들에게 공개했다.

증인 고영태에 대한 검찰의 주 심문이 끝나자 변호인 반대심문이 시작됐다. 이경재 변호사가 "증인은 검찰에서 최서원 피고인이 대통령 연설문을 고치는 것을 딱 한 번 보았다고 진술했는데, 오늘 증언과는 다른 것 같다"며 위증여부를 추궁하자, 증인석에 앉아있던 고영태는 고개를 오른쪽으로 돌려 이경재 변호사를 빤히 쳐다보면서 "대통령이 이미 다 시인한 사안인데, 한 번이면 어떻고 두 번이면 또 어떻습니까"하며 대들듯이 말했다.

고영태는 검찰 조사에서 "K스포츠재단과 미르재단의 실소유주는 최순실이다. 이사장부터 모든 직원의 채용을 최순실이 관여했다. 더블루K라는 회사는 최순실이 K스포츠재단의 돈을 빼내 독일로 보내기 위해 설립한 회사다"라는 취지의 진술을 한 바 있다.

이경재 변호사는 이 같은 고영태의 검찰 진술을 하나하나 열거한 뒤, K스포츠재단과 더블루K가 최서원 소유가 아니라는 점을 증거를 통해 입증하고, 사실관계를 중심으로 고영태를 압박해 나갔다. 그때 갑자기 방청석에서 웬 여성이 "증인을 윽박지르지 말라"라며 고함을 질렀다.

법정이 소란스러워지자 재판장은 그 여성을 법대(法臺) 앞으로 불러내 이름을 물었다. 이복순이라는 60대 여성이었다. 재판장은 "법정 내 질서를 어지럽히면 감치(監置)할 수 있다"고 경고하고, 퇴정을 명했다. 이복순은 최서원에게 욕을 퍼부으며 나갔다.

소란이 정리된 후 고영태는 "K스포츠재단 내부에서 일어난 일은 저는 모릅니다"라며 검찰에서의 진술을 부인했다. 법정에서 거짓말을 하면 위증죄로 처벌받는다. 증인으로 출석하기 전, 검찰과 사전조율을 거친 고영태는 변호인의 매서운 추궁엔 "모르는 일"이라며 빠져나갔다. 이경재 변호사가 "증인은 최서원이 태블릿PC를 사용하는 것을 본 적이 있느냐"고 심문하자, 고영태는 "본 적이 없다"라고 실토했다.

반대심문 막판에 이경재 변호사가 드디어 김수현 녹음파일의 일부를 녹취록 형태로 법정에서 공개했다. 그 중의 압권이 "재단 사무총장을 문제를 만들어서 쫓아내고 고영태 본인이 부 사무총장으로 들어가 재단을 장악하겠다"는 내용의 녹취록이다. 재단 사무총장은 K스포츠재단 사무총장 정현식을 지칭한다. 녹취록 내용을 인용하면 이렇다.

〈**고영태**: 내가 재단에 부 사무총장, 그걸로 들어가야 될 것 같아. 그래야 정리가 되지. 이사장하고 사무총장하고 X나 쓰레기새끼 같아. 사무총장하고 지네들끼리…. 가서 정리를 해야지. 사무총장을 쳐내는 수밖에 없어. 사무총장 자리에다가 딴 사람 앉혀 놓고 정리해야지. 새로운 사람 들어오면 또 내부조직 끌어올 수 있으니까. 내부에 있는… 이제 자리 하나 남았는데, 하나 땡겨 놓고 우리 사람 만들어 놓고 같이 가 버리든가 해야지. 그래야 조용해지고… 문제 있는 그 사무총장을, 너 이거 감사, 돈 이거 어떻게 됐냐, 이거 문제가 있네. 그 사람이 이사거든, 사무총장이 이사로 돼 있어. 재무이사, 너 이거 책임지고 옷 벗어. 그리고는 쫓아버릴라고… 그렇게 해서 내쫓아야지 안 그러면 말이 나올 수 있잖아. 그러면 내가 부 사무총장으로 들어가고. 그렇게 하다가 보면 거기는 우리가 다 장악하는 거지.

김수현: 그러면 좋죠.

고영태: 그렇게 해야지. 여기 어차피 힘 빠지면 뭐 하면 되니까….

김수현: 500억이니까, 형 괜찮다니까요. 계산 맞추면 그것만 아니라 다른 걸 할 수가 있어요.

고영태: 미르재단도 지금 한 번 봐봐야 돼. 이사장도 맡아야 하고. 안 하고 나왔는데 내가….

김수현: 알아보면 되죠. 근데 이제 그 사람들이 형 사람이 될 것이냐, 안 될 것이냐….

고영태: 그게 결론은 내가 직접적으로 아는 사람이 없다 이거야.

김수현: 알겠어요. 미르….〉

이 녹취록 내용에 대해 고영태는 "농담이었다"는 식으로 피해갔다. 고영태에 대한 증인심문은 밤 10시23분에 끝났다. 김세윤 부장판사는 "김수현 녹음파일은 들을 필요가 있는 것 같다"라고 전제하고, "검찰 측은 녹음내용을 CD에 담아서 제출해 달라. 증거조사 여부는 그 다음에 결정하겠다"는 말로 재판을 마무리했다.

고영태, 헌법재판소 증인
출석 거부

고영태가 형사법정에 증인으로 출석한 이날, 헌법재판소 직원이 고영태에게 출석요구서를 전달하기 위해 서울중앙지방법원에 나왔다. 그러나 고영태는 출석요구서 수령을 거부하고, 별도로 연락하겠다고 하고는 연락을 끊었다. 헌법재판소는 2017년 2월 9일, 고영태에 대한 증인채택을 직권으로 취소하고, 고영태의 검찰 진술조서를 증거로 채택하지 않기로 했다.

대통령 탄핵소추안은 고영태의 허위주장과 이를 보도한 허위 기사들을 근거로 작성되었는데, 고영태의 검찰 진술조서를 증거에서 제외한다면 헌법재판소 심리는 하나마나다.

그래서 대통령 변호인단은 2월 18일에 재차 고영태를 증인으로 신청했다. 하지만 헌법재판소 재판관 이정미는 2월 20일 최종 기각했다. 이정미 재판관이 탄핵심리를 서두른 것은 헌법재판소장 박한철의 폭탄발언 때문이다.

박한철 소장은 이에 앞서 2017년 1월 25일, 헌법재판소 법정에서 열린 변론기일에서 이런 취지로 선언했다.

"제 임기가 1월 31일에 만료되고 다른 한 분의 재판관 역시 3월 13일 임기 만료를 목전에 두고 있다. 그럼에도 후임자 임명절차가 전혀 이루어지지 않고 있다. 심판절차가 지연되는 경우, 심판 정족수(재판관 6명 이상)를 가까스로 충족하는 7명의 재판관만으로 재판을 할 수도 있는데 이는 심판결과를 왜곡시킬 수도 있다. 따라서 늦어도 3월 13일까지는 이 사건의 최종 결정이 선고되어야 할 것이다."

탄핵심판은 국회에서 통과된 탄핵소추안이 헌법재판소에 도착한 날로부터 180일 내에 결정하게끔 되어 있다. 탄핵소추안이 2016년 12월 9일 국회를 통과했으므로 심리기한은 2017년 6월 초까지다. 그럼에도 박한철 소장은 2017년 3월 13일 이전에 선고되어야 한다고 선고기일을 못 박았다. 이정미 재판관의 임기 만료가 3월 13일이기 때문이다.

이런 사정 때문에 이정미 재판관은 고영태에 대한 증인 재신청 요구를 끝내 기각하고 말았다. 이런 식으로 헌법재판소 심리는 졸속으로 진행됐다. 헌법재판소는 고영태에 대한 검찰 조서의 신뢰성과 최서원 사건의 중요 증거물인 김수현 녹음파일의 증거 능력에 대해 아무런 판단을 하지 않은 상태에서, 2017년 3월 10일 현직 대통령을 탄핵하는 결정을 내렸다.

헌법재판소법 제51조(심판절차의 정지)에는 「피청구인에 대한 탄핵심판 청구와 동일한 사유로 형사소송이 진행되고 있는 경우에는 재판부는 심판절차를 정지할 수 있다」라고 규정돼 있다. 검찰은 대통령을 최서원·안종범·정호성 사건의 공모자로 규정했고, 국회 탄핵소추안은 대통령의 헌법과 법률 위반행위에 대한 근거를 위 사건에서 찾았다.

그러므로 박근혜 대통령에 대한 탄핵심리는 동일한 사유의 형사소송이 진행되고 있는 경우에 해당하므로, 헌법재판소는 헌법재판소법 제51조를 근거로 심판절차를 정지하는 것이 헌법을 수호하는 기본 임무라 할 수 있다.

그러나 헌법재판소법 제51조의 「할 수 있다」라는 규정은 강제성이 있는 게 아니고 임의규정이어서 구속력이 없다는 게 결정적인 흠이다. 그렇다고 해서 선동된 여론 분위기에 넘어가 적법절차를 저버리고, 진실 규명이라는 의무마저 외면한 헌법재판소의 역사적 과오에 면죄부가 주어질 수는 없을 것이다.

녹음파일의 주인공
김수현 법정 증언

최서원의 변호인 이경재 변호사는 검찰이 녹음파일의 법정 공개를 의도적으로 봉쇄하자, 이에 맞서 녹음파일 작성자인 김수현과 녹음파일에 등장하는 이현정, 류상영, 이진동을 증인으로 신청했다. 김수현 녹음파일이 최서원 사건의 실체를 규명할 열쇠라고 판단한 1심 재판부는 증인 신청을 받아들였다.

문제는 증인들의 법정 출석 여부였다. 검찰은 김수현과 이현정에 대해서는 소재 파악이 되지 않는다는 이유로 난색을 표했고, 이진동은 불출석 사유서 제출을 통해 시간을 끌고 있었으며, 류상영은 출석통지서는 송달되었지만 출석 여부가 불투명했다.

나는 이경재 변호사를 통해 류상영의 휴대폰 번호를 알아내고 매일 밤마다 전화를 걸었다. 전화를 받지 않으면 문자메시지를 남겼다. 류상영은 처음엔 응답하지 않았다. 그런데 내가 조선일보 기자로 근무할 때, 그의 부친이 조선일보에 근무했다는 인연 때문에 마침내 내 전화를 받았다. 나는 류상영을 통해 검찰의 최서원 사건 수사가 부당하고 위법하게 진행되었다는 이야기를 들었다. 그와의 인터뷰는 그 자체로도 훌륭한 기사였지만, 최서원 사건의 실상을 법정에서 밝혀 기록으로 남기는 것이 더욱 중요하다고 나는 판단했다. 나는 그를 설득했다.

"증인으로 출석하면 검찰이 당신을 호되게 추궁할 것이다. 그러나 겁먹지 말고 당신의 증언을 역사의 기록으로 남긴다는 심정으로 이겨내기 바란다. 절대 위증하지 말고, 당신이 직접 경험한 사실들만 있는 그대로 이야기해라. 남들로부터 들은 이야기에 당신의 생각을 덧붙여 말하는 것은 아주 위험한 일이니, 이 점은 꼭 염두에 두기 바란다. 당신의 신변보호를 위해 내가 법정까지 동행해 주겠다."

이렇게 하여 류상영은 2017년 5월 19일 오전 10시, 서울중앙지방법원 509호 법정에서 열린 최서원 재판에 증인으로 출석했다. 509호 법정은 방청석이 30개가 조금 넘는 소(小)법정이다. 그런데 이날, 뇌물혐의로 기소된 이재용 삼성전자 부회장에 대한 재판 장소가 417호 대법정으로 정해지면서 509호 법정으로 변경됐다.

나는 류상영의 신변보호를 위해 법정까지 그와 동행했다. 예상대로 검찰 심문은 매서웠다. 검찰은 최서원이 「인트루스」라는 지주회사를 만들어, 미르재단과 K스포츠재단을 그 산하에 두고 사익(私益)을 추구하려 했다고 추궁했다. 검찰은 대통령과 최서원이 경제공동체임을 입증하는 하나의 증거라며 「인트루스」 부분을 집중 심문했다.

이에 대해 류상영은 이런 취지로 반박했다.

"저는 최순실씨로부터 인트루스라는 지주회사를 만들라는 지시를 받은 적이 없으며, 그런 사실을 검찰 조사에서 누누이 설명했는데도 검찰은 받아들이지 않았습니다. 검찰이 증거로 제시한 인트루스 조직도는 이면지(종이의 뒷면)에 작성돼 있고, 쓸데없는 서류이기 때문에 제가 여러 군데에 ×표 표시를 했습니다. 또 조직도에 보면 롯데그룹이 인트루스 자회사로 되어 있는데 그게 현실적으로 가능한 일이 아니지 않습니까?"

이에 검찰은 「참고인 류상영 진술조서」를 제시하고, "증인은 검찰 조사에서 그렇다고 진술하고 서명날인하지 않았느냐"고 추궁했다. 류상영은 "제가 검찰에서 참고인 조사만 4번을 받았는데 1차 진술조서는 정신이 없어 대충 서명했으나, 2차 조사가 끝난 후에는 먼저 있었던 진술이 잘못되었다는 점을 분명히 밝히고, 이를 확실히 하기 위해 진술을 번복한다는 부분에 지장까지 찍었다"고 반박했다.

류상영 증인의 진술이 검찰 수사와 다른 방향으로 흘러가자, 검찰은 "미르재단과 K스포츠재단이 대통령과 대통령의 비선 실세인 최순실이 안종범과 공모해서 만든 것은 아는가"라고 질문했다. 류상영이 "모른다"라고 대답하자 검찰은 "그런 사실도 모르느냐"며 거세게 몰아붙였다.

이경재 변호사가 검찰의 강압적인 심문태도에 이의를 제기하자, 김세윤 재판장이 나서서 "모른다고 진술한 것으로 통일하겠다"며 양측을 진정시켰다.

증인 심문이 모두 끝나자 김세윤 재판장이 직접 류상영을 심문했다. 재판장은 "고영태와 이진동이 이 사건을 기획폭로했다는 근거는 무엇인가요"라고 물었다. 류상영의 대답은 이랬다.

"고영태가 이진동 기자를 통해 폭로하려고 했던 것은 차은택의 비리였습니다. 고영태는 이성한이 미르재단 사무총장으로 남아 있기를 원했으나, 차은택의 방해로 좌절된 것을 알고 차은택을 미워한 것입니다. 그런데 이진동 기자는 차은택 비리뿐만 아니라 더 크고, 더 많은 것을 고영태에게 요구하였습니다. 그 바람에 의상실 CCTV 영상은 물론이고 그 밖의 많은 것들이 이진동 기자에게 제공되었습니다. 이런 정황들로 미뤄, 저는 이 사건이 고영태와 이진동 기자의 기획폭로라고 생각하였던 것입니다."

증언이 끝난 후 류상영은 재판부의 배려로 판사 출입문을 통해 무사히 귀가했다. 남은 것은 김수현의 증인 출석 여부다. 나는 류상영의 주선으로 김수현을 만날 수 있었고, 그로부터 증인으로 출석하겠다는 언질을 받았다. 김수현은 고영태 친구들에 의한 테러 가능성이 걱정된다며 내가 동행해 주기를 원했다.

2017년 7월 5일 오후 1시30분쯤 김수현은 만나기로 약속한 서울중앙지방법원 근처에 나왔다. 많은 언론이 녹음파일의 중요성을 무시했기 때문에 김수현에게 관심을 보이는 기자가 없었다. 나는 법원 입구에서부터 510호 법정 안까지 김수현과 동행했다.

김수현은 오후 2시20분 증인석에 앉았다. 증인 김수현에 대한 심문은 오후 7시30분에 끝났다. 김수현은 2014년 5월 1일부터 2016년 8월까지 2년간, 고영태와 함께 생활하면서 그가 직접 보고 들었던 내용들을 5시간에 걸쳐 진술했다.

이경재 변호사는 최서원 사건의 전반적인 흐름을 재판장이 파악할 수 있도록 하기 위해 시간대별로 진행 상황을 물었다. 고영태를 만나게 된 과정에서부터 고영태 사무실에서 있었던 일, 고원기획 설립 경위와 고원기획이 고영태와 차은택의 합작회사라는 점, 신사동 의상실에 CCTV를 설치한 과정, 미르재단과 최서원 관계, K스포츠재단 과장 박헌영이 했던 일, 고영태와 노승일의 독일 출국 목적, 한강 주차장에서 있었던 30억5천만 원 요구 사건, 고영태의 주식사기 사건 전모, 이진동과 이현정의 특수한 관계 등을 차례차례 심문했다.

공판관여 검사들은 변호인 반대심문을 말없이 듣기만 했다. 그러던 중, 김수현 입에서 계엄령 선포 이야기가 나오자 검사석에서 고함이 터져 나왔다. 김수현에 대한 변호인 반대심문을 당장 중단시켜야 한다고 재판부에 거세게 항의했다. 김세윤 재판장이 반대심문을 중단시키면서 계엄령 부분에 대한 심문은 끝까지 이뤄지지 않았다. 이날 법정에서 김수현이 증언한 계엄령에 대한 이야기는 대충 이런 취지다.

"제가 검찰에서 두 번째 조사를 받던 날, 저를 수사하던 고동주 수사관이 갑자기 '계엄령을 선포하기 전에 대통령을 잡아넣어야 한다'며 저를 다그치기 시작했습니다. 알고 보니 이날 SNS상에 계엄령을 선포하라는 글이 퍼졌고, 이에 더불어민주당 추미애 대표가 계엄령 선포를 막아야 한다고 인터뷰한 기사가 실렸던 보양입니다. 그때부터 검찰 수사 분위기가 험악해졌습니다."

반대심문을 끝낸 이경재 변호사는 "증인 김수현의 증언을 통해 이번 사건에 대한 기소가 무리하게 이뤄졌음이 입증되었다"고 주장했다. 이에 김민형 검사는 "고영태나 노승일 진술 외에 안종범, 김종(전 문체부 2차관) 등의 진술이 존재한다"고 반박했다.

김수현은 증언을 마친 뒤, 판사 출입문을 통해 법정을 빠져나갔다. 이 때문에 김수현의 얼굴은 지금까지 언론에 공개되지 않았다.

이현정 증인 채택은
재판부가 외면

　이제 마지막으로 남은 증인은 이현정이다. 이현정은 녹음파일에 등장하는 「고영태 7인방」 중에서 가장 연장자인데, 이진동의 「기획취재」를 배후에서 도운 장본인이다. 이현정은 이진동이 국회의원 선거에서 낙선한 후, 이성헌 의원 선거캠프에 들어갔다. 한나라당 사무총장 이성헌 의원이 2010년 당 대표 최고위원 경선에 나섰을 때다.

　이성헌 의원이 과거 연세대 총학생회장인 점을 이용, 이현정은 연세대 사회학과 출신이라며 접근했다. 경선이 끝난 후 이현정은 이성헌 의원에게 집요하게 공천권 한 자리를 요구했다. 그러나 이현정의 학력과 경력이 분명하지 않은 관계로 무산됐다.

　이현정은 차은택의 은사 김종덕이 문체부장관에 내정된

2014년 무렵에는 김종덕을 위한 인사청문회 준비팀에 합류했다. 김종덕이 국회 인사청문회를 별다른 잡음 없이 통과하고 문체부 장관에 취임하자, 이현정은 몇 차례나 장관 개별면담을 신청하며 괴롭힌 적이 있다. 이는 최철 보좌관의 검찰 조서에 기재된 내용이다.

이현정이 고영태에게 접근한 이유는 고영태와 친한 것으로 알려진 최서원을 이용해 청와대에 민원을 넣고, 민원 해결 대가를 받는 데 있었다. 이현정의 이러한 의도는 녹음파일에 저장된 김수현과 이현정 간의 통화에서 확인할 수 있다. 다음은 2016년 2월 25일에 있었던 이현정·김수현 간의 통화 내용이다.

〈김수현: 달라진 건 철이형(최철 문체부장관 정책보좌관)이 안에 들어가 있고 이제 돌아가고 얘기를 해주고 하니까, 소장(최서원)이 옆에 붙었잖아요. 붙어 있으니까 되는 건데, 이 실장님(이현정)이 말씀하신 건 가능할지 몰라요.

이현정: 그러니까 가능할 수도 있는 거지. 그렇게 돼서 몇 개만 풀리면 받아서 나눠 쓰면 되는 거 아냐?

김수현: 네.

이현정: 그러니까 그걸 영태랑 얘기를 해 봐야겠어. 그게 안에서, 비서실 쪽이나 뭐뭐 문고리(이재만·정호성·안봉근 등 세칭 문고리 3

인방)나 그런 애들 중에 하나 찍어 내려서 전화해 줄 수 있도록 최(최서원)가 전화 좀 해 줘. 그렇게 좀 해 달라고 얘기를 하면 그게 어려운 일은 아니거든.

김수현: 그거에 대한 건, 영태 형도 예전에도 그런 거 봤었으니까….

이현정: 그런 거랑 똑같은 거야. 전에는 해 먹을 게 있냐고 했을 때 우리는 해 먹을 게 없었는데, 이제는 그런 아이템을 해 먹을 게 있는 거지. 내가 그런 거 몇 개를 만들어 왔으니까 영태한테 얘기를 해 보려고. 영태한테 그렇게 전해줘. 통화해서 이런저런 민원인데 그 쪽으로 해서 풀어 줄 수 있는 상황이라고. 뭐 내가 얼토당토않은 소리를 하는 건 아니니까.

김수현: 제가 통화되면 해 볼게요.

이현정: 니가 얘기해. 얘기하고, 얘기됐다고 하면 내가 전화 한 번 할 테니까.〉

김수현 녹음파일 2391개 중에서 이현정과 김수현 간의 통화가 녹음된 파일은 총 31개다. 그 속에는 이현정이 TV조선의 보도 방향을 이미 파악하고 대응책을 마련했다는 증거도 있다. TV조선이 최서원 사건과 관련해 최초 기획폭로한 기사는 「김종 차관이 박태환 선수에게 리우올림픽 출전을 못하도록 압력을 가했다」는 내용이다.

이 기사는 2016년 7월 6일에 보도되었는데, 이현정은 기사가 나가기 2주 전인 6월 23일에 김수현에게 전화를 걸어, 이메일과 텔레그램 등을 모두 지우라고 거듭 당부했다. 이현정은 이진동 기자가 어떤 내용의 기사를 쓸 것이라는 점을 미리 알고 대비했다는 이야기다. 통화 내용을 소개하면 이렇다.

〈이현정: 수현아, 우리 지메일(gmail), 예전에 지메일 있었잖아? 공동으로 보는 그 지메일 하나 하고, 저기 장관님(김종덕 문체부장관을 지칭)꺼 하고. 또 메일 하나 있었지? 받는 거하고?

김수현: 근데 비밀번호가 바뀌어 가지고. 네. 있었어요.

이현정: 그걸 구글(google)에서 아주 계정을 삭제를 해야 해.

김수현: 아, 네.

이현정: 그리고 너도 메일이 중요한 게 많이 있니? 니 메일에.

김수현: 뭐 중요한 건 모르겠고, 그냥 뭐가 있긴 있겠죠.

이현정: 백업(back-up)을 받고 혹시 모르니까. 나랑 일 때문에 주고받았던 거, 다 그 계정을 없앨 수 있으면 없애. 그걸 아예 삭제를 해 버려. 어떤 거든지 정리를 해서, 오늘 그걸 꼭 해야 해.

김수현: 늦게 나 될 텐데. 오늘 안 되고, 오늘 늦게.

이현정: 그러니까 늦게라도 해야지. 늦게라도 해. 월요일부터 이제 기사가 계속 나올 거야.

김수현: 월요일부터요?

이현정: 그래. 그러니까 그냥 인기척도 하지 말고 있어. 누구한테 얘기도 하지 말고. 너는 그러니까는 이제 오늘 내일까지는 확실하게 정리를 해야 하니까 그렇게 알고. 니 계정하고 너도 연관되어 있다고 생각하는 거 있지? 그건 너도 다 없애.

김수현: 네. 메일 주세요.

이현정: 메일은 톡으로 보낼 테니까 니가 그거 관련해서 메일 주고받았다고 생각하는 계정도 없애란 말이야. 알았지? 알았지?

김수현: 네.

이현정: 그렇게 하고, 그건 늦더라도 오늘 다해야 된다. 그리고 전화도 와이파이에서 내가 말한 대로 그걸로 옮길 수 있으면 다 옮겨. 그러니까 착신전환을 새로 얘기해 준 전화번호로 다시 옮겨 놔. 일단 와이파이 그건 꼭 해야 돼. 알았지?

김수현: 네.

이현정: 그리고 슈어스팟(메신저 어플리케이션)하고 텔레그램 그런 것도 다 날려 버려. 근거를 남기지 말고.

김수현: 네.〉

이현정이 이진동과 직접 통화한 녹음파일도 있다. 이와 같이 고영태와 이진동 주변에서 중요한 역할을 하면서 이권을 노린 이현정에 대해 검찰은 단 한 번도 조사하지 않았다. 뿐만 아니라 검찰은 이현정 증인의 법정 출석에 협조해 달라는 김세윤 판사의 권유도 거부했다.

주소 확인이 되지 않는다는 핑계를 댔다. 이럴 경우 김세윤 판사는 구인장(拘引狀·법원이 심문을 목적으로 피고인 또는 증인을 강제로 소환하기 위해 발부하는 영장)을 발부하면 되는데, 끝내 발부하지 않았다.

이진동과 김의겸, 대낮부터 소주 9병 마셔

이진동과 김의겸은 2016년 9월 2일, 서울 종로에 위치한 르미에르 빌딩 지하의 ○○○할머니집이라는 음식점에서 만났다. 둘은 안주가 나오기 전부터 소주를 시켜 놓고 원 샷으로 몇 차례 쭉쭉 건배를 했다. 두 사람이 이날 만남에서 나눈 대화 내용을 이진동은 자기 책에 이렇게 써 놓았다.

〈김의겸은 경찰기자 시절에도 봤고, 과거 법조기자 시절 선·후배 기자로 동고동락한 적이 있었다. 당시 법조기자들은 경쟁사 기자들끼리도 친하게 지내는 편이었지만, 김의겸과는 알고는 지냈지만 「찐하게」 어울렸던 기억은 없었다. 김의겸이 나를 찾아온 건 일종의 「기자 취재」였고, 나는 취재원이었다. 김의겸은 솔직했고 빙빙 돌리지도 않았다.

"TV조선이 미르·K스포츠재단 보도를 그렇게 많이 했는데 모르고 있었어요. 솔직히 좀 부끄럽기도 했어요. 며칠 전 편집국장에게 '이거 따라붙어야 한다'고 했더니, '그럼 당신이 해 보면 어떠냐'고 해서 취재를 맡게 되었어요"라고 입을 열었다.

"기사들을 보니 짚을 건 다 짚어서 더 들어갈 틈이 없는 것 같은데, 우리가 이어서 할 테니 이 에디터(당시 이진동의 직책은 기획취재에디터 겸 기획취재 부장이다)가 갖고 있는 걸 우리한테 주면 안 되겠어요?"

"그건 안 되겠는데요."

단숨에 잘랐다. 나는 대신 "그동안 TV조선에서 이미 보도한 내용에 대해서 물어보면 백그라운드 설명은 해 줄 수 있다"고 누그러뜨렸다(백그라운드 설명은 기자가 취재한 내용을 말로 설명해 준다는 뜻이다).

"최순실 맞아요?"

"최순실이 뒤에 있는 건 맞아요."

김의겸은 두 재단 배후에 최순실이 있다는 것과 나에게 최순실 관련 영상이 있다는 걸 알고 찾아왔다. 안주는 더 들어오고 빈 병은 늘어갔다. 술이 거나해졌을 무렵 김의겸이 물었다.

"이 에디터는 왜 그걸 하려고 하세요?"

내가 2008년에 국회의원 선거에 출마했던 걸 염두에 두고,

다른 정치적인 뜻이 있는지를 묻는 듯했다. 대답하기 전에 먼저 되물었다.

"김 선배는 왜 하는데요?"

"나는 지금 정권이 바뀌기를 희망합니다."

어느덧 시간이 꽤 흘렀다. 둘이 마신 소주만 9병이나 되었다.〉

이 무렵에 박근혜 정부의 임기는 1년 5개월이나 남아있었다. 대통령 선거는 1년 3개월 후였다. 그런 상황에서 김의겸과 이진동은 정권 교체를 논의했다. 이들이 정권 교체의 빌미로 이용한 게 최서원 사건이다.

이진동이 최서원 사건을 취재한 의도는 그가 쓴 책 머리말에 실려 있다. 촛불시위를 거쳐 박근혜 정권의 사망 선고와 함께 박정희 체제의 종언을 고하겠다는 것이었다. 이진동의 궁극적인 목적은 「박정희 체제의 종언」이었다. 대한민국의 발전상을 모조리 부정하겠다는 뜻이다. 나는 이 머리말을 읽으며 섬찟한 느낌을 지울 수가 없었다.

「단골 마사지센터장」은 전형적인 날조기사

　　이진동과 김의겸이 엄청나게 술을 마신 지 18일 후, 한겨레신문은 2016년 9월 20일자에서 한국 언론 중에서는 최초로 최순실 이름을 등장시켰다. 이진동에게서 백그라운 설명을 들었기 때문에 김의겸은 자신있게 공개할 수 있었다. 기사 제목은 이렇다. 「단독/'권력의 냄새' 스멀…실세는 정윤회가 아니라 최순실」.

　　기사 제목은 선정적이었지만, 기사 내용은 "최순실이 최태민의 다섯 번째 딸이라는 것, 최태민은 새마음봉사단의 실세로 알려져 있다는 것, 최순실은 1996년 정윤회와 결혼해 승마선수인 딸 정 아무개(20)를 낳았다는 것" 등으로 세간에 이미 알려진 내용을 정리한 것에 불과했다. 한겨레신문은 이 기사에서 최순실이 권력의 핵심 실세라는 근거를 제시하지 못했다.

이날 한겨레신문은 「대기업 돈 288억 걷은 K스포츠재단 이사장은 최순실 단골 마사지센터장」이라는 기사를 동시에 보도했다. 한겨레신문의 이 보도가 최서원 사건의 실체를 왜곡한 날조 기사다. 최서원과 K스포츠재단 이사장 정동춘을 마사지센터의 손님과 주인으로 취급했는데, 이는 사실이 아니기 때문이다.

앞에서 이미 설명했듯이 민주당 오영훈 의원실의 박성오 비서관은 미르와 K스포츠재단에 대한 자료 전부를 한겨레신문 방준오 기자에게 넘겨주었다. 그 속에는 정동춘 이사장의 이력서도 포함돼 있다. 때문에 한겨레신문 특별취재반(반장·김의겸 선임기자. 반원·강희철, 류이근, 송호진, 하어영, 방준호) 기자들은 정동춘의 경력과 이력을 이미 알고 있었다.

정동춘 이사장은 서울대 사범대학 체육교육학과 출신이다. 대학에 다니던 1980년대 초에는 약체로 알려진 서울대 야구팀에서 포수 또는 우익수를 맡았다. 정동춘은 서울대 대학원에 진학해 석사, 박사 학위를 받았다. 박사 논문은 스포츠 의학 분야다.

그 후 난곡중학교 체육교사, 서울 한사랑병원 운동처방과장, 건국대 한국건강영양연구소 책임연구원을 지냈고, 서울대와 동덕여대, 인천대 등에서 체육교육학과 강사로 학생들을 가르쳤다. 그는 호서대 사회체육학과 겸임교수와 재단법인 국민체력센터 운동처방실장도 지냈다. 쓴 책도 여러 권이고 논문도 수십 편이다.「CRC 운동기능회복센터」는 정형외과 병원의 물리치료실과 비슷한 기능을 하는 곳이다.

이런 사실을 알고 있으면서도 한겨레신문 기자들은 K스포츠재단의 2대 이사장 정동춘이 마치 마사지센터 주인인 것처럼 부정적이고 편파적인 내용의 기사를 쓰고 제목을 달았다. 최서원과 엮기 위해「CRC 운동기능회복센터」는 졸지에 최서원의 단골 마사지센터로 둔갑했다.

한겨레신문의 이날 기사는 최서원과 박근혜 대통령의 이미지를 나쁘게 만드는 데 중요한 역할을 했다. 최서원의 단골 마사지 센터 센터장이 K스포츠재단의 이사장이라는 제목의 기사에서 풍기는 아름답지 못하고 역겹다는 느낌이 최서원을 통해 대통령에게 전이되었다.

체육학 박사 정동춘은 하루아침에 퇴폐업소 운영주인 것처럼 국민에게 알려졌다. 국회 청문회에서도 정동춘에 대한 질문은 주로 마사지와 관련된 것이었다.

TV조선의 한강 주차장
허위 보도

　한겨레신문이 허위보도를 시작하자, TV조선은 10월 18일, 특종기사로「비밀 첩보영화 장면 같았던 최순실의 행태」를 방송했다. 2016년 8월 19일 한강 주차장에서 있었던 최서원·이성한·고영태 3자 회동을 소개한 내용이다. TV조선 보도는 검찰 진술조서에 기재된 이성한, 고영태의 진술과 완전히 달랐다. 이성한과 고영태가 조작해서 이진동에게 제보한 내용을 TV조선은 검증 없이 보도했다.

　다음은 TV조선 보도 전문(全文)이다. 기사 전체를 인용하는 것은 그 당시 언론 보도가 얼마나 악의적이었는지를 보여주기 위해서다.

　〈앵커: 최순실씨가 이성한 전 미르재단 사무총장을 만나 회유하는 장면은 한 편의 첩보영화를 보는 듯합니다. 이재중 기자의 단독보도 이어집니다.

이재중: 최순실씨와 전 미르재단 사무총장 이성한씨의 만남은 마치 007작전 같았습니다. 최씨는 차량 주차가 쉽고 CCTV를 피할 수 있는 한강 둔치로 이씨를 나오라고 요구하였습니다. 최씨는 운전을 한 류모씨와 수행원 두 명을 대동했는데, 이들은 이씨의 몸을 수색해 휴대전화도 빼앗았습니다. 하지만 이씨는 다른 녹음장치로 대화 내용을 녹음하였습니다.

이날 만남은 최씨의 요청으로 한때 최씨의 측근이었던 A씨(TV조선은 고영태를 익명으로 처리)의 주선으로 이뤄졌고, 대화 중간쯤 A씨는 자리를 비켰습니다. 최씨는 평소 흰색 벤츠를 타고 다니지만 이날은 카니발 승용차를 이용한 것으로 전해집니다. 미르재단 전 사무총장 이씨는 비선 실세와 차은택씨가 미르재단에서 손을 떼야 한다는 주장을 했다가 재단 사무총장에서 해임되었습니다.

이성한: 현 정부와 관련돼 있거나 흔히 이야기하는 비선 실세라는 권력비리에 연루되어 있는 사람들은 재단 이사직에서 자진 사퇴하라고 요구했습니다.

이재중: 이씨는 미르재단과 관련해 최씨를 몇 차례 만난 적이 있고, 최씨에게서 직접 사퇴종용을 받은 적도 있다고 말했습니

다. 처음엔 최씨가 이씨의 사퇴를 압박하다가, TV조선의 보도로 미르재단 사태가 알려지자 입장을 바꿔 회유에 나선 것으로 보입니다. TV조선 이재중입니다.〉

TV조선 보도는 현장에 있지도 않은 경호원까지 등장시킨 한 편의 소설이었다. 이성한이 최서원에게 받아달라고 부탁한 한미약품 30억5천만 원에 대해서 TV조선은 언급하지 않았다.

연합뉴스TV가 보도한
「두 얼굴의 사무총장」

TV조선 보도가 있은 지 5일 후인 10월 23일, 연합뉴스TV는 단독보도로, 「두 얼굴의 미르재단 전 사무총장…H약품에 30억 원 요구」라는 내용을 보도했다. H약품이 한미약품이다. 이성한이 한미약품에 30억 원을 요구하다가 실패로 끝나자, 그 이후부터 미르재단에 대한 폭로를 시작했다는 내용이다. 이 기사는 이경태 기자가 취재했다.

〈앵커: 미르와 K스포츠 재단 논란과 관련해 최순실씨를 비선 실세로 지목한 이성한 전 미르재단 사무총장. 그러나 정작 이씨의 실체에 대해 알려진 사실은 별로 없습니다. 연합뉴스TV는 그 실체에 접근해 볼 수 있는 과거와 최근 행적을 취재했습니다. 이경태 기자가 단독 보도합니다.

이경태: 미르재단과 K스포츠재단 논란이 불거지면서 갑자기 부상한 인물이 있습니다. 최근 현 정부의 비선 실세 의혹을 받고 있는 최순실씨에 대해 폭로전을 이어가고 있는 이성한 전 미르재단 사무총장입니다. 그런데 이 전 사무총장이 이 같은 폭로에 나서기 전, 한 기업체와 돈 문제로 갈등을 빚은 것으로 연합뉴스TV 취재 결과 확인되었습니다.

지난 8월초 H약품을 찾아가 회사의 민감한 업무를 수행한 대가를 요구했고, 회사 측이 요구액이 과하다며 이를 거절했다는 겁니다. 이씨는 미르재단 사무총장을 맡기 전에 광고대행사 대표로 활동했고, 관련 업무를 수행하는 과정에서 마찰을 빚은 것으로 알고 있다고 미르재단 측 관계자는 밝혔습니다.

이씨는 2013년 5월, 의사와 약사 등을 강원도의 한 리조트로 불러 H약품 홍보 행사를 대행해 주는 과정에서 자신에게 개인정보를 수집하는 업무와 그에 상응한 대가를 문제 삼은 것으로 보입니다.

미르재단 측이 이씨의 자필 메모라며 연합뉴스TV에 제공한 문건엔 H약품과의 협상전략이 담겨 있습니다. 이씨는 의사 수만 명의 DB를 활용하고도 회사 측이 이에 대한 대금을 제대로 지급하지 않았다며 30억5천만 원을 요구하겠다고 되어 있습니다.

이에 H약품 관계자는 수행한 임무에 비해 요구한 금액이 과해, 이를 거절한 적이 있다고 해명하였습니다. 이씨와 H약품 사건이 주목받는 건, 이씨가 30억 협상에 최종적으로 실패한 시점으로 알려진 8월 10일 이후, 돌연 미르재단에 대한 폭로를 시작했다는 점입니다.

이 전 사무총장이 자신이 몸담았던 재단 관련 일을 폭로하기 전, 갑자기 왜 기업을 찾아가 30억 원을 요구하며 갈등을 빚었는지 확인하기 위해 이씨에게 수차례 연락을 취했지만 이씨는 현재 휴대전화 번호를 바꾼 채 연락두절 상태입니다. 연합뉴스TV 이경태입니다.〉

연합뉴스TV 보도는 TV조선 보도와 달랐다. 연합뉴스TV는 한미약품 관계자들을 만나 관련 자료를 입수한 뒤, 이성한의 폭로 동기에 초점을 맞춰 보도했다.

한겨레신문의 비선 실세
기사는 허위

그런데 연합뉴스TV 보도 다음날인 10월 24일, 느닷없이 종편 JTBC가 "최순실이 대통령 연설문을 사전에 받아보고 태블릿 PC를 통해 연설문을 수정했다"는 내용의 날조보도를 시작했다. JTBC 보도를 계기로 확인되지 않은 허위뉴스들이 봇물 터지듯 쏟아져 나왔다. 「언론의 광란」 시대가 열렸다.

JTBC 보도에 자극받은 한겨레신문은 이미 한 달 전에 취재를 끝내고도 사실 확인이 되지 않아 보도하지 않았던 이성한 전 미르재단 사무총장 인터뷰 내용을 터뜨렸고, TV조선은 1년 10개월 동안 갖고 있던 의상실 CCTV를 방송했다.

한겨레신문은 2016년 10월 25일, 1면과 4면, 5면 등 3개 면에 걸쳐 최순실 관련 기사를 보도했다. 거의가 이성한에게서 들었다는 내용이다. 1면 톱기사 제목은 「최순실, 정호성이 매일 가져온 대통령 자료로 비선 모임」이었다. 김의겸과 류이근 이름으로 보도된 이 기사의 첫 문장은 이렇게 시작한다.

〈「비선 실세」 최순실씨가 거의 매일 청와대로부터 30㎝ 두께의 「대통령 보고자료」를 건네받아 검토했다는 증언이 나왔다. 최씨는 이 자료를 가지고 국정 전반을 논의하는 「비선 모임」을 운영했다고 한다. 이런 진술은 최씨와 가까웠던 이성한 전 미르재단 사무총장이 9월 7일부터 9월 25일까지 모두 4차례에 걸쳐 16시간 동안 진행한 한겨레와의 인터뷰에서 일관되게 말한 내용이다.〉

이어지는 기사 내용은 이렇다. 기사 전체를 인용하는 이유는, 이 인터뷰 내용의 진위여부와 관련해 검찰 조사를 받은 이성한이 "한겨레신문 기자들이 전혀 허위사실을 기사화했다"고 진술했기 때문이다. 기사를 인용하면 이렇다.

〈이 전 사무총장은 인터뷰에서 "최씨는 주로 자신의 논현동 사무실에서 각계의 다양한 전문가를 만나 대통령의 향후 스케줄이나 국가적 정책 사안을 논의했다"며 "최씨는 이런 모임을 주제별로 여러 개 운영했는데, 일종의 대통령을 위한 자문회의 성격이었다"고 말했다.

이 전 총장은 비선 모임의 참석자와 관련해 "적을 때는 2명,

많을 때는 5명까지 모였다. 나도 몇 번 참여한 적이 있다"며 "모임에 오는 사람은 회의 성격에 따라 조금씩 바뀌었지만 차은택씨는 거의 항상 있었고 고영태씨도 자주 참석했다"고 말했다. 차씨는 광고감독 출신으로 박근혜 정부 들어 「문화계의 황태자」로 불리고 있는 인물이다. 고씨는 최씨와 막역한 사이로 그가 만든 가방을 박근혜 대통령이 들고 다녀 화제가 된 적이 있다.

그는 이어 최씨의 사무실 책상 위에는 항상 30㎝가량 두께의 「대통령 보고자료」가 놓여 있었다고 증언했다. 그는 "자료는 주로 청와대 수석들이 대통령한테 보고한 것들로 거의 매일 밤 청와대의 정호성 제1부속실장이 사무실로 들고 왔다"고 이름을 분명히 밝혔다. 정호성 제1부속실장은 이른바 「문고리 3인방」으로 불리는 비서관 가운데 한 명이다.

그는 "최순실씨는 모임에서 별다른 설명 없이, 이 자료를 던져주고 읽어보게 하고는, '이건 이렇게, 저건 저렇게 하라'고 지시를 내렸다"며 "최씨의 말을 듣고 우리가 사업 계획서를 작성해 올리면 그게 나중에 토씨 하나 바뀌지 않고 그대로 청와대 문건이 돼 거꾸로 우리한테 전달됐다"고 말했다.

그는 비선 모임의 논의 주제와 관련해서는 "한 10%는 미르, K스포츠 재단과 관련한 일이지만 나머지 90%는 개성공단 폐쇄 등 정부 정책과 관련된 게 대부분으로 최순실씨는 이를 「박근혜 대통령의 관심사항」이라고 표현했다"고 말했다.

그는 "이 모임에서는 인사 문제도 논의됐는데 장관을 만들고 안 만들고가 결정됐다"고 밝혔다. 이 전 총장은 "이런 얘기는 통념을 무너뜨리는 건데, 사실 최씨가 대통령한테 이렇게 하라 저렇게 하라고 시키는 구조다. 대통령이 단독으로 결정할 수 있는 사안이 없다. 최씨한테 다 물어보고 승인이 나야 가능한 거라고 보면 된다. 청와대의 문고리 3인방도 사실 다들 최씨의 심부름꾼에 지나지 않는다"고 말했다.

이씨의 증언은 상식을 뛰어넘는 것이나 한겨레가 지난 두 달 가량 취재한 내용과 상당 부분 일치하는데다, JTBC가 24일 방영한 「최순실씨가 연설문을 미리 열람하고 수정까지 했다」는 내용과도 부합하는 것이어서 보도를 하기로 결정했다. 김의겸·류이근 기자.〉

이 기사는 한겨레신문이 스스로 언급했듯이 「상식을 뛰어넘는 내용」이다. 그럼에도 한겨레신문이 이 내용을 보도한 것은 JTBC의 태블릿PC 보도에 자극을 받았기 때문이다. 한겨레신문의 이 기사는 대통령을 「최순실의 꼭두각시」인 것처럼 묘사했다. 한겨레신문 특별취재반이 지은 책에도 당시 사회 분위기가 이렇게 적혀 있다.

〈한겨레 기사를 읽은 독자들은 "이 나라의 대통령은 최순실이었나"라는 탄식을 댓글에 쏟아 부었다. JTBC의 태블릿PC 보도가 없었다면 믿기 힘든 이야기였지만, 거꾸로 생각하면 한겨레의 기사는 자칫 단조로울 수 있는 JTBC 보도를 풍부하게 만들었다.

김어준은 10월 26일 자신이 진행하는 팟캐스트 파파이스에서 "방송(JTBC)에서「최씨의 대통령 연설문 수정」이 있다면, 활자에선「최순실이 대통령한테 이래라저래라 시키는 구조」라는 한겨레 기사가 작금의 사건을 가장 잘 드러낸 보도였다"라고 평했다.〉

한겨레신문의 이 허위기사를 계기로 종편에 출연한 정치평론가 혹은 시사전문가들은 최순실 책상 위에 놓여진 30㎝ 두께의 대통령 보고자료를 마치 옆에서 본 것처럼 하루 종일 앵무새처럼 읊조렸다.「8선녀」라는 존재하지도 않은 비선 모임에 대한 기사가 온 언론에 빠짐없이 등장했고, 개성공단 폐쇄도 최서원의 작품이라는 유언비어가 우리 사회에 난무했다.

검찰, 이성한 진술내용 공개 안 해

한겨레신문 류이근 기자와 인터뷰한 이성한은 한겨레신문 보도가 있은 지 3일 후, 검찰에 소환돼 조사를 받았다. 이성한 조사는 김민형 검사가 담당했다. 다음은 진술조서에 기재된 일문일답이다.

〈문: 본 건과 관련하여 진술인에 대한 내용이나 진술인이 언급한 내용과 관련한 기사들이 다수 보도되고 있는데, 지금 심정이 어떤가요.

답: 기사들이 많아서 저도 다 보지 못했으나 일부 기사들을 보면, 제가 기자에게 말했던 것과 상당히 많은 차이가 있습니다. 제가 다른 사람에게 들은 말에 대한 전언(傳言)도, 제가 직접 발언한 것처럼 기사화된 부분도 많이 있었는데, 이를 기자들한테 일일이

설명하고 해명할 수도 없어 매우 답답한 상황입니다.

문: (이때 검사는 한겨레신문에 보도된 기사들을 다 읽어 주고 난 뒤) 어떤가요.

답: 제가 고영태로부터 전해 들었다고 기자에게 말해 준 것과 기자 자신이 알고 있는 내용이 혼용되었다고 생각합니다. 저는 위 기사 내용에 대하여 제가 직접 눈으로 목격한 것은 없고, 고영태에게 전해들은 말이 일부 있을 뿐입니다.

문: 진술인이 고영태에게 전해들은 말은 무엇인가요.

답: 고영태가 "최순실 책상 위에 중요한 서류가 있더라"라고 하면서 손으로 이 정도 두께가 된다고 손짓을 해 주었습니다. 저도 그 서류가 지금은 대통령과 관련된 중요 서류라고 생각은 하지만, 고영태한테 그 말을 들을 때에는 그렇게까지는 생각을 못했습니다.

문: 고영태한테 그 말을 들은 시점이 언제라는 것인가요.

답: 2016. 7. 초순경부터 2016. 9.경 사이에 여러 번 들었습니다.

문: 그렇다면 기자가 전혀 허위 사실을 기사화한 것인가요.

답: 저는 그렇게 생각합니다.

문: 진술인의 말에 따르면, 진술인과 관련하여 언론에 보도된 부분은 진술인이 실제로 기자와 만나 이야기한 것보다 많이 과장

되어 있다는 것인가요.

답: 예, 그렇습니다. 저도 일부 언론에서 저에 대하여 많이 과장된 기사를 내보내어 부담스러운 상황입니다. 그리고 저랑 기자들이 있을 때에는, 특히 녹취파일 관련해서도 분명히 제가 미르재단 내에서 회의한 내용을 공개적으로 녹음한 일종의 업무상 파일이 제 컴퓨터에 있었다라는 점을 말해서, 해당 기자도 이를 알고 있었는데 기사가 그렇게 났고, 고영태 관련된 부분도 제가 분명히 들은 말은 들었다고 구분해 주었는데, 기자가 자기가 알고 있거나 추측한 내용을 저가 그렇게 명시적으로 확인해 준 것처럼 기재해 버렸습니다.

그리고 일부 기사에 보면, "내가 하고 싶은 말의 1/10밖에 아직 말 안 했다"라고 했는데, 정확하게 말하자면 그 말은 제가 기자들을 만났을 때 진짜 하고 싶은 말은, "내가 재단 사무총장에서 직위해제된 것이 억울하다"는 것이었는데, 그 부분은 막상 1/10 정도밖에 못 하고, 맨날 재단 설립 과정이나 최순실 부분들에 대한 이야기로만 채웠다는 이야기였습니다. 그런 뜻이었는데, 기자는 마치 제가 최순실이나 기타 청와대의 비리에 대하여 1/10밖에 안 했고, 아직도 9/10가 더 남았다는 내용으로 기재를 해 버린 것입니다.〉

이성한의 진술 내용을 종합하면, 최서원 책상 위에 중요한 서류가 이만큼 있더라는 고영태의 한 마디 말이, 전 미르재단 사무총장의 입을 거치면서 최순실 책상 위의 서류는 청와대 수석들이 대통령에게 보고한 국가 정책 문건으로 왜곡되고, 이런 보고서들이 전달되는 과정을 설명하기 위해 거의 매일 밤 정호성 청와대 제1부속비서관이 최순실 사무실로 들고 왔다 라는 기자의 상상력이 보태졌음을 짐작할 수 있다.

이성한의 검찰 진술조서와 한겨레신문 기사를 비교하면, 언론이 인터뷰 내용을 어떻게 조작해서 보도하는지를 실감할 수 있다. 검찰은 이성한에 대한 조사를 언론에 공개하지 않았다. 그의 진술이 검찰 수사 방향과 일치하지 않는데다 기존의 언론 보도를 부인하는 내용이었기 때문이다.

이 때문에 이성한이 검찰 조사에서 한겨레신문 기사와 관련하여, "기자들이 전혀 허위 사실을 기사화했다"고 진술한 내용은 어느 언론에도 보도되지 않았다. JTBC의 태블릿PC 날조보도와 맞물려 터져 나온 한겨레신문의 「비선 실세」라는 허위기사는 불난 집에 기름을 퍼부을 정도로 우리 사회를 혼란스럽게 했다.

이진동
"고영태는 내부 고발자가 아니다"

한겨레신문이 이성한을 인터뷰할 수 있었던 것은 이진동이 김의겸에게 이성한의 휴대폰 번호를 알려주었기 때문이다. 이는 이진동이 자기 책에 밝힌 내용이다. 나중에 이 사실을 알게 된 한겨레신문 기자들은 김의겸의 무분별한 처신을 비판했고, 그 후 김의겸은 한동안 한겨레신문을 떠나 있다가 문재인 정부의 청와대 대변인으로 발탁됐다.

한겨레신문 기자들은 「최순실 게이트」라는 책에서 그들의 허위보도를 일부 시인했다. 인용하면 이렇다.

〈이성한이 지적한 내용 가운데 실제 커다란 오보가 포함돼 있다. 그와 한 인터뷰 기사 중 "그는 비선 모임의 논의 주제와 관련해서는 '한 10퍼센트는 미르·K스포츠재단과 관련한 일이지만 나머지 90퍼센트는 개성공단 폐쇄 등 정부 정책과 관련된 게 대부분으로…'라고 말했다"라는 부분이다.

기사 작성 과정 중 정부 정책의 예를 들다가 류이근과 김의겸이 K스포츠재단의 한 취재원으로부터 함께 들은 얘기였는데, 이성한이 한 말로 혼동한 것이다. 그렇게 예상치 못하게 이성한이 실제 말하지 않은 「개성공단 폐쇄」란 단어가 기사에 들어갔다.

이 기사의 파급력이 얼마나 컸든지, 개성공단 폐쇄는 이후 최순실의 국정농단을 드러내는 하나의 사건으로 회자된다. 이후 이성한의 항의를 받고서야 류이근은 기사에서 그 표현을 바로 삭제했지만, 오보를 제대로 시정하지 못한 채 시간을 흘려보냈다.〉

1면 톱기사가 오보라면, 똑같이 1면에 이런 사실을 알리고 정정보도를 하는 게 언론의 정도다. 허위 사실 보도에 따른 부정적 효과가 큰 만큼 그 책임도 무겁게 져야 한다. 그러나 한겨레신문은 개성공단 폐쇄와 관련된 잘못된 부분만 기사에서 삭제하는 선에서 책임을 다한 것처럼 비켜나갔다.

만약 한겨레신문 기자들이 "한겨레 기자들이 전혀 허위 사실을 기사화했다"는 이성한의 검찰 조서를 입수했다면, 과연 어떤 태도를 취했을지 궁금하다.

이진동은 자기가 쓴 책 앞부분에서는 "고영태의 증언이면 무조건 기사로 쓸 수 있게 되었다"고 호평했으나, 책 뒷부분에서는 고영태와 노승일을 혹평했다. 인용하면 이렇다.

〈엄밀하게 얘기하면 고영태와 노승일, 이 두 사람은 최순실의 하수인들이었다. 그들이 최순실에게 막말대접을 받았고, 청문회에서 앞 다퉈 최순실을 고발했다 해도 내부 고발자가 아니라 하수인에 가깝다는 걸 부인할 순 없다.

최순실이 기업에 요청한 스포츠단 종목이 왜 하필 펜싱과 배드민턴이었을까? 이상하지 않은가? 고영태가 펜싱선수이고, 노승일이 배드민턴 선수였던 경력과 무관하지는 않을 것이다. 국정농단에 가담했던 이들을 내부 고발자인 양 영웅처럼 띄웠지만 그건 정의가 아니다. 내 입장에서 볼 때 그들은 침몰하고 있는 최순실에게서 단지 먼저 등을 돌렸을 뿐이다.〉

이진동이 자기 책 끝부분에서 최서원 사건의 최초 제보자 고영태와 노승일을 악평한 것은, 그들의 본 모습을 뒤늦게 보았기 때문인 것으로 나는 추정한다.

나는 30만 페이지에 달하는 대통령 사건의 수사 및 재판기록을 읽으면서 중요한 사실 하나를 알게 되었다. 대부분의 검사들은 언론과 촛불이 일으킨 무자비한 광란과 선동에 편승하여, 언론에 보도된 각종 가짜뉴스들을 중요 증거인양 신주 모시듯 대했으나, 일부 극소수 검사들은 조사 과정에서 의문을 품고 있었음을 나는 검찰 조서에서 확인했다.

위계질서가 분명한 검찰 조직이지만 일부 검사들은 자기가 작성한 진술조서의 한 귀퉁이에 그러한 의문이 있음을 조그만 단서로 남겨놓았다. 이 단서들이 방대한 기록 속에 흩어져 있는 바람에, 찾는 데 애를 먹긴 했지만 이 단서들을 쫓아가다 보니, 거짓들을 발견하게 되었고 진실에 가까이 갈 수 있었다. 이를 통해 나는 암울한 상황 속에서도 사법정의를 실천하려는 검사들이 있다는 것을 알게 되면서 희망을 보았다.

일부 극소수 검사들이 저항의 수단으로 남긴 이 단서들을 재판부가 찾아냈다면 선고 결과는 분명 달라졌을 것이다. 하지만 1심, 2심 재판부는 이 소중한 단서들을 찾아낼 생각을 하지 않은 것 같았다. 판결문에 아예 언급하지 않았다. 이로서 견제와 균형이라는 3권 분립의 대원칙은 대한민국에서 사라졌다.

내가 이 책을 쓰고 있던 2019년 7월 25일, 윤석열 검사가 검찰총장이 되었다. 나는 윤석열 총장 취임 후에 있었던 평검사 647명에 대한 인사를 유심히 살폈다. 정권에 아부한 검사들과 의문을 제기한 검사들의 운명이 궁금했기 때문이다.

불행하게도 내 예측은 틀리지 않았다. 아부한 검사들은 거의 다 좋은 자리를 차지했고, 약간 어정쩡한 입장을 보인 검사들은 영전도 좌천도 아닌 어정쩡한 자리에 배치됐다. 의문을 강하게 제기한 검사들은 예외 없이 한직으로 쫓겨났고, 그 중의 일부는 아예 검찰을 떠났다.

이들 중 일부라도 자기가 수사한 부분에 대해서 진실을 공개하면 비록 늦긴 했지만 역사는 올바로 기록될 것이다. 나는 수많은 검찰 조서를 읽고, 재판을 취재하면서 최서원 사건은 일부 검사들의 독단과 예단에 의한, 그리고 공권력을 동원한 폭력이라는 사실을 지적하지 않을 수 없다.

II
태블릿PC 「날조」와 진실

문서수정 기능 없는 태블릿PC

　박근혜 대통령 탄핵의 도화선(導火線)은 태블릿PC 보도다. 종편(綜編) JTBC가 태블릿PC 보도를 시작한 날은 2016년 10월 19일이다. JTBC는 중앙일보 대주주 홍석현이 사실상 지배하는 방송사다.

　JTBC 심수미 기자는 10월 19일 오후 8시, 메인뉴스 시간에서 대통령과 최순실, 고영태와 태블릿PC 관계를 최초 폭로했다. "최순실씨 취미는 대통령 연설문을 고치는 것이다. 최씨의 측근 고영태씨는 최씨의 말투나 행동 습관을 묘사하며 최씨는 평소 태블릿PC를 늘 들고 다니고, 그걸 통해서 대통령 연설문이 담긴 파일을 수정했다고 말했다."

　심수미의 첫 보도는 간결했다. 첫째, 최순실 취미가 대통령 연설문 고치는 것, 둘째 최순실이 태블릿PC를 늘 들고 다녔다는 것, 셋째 최순실은 태블릿PC를 통해 대통령 연설문을 수정했다는 것이다.

심수미의 이 주장은 그러나 검찰 수사와 재판 과정에서 모두가 사실이 아닌 것으로 확인됐다. "최순실 취미는 대통령 연설문 고치는 것"은 고영태의 허풍임이 검찰 수사에서 드러났다. 심수미는 법정에서 "고영태로부터 그런 말을 듣긴 했지만 사실관계를 확인하지 않았다"고 실토했다.

심수미에게 "최순실이 태블릿PC를 늘 들고 다녔다"고 떠벌린 고영태는 국회 국정감사 청문회에서 "최순실은 태블릿PC를 사용하지 않았다"고 증언했고, 최서원(개명 전 이름 최순실) 사건의 재판에 증인으로 출석해서는 "최순실이 태블릿PC를 사용하는 것을 본 적이 없다"라고 시인했다.

심수미의 가장 치명적인 실수는 "최순실이 태블릿PC를 통해서 대통령 연설문을 수정했다"는 내용이다. 하지만 이 태블릿PC에는 문서수정을 위한 앱(응용 프로그램)이 설치되지 않았다는 사실이 국립과학수사연구원의 감정에서 확인됐다. 태블릿PC를 통해서 문서수정을 했다는 보도 자체가 허구라는 이야기다.

문제는 태블릿PC에 문서수정 기능이 없다는 사실을 JTBC 측이 언제 알았느냐 하는 점이다. 국립과학수사연구원이 태블릿

PC에 문서수정 기능이 없다는 감정 결과를 법원에 통보한 날은 2017년 11월 21일이다. 태블릿PC 보도가 있고 나서 1년이 지난 시점이다.

그런데, 혹시라도 JTBC 측이 국과수 감정이 있기 훨씬 전에 그런 사실을 알고 있었다면, 그리고 진실을 알면서도 "최순실이 태블릿PC를 통해서 대통령 연설문을 수정했다"는 방송을 계속했다면, JTBC 행위는 사실이 아닌 것을 사실인 것처럼 꾸민 날조(捏造)에 해당한다.

재판장의
날카로운 추궁

놀랍게도 JTBC 측은 대통령 탄핵소추안이 국회를 통과하기 하루 전에, 태블릿PC에 문서수정 기능이 없다는 사실을 알고 있었다. 이 사실은 태블릿PC 보도 당시 JTBC 취재팀장이었던 손용석 기자의 법정 증언에서 확인되었다.

손용석이 이런 내용의 증언을 한 날은 2018년 10월 29일이다. 대통령 사건에 대한 법원의 1심, 2심 선고가 모두 끝난 후다. 손용석은 JTBC의 명예를 훼손한 혐의로 구속된 미디어워치 고문 변희재 사건의 1심 재판에 증인으로 출석해서 이같이 증언했다.

손용석은 법정에서 "태블릿PC를 입수한 2016년 10월 20일 무렵에는 문서수정 기능이 있는지 없는지에 대해서는 관심을 두지 않았다. 그러나 한 달쯤 지난 후에 문서수정 기능이 없다는 사실을 알게 되었다"고 진술했다.

손용석은 그 사실을 알게 된 구체적인 시점에 대해서는 "태블릿PC를 입수하고 한 달쯤 지나서"라며 얼버무렸다. 하지만 재판장의 눈과 귀를 속일 수는 없다. 이 시점을 보다 분명히 하기 위해, 1심 재판장 박주영 판사가 직접 손용석을 심문했다. 박주영 판사는 서울 과학고와 서울대 산업공학과를 졸업한 여성 판사다.

재판장이 "12월 8일, 1차 해명방송 전에 수정 앱이 없다는 것을 알기는 알았나요"라고 추궁했다. 손용석은 "예. 그때는 알고 있었습니다"라고 대답했다. 재판장이 지적한 「12월 8일」은 2016년 12월 8일이다. 대통령 탄핵소추안이 국회 표결에 부쳐지기 전날이다.

그때, 태블릿PC에 문서수정 기능이 없다는 사실을 알고 있었으면 JTBC는 12월 8일에 있었던 1차 해명방송에서 "최순실이 태블릿PC를 통해서 대통령 연설문을 수정했다는 그간의 보도가 사실이 아니다"라고 정정보도를 했어야 했다.

그러나 JTBC는 "최순실이 대통령 연설문을 하도 많이 고쳐서 태블릿PC 화면이 빨갛게 보일 지경"이라고 방송했다. 해명이 아니라 기존의 「날조」에 더 심한 표현을 덧붙여 견고하게 다졌다.

이날 방송에서 손석희 앵커는 물론, 심수미도 태블릿PC에 문서수정 기능이 없다는 사실을 언급조차 하지 않았다. 손석희와 심수미의 일문일답으로 진행된 1차 해명방송은 12분9초 동안 방송됐다. 하나의 사건을 주제로 앵커와 기자가 10분 이상 대담하는 것은 극히 예외적인 경우다.

이날 방송에서 손석희와 심수미는 단정적인 표현은 사용하지 않았지만, 대통령이 최순실의 「꼭두각시」라는 인상을 시청자들에게 강렬하게 각인시켰다. 탄핵 정국 당시, 무차별적으로 횡행한 여러 선동 프레임 중의 하나가 이렇게 번져나갔다.

대통령 탄핵소추안의 국회 표결을 불과 하루 앞둔 시점에서, 그것도 태블릿PC 첫 보도를 하고 한 달 보름이나 지나서, JTBC가 전혀 사실이 아닌 내용으로 1차 해명방송을 했다는 것은 JTBC 측의 의도와 목적을 엿볼 수 있게 한다.

이날 방송에서 심수미는 JTBC 취재팀이 문제의 태블릿PC를 고영태 책상 서랍에서 발견하게 된 과정에서부터 취득 경위, 취재 과정 등을 구체적으로 설명했다. 특히 고영태로부터 태블릿PC 정보를 입수하고 보도하게 된 경위에 대해서는 이런 취지로 설명했다.

"2016년 10월 5일, 고영태, 이성한(미르재단 전 사무총장), 저 셋이서 식사를 하면서 한두 시간 정도 대화를 나눈 자리였습니다. 고영태는 '최순실이 탭을 끼고 다니면서 수시로 대통령의 연설문을 읽고 수정한다'는 말을 했고, 최순실이 하도 많이 고쳐서 화면이 빨갛게 보일 지경이라는 표현도 했었습니다."

　방송 다음날인 2016년 12월 9일, 국회는 대통령 탄핵소추안을 표결에 부쳐, 찬성 234표, 반대 56표, 기권 2표, 무효 7표로 통과시켰다. 심수미는 태블릿PC 보도로 2016년 연말에 한국 여기자협회에서 주는 올해의 여기자 상(賞)을 수상했다.

심수미의
말 바꾸기

그렇게 당당했던 기자 심수미가 법정에서는 진술을 달리했다. 그녀가 2년 전 JTBC 방송에서 보도한 일부 내용을 부정했다. 태블릿PC에 문서수정 기능이 없다는 치명적 약점을 피해가기 위해서다.

심수미는 취재팀장 손용석보다 한 달 먼저 법정에 출석했다. 심수미가 증인석에 앉은 날(2018. 10. 1.), 나도 법정에 있었다. 그녀는 상체를 약간 뒤로 제치고 기죽지 않는 모습을 보여주려 애썼으나, 증언 도중 간간이 다리를 떠는 모습을 나는 방청석에 앉아서 지켜보았다.

심수미는 검찰의 주(主) 심문에서 고영태를 만나게 된 과정을 설명한 뒤, "저는 최순실씨가 태블릿PC를 통해서 대통령 연설문을 수정했다고 보도한 사실이 없습니다"라며 과거 보도 내용을 부인했다. 심수미의 증언 취지는 이렇다.

"2016년 10월 4일 취재차 이성한을 만났습니다. 그 자리에서 「고 모」(심수미는 증언 처음엔 고영태를 이렇게 표현했다)라는 존재를 처음 알았습니다. 그래서 다음날 이성한을 다시 만난 자리에서 「고 모」에 대해 계속해서 물어보니까, 이성한이 저녁을 같이 먹자고 하면서 「고 모」를 불러냈습니다. 저는 이성한, 고영태와 셋이서 2시간 동안 폭탄주를 마시며 저녁을 먹었습니다.

이 자리에서 고영태가 '최순실이 잘하는 게 대통령 연설문 고치는 것이다. 최순실이 태블릿PC를 끼고 다녔다'고 말해, 저는 최순실이 항상 태블릿PC를 가지고 다니면서 대통령 연설문을 확인하고 수정작업을 하는구나 하는 느낌을 받았습니다.

저는 최순실씨가 대통령 연설문을 사전에 받아 보았다고 보도했지, 최순실씨가 태블릿PC를 통해서 대통령 연설문을 수정했다고 보도한 사실이 없습니다."

이렇게 되자 심수미 증언의 진위 여부를 확인하기 위해, JTBC에서 최초 보도한 2016년 10월 19일자 방송 동영상이 법정에서 그대로 구현(具顯)됐다. 동영상을 본 박주영 재판장이 증인석을 쳐다보며 "그런 말을 하긴 했구먼"이라는 반응을 보였다.

재판장이 "최순실씨가 태블릿PC로 대통령 연설문을 수정했다고 국민들이 믿지 않았겠느냐"고 힐난하자, 심수미는 "그런 의도로 보도한 게 아니다"며 같은 답변을 반복했다.

공판관여 검사인 홍성준 검사가 "증인은 태블릿PC에 문서수정 기능이 있는지, 없는지 알고 있었습니까"라고 물었다. 심수미는 "그런 것은 생각도 안 했습니다"라고 대답했다. 심수미는 "알았느냐, 몰랐느냐"는 검사 심문에 분명하게 답변하지 않고 관심을 갖지 않았다는 식으로 피해갔다.

검사가 "증인은 고영태 말을 듣고 난 뒤, 어떤 식으로 확인 취재를 했느냐"고 추궁하자, 심수미는 "더 이상 보충취재를 하지 않았다"고 대답했다. 고영태나 이성한으로부터 충격적인 내용을 제보 받았으면, 심수미는 보충취재를 통해 사실여부를 확인해야 했다. 그것이 기자의 도리이자 취재 준칙이다.

심수미가 고영태를 처음 만난 날이 2016년 10월 5일이고, 고영태에게 들은 내용을 방송한 날은 10월 19일이다. 이 14일 동안 심수미는 아무런 보충 취재나 확인 취재를 하지 않았다고 법정에서 실토했다.

정 확인이 어려우면, 하다못해 제보자인 고영태나 이성한에게 "최순실이 가지고 다닌 태블릿PC가 어떻게 생겼느냐? 무슨 색깔이냐? 어느 회사 제품이냐? 최순실이 고친 게 대통령 연설문이라는 사실을 어떻게 입증할 수 있느냐? 태블릿PC로 문서 수정작업이 가능하냐?" 등을 물었어야 기자라고 할 수 있다.

　기자가 갖춰야 할 두 가지 덕목(德目)은 진실을 향한 무한한 호기심과 사실 확인에 대한 성실성이다. 하지만 심수미는 고영태와 이성한 두 사람이 들려주는 「소설 같은 이야기」를 아무 확인도 하지 않고, JTBC라는 방송사를 통해 그대로 방송해, 한 편의 소설을 시청자들에게 들려주었고, 그것이 대통령 탄핵에 결정적인 영향을 미쳤다.

　심수미의 법정 증언을 종합하면, 그녀가 14일 동안 한 일이라고는 동료기자 김필준이 태블릿PC를 발견해 오기를 기다리고 있었다는 것뿐이다.

취재팀장
손용석의 궤변

　태블릿PC 취재팀장 손용석은 심수미 증언이 있고, 1개월이 지나서 열린 법정에 출석했다. 취재 당시 손용석 휘하의 팀원은 심수미를 비롯해 서복현·김필준·박병현·김태영·신혜원 기자 등 6~7명이었다. 손용석은 심수미로부터 대통령과 관련된 엄청난 내용을 보고받은 후, 제보자인 이성한이나 고영태를 상대로 확인 취재를 하지 않았다고 법정에서 시인했다.

　손용석의 법정 증언에서, 그가 JTBC 보도담당 사장 손석희에게 태블릿PC에 문서수정 기능이 없다는 사실을 보고했는지 안 했는지에 대해, 재판부도 검찰도 변호인도 묻지 않았다. 그렇다 하더라도 손용석은 당시 취재팀장이었기 때문에 당연히 상급자인 손석희에게 보고했을 개연성이 매우 높다. JTBC가 최소한의 보도준칙을 준수하는 방송사라고 한다면, 손석희는 "최순실이 태블릿PC를 통해서 대통령 연설문을 수정했다"는 「날조」보도를 중단하고, 정정보도를 하는 게 도리다. 한국 언론인 중에서 가장 영향력이 강한 인물로 꼽히는 손석희는 보도 때마다, 「팩트 체크」의 중요성을 강조해 왔기 때문이다.

시간이 흘러 국과수 감정 결과가 법원에 제출되었다. JTBC를 비롯한 어느 매체도 감정 결과에 관심을 갖지 않았다. 대통령이 탄핵되고 구속되었기 때문에 게임은 이미 끝났다는 것이다. 그러나 미디어워치와 월간조선 등 일부 매체가 국과수 감정 결과를 근거로 보도를 시작하자, JTBC 측은 「날조」보도에 따른 책임을 모면하기 위해 변희재 사건 재판에서 새 전략을 들고 나왔다. 그것이 "JTBC는 최순실이 대통령 연설문을 사전에 받아보았다고 보도했을 뿐, 최순실이 태블릿PC를 통해서 대통령 연설문을 수정했다고 보도하지 않았다"는 입장이다. 심수미 주장과 같은 맥락이다.

그러나 태블릿PC에 문서수정 기능이 없다는 사실을 확인한 시점에 대해, JTBC 내부의 입장을 정리하지 않은 탓에, 심수미는 관심을 갖지 않았다는 식으로 비켜갔으나 손용석은 1심 재판장의 예리한 심문에 실토하고 말았다.

손용석이 사실관계를 조작한 정황은 더 있다. 손용석은 법정 증언에 앞서 2018년 4월 30일에 있었던 검찰 조사에서 JTBC가 이미 보도한 방송 내용을 부정하는 취지의 진술을 했다. 인용하면 이렇다.

"① JTBC는 최순실이 태블릿PC로 직접 연설문을 수정했다고 보도한 적이 없다, ② JTBC는 최순실이 태블릿PC로 드레스덴 연설문을 수정했다고 보도한 사실이 없다, ③ 고영태가 최순실이 태블릿PC로 문서수정을 했다는 말을 했다거나 또는 그런 사실이 있다고 보도한 적이 없다."

손용석은 그러면서 "JTBC는 최순실이 직접 태블릿PC로 연설문을 수정했다고 보도한 적은 없습니다만, 혹 앵커의 멘트나 기사가 일반인들이 보았을 때 태블릿PC로 수정을 했다는 것으로 오해할 여지가 있는 문장이 다소 들어 있어서…"라는 식으로 애매하게 대답하며, 그 책임을 시청자에게 전가했다. 손용석 논리대로 한다면, JTBC의 「날조」보도에 속은 시청자들만 바보라는 이야기다.

심지어 JTBC 측은 미디어워치 변희재 고문을 비롯해 황의원·이우희·오문연 기자 등 4명을 명예훼손혐의로 고소한 고소장에서 "심수미가 2016년 10월 19일과 12월 8일 방송에서 최순실씨가 태블릿PC를 끼고 문서수정을 했다고 보도한 사실이 없다"라는 식으로 기재했다.

고영태
"딱 한 번 보았다"

검찰이 고영태를 처음 조사한 날은 JTBC가 태블릿PC 보도를 한창 하고 있던 2016년 10월 27일이다. 이날부터 10월 31일까지 4박5일 동안 고영태를 조사한 사람이 서울중앙지검 특수부 최재순 검사다. 최재순 검사는 고영태에게 "최순실이 대통령 연설문을 고치는 것을 실제로 본 적이 있는가요"라고 물었다. 고영태는 "딱 한 번 있었습니다"라고 대답한 뒤, 보게 된 경위를 이렇게 진술했다.

〈제가 2014년 12월 말경 최순실과 크게 싸우고 나서 봉은사 부근 개인사무실을 그만두었는데, 2015년 12월 말경 최순실이 더블루K를 만드는데 도와달라고 하여, 다시 함께 일을 하기 시작하였습니다.

2016년 1월경, 최순실이 자신의 방에서 문서작업을 하다가 "프린터가 안 되니 도와 달라"고 하여, 다른 직원과 함께 최순실의 방에 가 보았더니 최순실의 책상 위 노트북 화면에 대통령의 연설문이 띄워져 있었고, 최순실이 문서작업을 하고 있었습니다. 저는 프린터를 손볼 줄 몰라 다른 직원이 프린터를 점검하는 동안, 최순실의 노트북 화면을 볼 수 있었고, 그 직원은 못 봤던 것으로 기억합니다.〉

이어지는 최재순 검사의 심문 내용이다.

〈문: 당시 진술인이 본 것이 대통령의 연설문이었던 것이 확실한가요?

답: 예, 맞습니다. 그 내용까지는 기억나지 않지만 대통령의 연설문이었다는 것은 쉽게 알 수 있었습니다.〉

고영태가 이렇게 진술하면, 검사는 "진술인이 대통령 연설문이라는 것을 쉽게 알 수 있었던 근거가 무엇인가요"라며 계속해서 추궁하는 게 심문 순서다. 하지만 최재순 검사는 더 이상 추궁하지 않았다. 이어지는 심문 내용은 다음과 같다.

〈문: 최순실이 대통령의 연설문을 수정한다는 말을 진술인에게 직접 한 적이 있었는가요?

답: 아니오. 최순실은 그런 말은 하지 않습니다. 저도 대통령

의 옷을 만드는 일을 해 보았지만 최순실은 그런 말을 직접 입에 올리는 것을 극도로 꺼려합니다.

문: 진술인은 언론과의 인터뷰를 통해 "최순실이 대통령 연설문 고치는 일을 잘 한다"라는 취지의 말을 한 사실이 있는가요?

답: 2016년 9월경 미르재단 사무총장 이성한이 만나자고 하여 만난 적이 있는데, 이성한이 JTBC 기자를 데리고 왔습니다. 그러나 공식 인터뷰를 하는 자리가 아니었기 때문에 지나가는 말로 위와 같은 취지의 말을 한 적이 있는데, JTBC 기자가 제 허락도 없이 보도를 한 것입니다.〉

최서원의 대통령 연설문 수정과 관련된 고영태 진술은 이것이 전부다. 고영태는 최서원의「노트북」화면에서 대통령 연설문으로 추정되는 문건을 딱 한 번 보았고, 그 시점이 2016년 1월경이라고 했는데, 검찰이 공무상 비밀누설혐의로 구속 기소한 정호성의 공소장에 첨부한 범죄일람표에는 정호성이 2016년 1월경 최서원에게 대통령 연설문이나 말씀자료 등 그 어떤 문건도 보낸 사실이 없는 것으로 확인됐다.

태블릿PC 연락처에
최순실은 없어

　검찰이 태블릿PC 속의 증거를 찾기 위해 포렌식한 날은 2016년 10월 25일이다. JTBC가 자기들이 취득했다고 주장하는 태블릿PC를 검찰에 제출한 다음날이다. 포렌식 작업에 소요된 시간은 1시간15분16초였다. 태블릿PC 내부의 사용 공간은 모두 5개였는데, 사용자를 밝히는 게 수사 목적이었기 때문에 검찰은 사용자 영역을 집중 분석했다.

　태블릿PC 포렌식 작업은 서울중앙지검 첨단범죄수사 제2부 송지안 분석관이 담당했다. 분석이 끝난 후 A4 용지 689쪽 분량의 「태블릿PC 분석보고서」가 작성됐다. 보고서에 의하면, 태블릿PC 연락처에는 이병헌, 김한수,「김팀장」,「춘차장」, 국민행복캠프 순서로, 5개의 이름과 휴대폰 번호가 등록돼 있었다.

문제의 태블릿PC를 구입하고 개통한 사람은 김한수다. 그런데 김한수는 연락처에 자기 이름보다 이병헌 이름을 먼저 올렸다. 이병헌은 최서원의 큰언니 최순영의 아들인데, 이병헌과 김한수는 서울 상문고 동기다. 검찰은 김한수에게 그 이유를 묻지 않았다.

이병헌은 검찰과 특검에서 각각 한 차례씩 조사를 받았다. 그런데 묘하게도 검찰 조서에는 이병헌의 학력과 경력이 빠져 있다. 서울중앙지검 소속 김태겸 검사가 작성한 진술서는 총 8장이고, 특검의 박주성 검사가 작성한 진술서는 5장이다. 진술서 양도 많지 않았다. 이병헌이 최서원의 장조카라고 기재한 부분이 눈에 띨 뿐이다.

태블릿PC 개통자 김한수는 뉴질랜드 소재 오클랜드 공대 출신이다. 김한수는 2003년에 박근혜 의원의 보좌관 이춘상을 만났다. 친구 이병헌이 소개했다. 김한수는 이춘상 보좌관에게 젊은이들과의 소통을 위해 「싸이월드」를 이용하라고 알려주었다. 대통령이 싸이월드를 개설한 시점은 2004년 2월이다.

김한수는 이마트에 노트와 스케치북 등 아동용 문구류를 납품하는 마레이컴퍼니(주)에서 근무했다. 그러던 중, 회사 대표 최○○이 갑자기 심근경색으로 사망하면서 김한수는 대표이사가 되었다. 그 당시 마레이컴퍼니의 연 매출은 25억 원 정도였다.

김한수는 2012년 대선을 앞두고, 이춘상 보좌관의 권유로 대선(大選) 캠프에 합류했다. 캠프에서 김한수는 인터넷 상의 각종 뉴스와 게시판을 모니터링하는 한편, 홈페이지를 관리하는 SNS 팀장을 맡았다.

김한수는 검찰 조사에서 "「김팀장」은 김휘종이고, 「춘차장」은 이춘상 보좌관"이라고 진술했다. 「김팀장」 김휘종은 본래 한양대 연극영화과 출신인데, 졸업 후 IT분야로 전공을 바꿔, 최서원이 운영한 「초이 스쿨」의 홈페이지 관리와 영상물 제작을 담당했다. 초이 스쿨은 초이유치원에서 운영한 인터넷 교육기관이다. 김휘종은 최서원의 추천으로 2011년에 박근혜 의원 비서가 되었다.

「춘차장」 이춘상은 박근혜 대통령이 1998년 대구 달성 국회의원 보궐선거를 통해 처음 국회의원이 되면서, 보좌진을 구성할 때 합류했다. 당시 보좌진은 정호성·이재만·안봉근 등이었는데, 이춘상의 서열이 가장 높았다. 이춘상은 단국대 전자공학과 출신의 IT분야 전문가다.

「국민행복캠프」는 박근혜 대통령후보 진영이 운영했던 캠프 이름이다. 태블릿PC 연락처에는 최순실 이름과 휴대폰 번호는 등록돼 있지 않았다.

김도형 수사관,
공용메일 비밀 풀다

태블릿PC 사용자 정보와 연락처, 메시지 통신기록, 위치기록(GPS) 등을 파악할 수 있는 자료가 「유심」이다. 유심은 모바일용 「신분증」에 해당한다.

검찰은 포렌식을 통해, 문제의 태블릿PC가 대통령선거를 6개월 정도 앞둔 2012년 6월 22일 오후 12시5분에 개통되었고, 「zixi9876」이라는 구글 메일 아이디는 7월 12일에 등록되었으며, 8월 15일부터 각종 문건들이 zixi9876이라는 아이디를 통해 주고받았음을 확인했다. 8월 15일은 대한민국이 해방된 광복절이다.

검찰이 태블릿PC의 실제 사용자를 파악하려면, 이 태블릿PC에 zixi9876이라는 메일 주소를 제일 먼저 등록한 사람을 조사하면 추정이 가능하다. 검찰은 그러나 무슨 이유에서인지 이 부분을 조사하지 않았다. 다만, 태블릿PC 구입자와 개통자가 김한수이고, 그가 대선 캠프의 SNS 팀장으로서 IT분야에 밝았다는 점과 캠프의 수장(首長) 이춘상 보좌관이 IT분야 전문가란 점에서 두 사람 중 한 명으로 추정되지만, 이춘상은 대통령선거 기간 중이던 2012년 12월 2일 유세현장을 가다가 교통사고로 사망했다.

 검찰 포렌식 결과, 대통령 유세문 등 각종 문건을 보낸 사람의 주소와 받은 사람의 주소가 zixi9876으로 동일한 것으로 표시됐다. zixi9876에서 메일을 보내고, 그 메일을 zixi9876에서 받은 것이다. 검찰은 zixi9876이 「공용메일」이라는 사실을 파악했다.

 이런 사실은 서울중앙지검 소속 김도형 수사관이 확인했다. 김도형 수사관은 태블릿PC에서 발견된 문건들의 유출 경로를 수사하는 과정에서, 이메일 본문과 유니코드 해독 결과를 비교, 분석했다. 그 결과를 김도형 수사관은 2016년 11월 11일 김용제 검사에게 수사 보고했다. 「G메일을 이용한 문건 전달 경로 추가 분석」이라는 제목의 보고서에서, 김도형 수사관은 자기가 확인한 공용메일 전달 경로를 구체적으로 기재했다. 인용하면 이렇다.

 〈이메일을 통한 문건 유출은 정호성, 최순실 등이 G메일 아이디와 비밀번호를 공유한 다음, 전달하고자 하는 내용을 본문에 기재하고 파일을 첨부한 후, 수신자를 동일한 이메일 계정으로 정하여 송부함으로써, 해당 이메일 계정을 「게시판」처럼 사용하는 방법으로 이루어졌음.

이러한 경우, 작성자가 구별되지 않으므로 G메일 공유자들은 제목 앞부분에 자신을 표시하는 문자("정", "춘", "안", "재" 등 본명에서 차용) 또는 별명("해님")을 기재하거나, 이메일 본문에 자신을 나타내는 기호("@", "@@")를 사용하였음.〉

김도형 수사관은 수사보고에서 「관련자들에 대한 조사 내용을 바탕으로, 태블릿PC에 저장된 이메일 내역 및 문서 등을 종합·분석한 결과 다음과 같이 작성자를 특정하였음」이라고 밝혔다.

「제목 앞부분에 표시된 "정"과 "@"는 정호성이 자기가 작성한 것이라고 인정했고, "@@"는 최순실이 표시한 것으로 추정되며, "해님"과 "김팀"은 김휘종이, "한팀장"은 김한수가 작성한 문건으로 판단됨. 청와대 홈페이지 안에 「규제개혁 신문고」를 개설하는 방안과 사진이나 동영상을 비롯한 홍보자료는 청와대 홍보기획비서관실에서 근무한 김휘종이 작성해 공용메일로 보낸 것으로 판단됨.」

정호성은 검찰 수사에서 "zixi9876이라는 이메일은 최순실과 공유한 계정이 맞다"고 시인했다. 그 밖의 공용메일 작성자 중에서, "춘"은 이춘상 보좌관, "안"은 안봉근 비서, "재"는 이재만 비서로 대선 캠프의 일원이다.

「철수」가 보낸 메일,
「철수」가 받다

검찰 수사보고에서 눈길을 끄는 부분은 「기행문」 관련 작업이다. 이 기행문은 2014년 3월 30일 오후 7시16분에 공용메일로 전송되었음이 태블릿PC에 대한 포렌식에서 확인됐다. 수사보고에는 기행문 내용이 적혀있지 않았다.

그러나 작성 시점(2014. 3. 30.)과 작성자가 김한수이고, 김한수는 이 기행문을 작성한 후, 정호성 비서관에게 보고한 사실을 감안하면, 이 기행문은 드레스덴 연설이 있었던 무렵에 대통령의 해외 순방을 기행문 형식으로 기록한 것으로 추정된다. 대통령이 네덜란드와 독일을 순방할 때 정호성 비서관과 김한수는 수행했다. 그러나 최서원과 김휘종은 대통령을 따라가지 않았다.

검찰은 "zixi9876이라는 공용메일의 아이디와 패스워드를 공유한 사람은 정호성·최서원·이춘상·안봉근·이재만·김휘종·김한수 등 7명이라는 점은 파악했다. 하지만 검찰의 수사 목적은 이 태블릿PC를 최서원이 사용했다는 증거를 찾는데 있었다.

그러다보니 검찰은 정호성과 최서원을 제외한 사용자들에 대해서는 철저하게 수사하지 않았다. 검찰 조서에 그런 부분을 추궁했다는 기록이 없다. 그래서 나는 김휘종에 주목했다.

김휘종은 2012년 대통령선거 때, 「박근혜 캠프」의 일원이었고, 박근혜 정부가 출범한 2013년 2월 25일부터는 청와대 국정홍보비서관실에서 선임행정관으로 근무했다. 그가 청와대를 떠난 게 2017년 5월이다.

때문에 김휘종은 2012년 대선 기간 중에 있었던 「공용메일」 개설 과정에서부터 사용자와 사용 방식 등에 이르기까지 세세한 부분을 잘 아는 「키맨」이라 할 수 있다.

김휘종에 의하면, zixi9876이라는 이메일을 구글에 개설할 때, 사용자 이름을 「철수(chul soo)」라는 가명을 사용했다고 한다. 「철수와 영희」는 우리 사회에서 아주 흔한 이름이다. 김휘종은 "2012년 무렵에는 구글 메일 개설 시, 실명 확인을 요구하지 않았기 때문이며, greatpark1819라는 지메일을 등록할 때는 이성미라는 가명을 사용했다"고 말했다.

이 때문에 zixi9876이라는 메일을 보낸 사람과 받은 사람의 닉네임은 대부분 「철수」로 표시됐다. 「철수」가 메일을 보내고, 그 메일을 「철수」가 받는 식이다. 간혹 「가은」이라는 닉네임이 등장했는데, 이에 대해 김휘종은 "내가 공용메일을 보낼 때는 딸 이름(가은)을 사용하기도 했다"고 말했다.

그런데 공교롭게도 대선 캠프의 또 다른 SNS 팀장 이름이 김철수였다. 검찰은 김철수가 닉네임 「철수」와 동일인으로 판단하고 김철수를 조사했다. 하지만 그는 공용메일 개설 과정에 관여하지 않았기 때문에 "모르는 일"이라고 진술했다.

김휘종은 "공용메일 아이디와 패스워드는 내 개인 컴퓨터와 휴대폰에 등록했다"고 말했다. 검찰 수사에서 정호성과 최서원도 개인컴퓨터를 이용해 공용메일을 열어보았음이 확인됐다. 그런데 공용메일로 발송한 문건들이 태블릿PC에서 발견되었다는 것은, 공용메일 사용자 중 「누군가」는 태블릿PC를 통해서 공용메일을 읽었음을 의미한다.

태블릿PC 요금 납부자는 김한수

나는 그 「누군가」를 찾기 위해 태블릿PC 통신요금 납부자 부분을 살폈다. 검찰 수사에서 통신요금 납부자는 개통자 김한수로 확인됐다. 통신요금은 개통 당시에는 김한수가 대표로 있던 마레이컴퍼니㈜ 계좌에서 지불됐고, 김한수가 청와대 홍보수석실 행정관이 된 2013년 2월 25일 이후에는 김한수 개인명의의 신한카드 계좌에서 빠져나갔다.

김한수가 SK텔레콤과 맺은 계약서에 의하면, 태블릿PC 기기값은 88만원이었으나, 5만 원의 할인 혜택과 함께 36개월간의 할부로 구입했기 때문에 월 납부액은 23,610원이었다. 통신요금은 월정액 요금으로 45,000원인데, 18,000원을 할인받아 매월 납부액은 27,000원(부가세 포함)이었다.

기기 값과 통신요금을 합쳐, 김한수가 매달 지급한 돈은 50,610원이었다. 그러나 기기 값 할부기간이 종료된 2015년 7월 14일 이후에는 기기 값 23,610원이 제외된 26,400원이 월 통신요금으로 납부됐다. 김한수는 법정 증언에서 개통 일부터 2017년 12월 말까지 태블릿PC 통신요금을 자기가 납부했다고 인정했다.

김한수는 검찰과 특검에서 각각 한 차례씩, 모두 2차례 조사를 받았다. 하지만 검찰 조서에는 공용메일 사용과 관련해 김한수를 추궁했다는 기록이 없다. 추궁은 했지만 검찰이 그 흔적을 조서에 남기지 않았는지는 알 수 없으나, 김한수의 1차 진술조서는 19쪽, 2차 조서는 14쪽에 불과했다.

최서원,
드레스덴 연설문 읽지 않아

태블릿PC에서 발견된 문건들이 국가기밀이 아니고 공동 게시판에 올린 「게시물」이라는 사실을 확인한 검찰이 마지막으로 풀어야 할 숙제는, 과연 최서원이 드레스덴 연설문을 읽고, 수정했는지 여부다.

태블릿PC에 대한 포렌식 작업을 끝낸 검찰은 그 다음날(2016. 10. 26.), 최서원의 거주지 미승빌딩을 압수수색했다. 검찰은 최서원이 사용한 데스크탑 컴퓨터를 발견했다. 당시 최서원은 독일에 있었다. 최서원은 2016년 9월 3일 독일로 출국해, 10월 30일 귀국했다.

정호성은 검찰 조사에서 최서원에게 184건의 문건을 공용메일로 보냈다는 사실을 시인했다. 검찰은 최서원의 데스크탑 컴퓨터에 대한 포렌식을 통해, 컴퓨터에 들어 있던 문건 138건을 확인하고, 이 문건들을 최서원에게 보낸 게 맞는지를 정호성에게 추궁했다. 정호성은 영상녹화 조사실에서 이뤄진 심문에서 다 시인했다.

드레스덴 연설문은 정호성이 2014년 3월 27일 오후 7시20분에 공용메일로 올렸고, 그 메일에 첨부된 연설문을 「누군가」가 문제의 태블릿PC를 통해 다운로드 받았다는 사실은 검찰 자체 포렌식에서 확인됐다. 그러나 최서원은 검찰 조사에서 일관되게, 태블릿PC를 사용할 줄 모르며 드레스덴 연설문을 읽은 적이 없다고 진술했다.

최서원이 아무리 거짓말을 해도 속일 수 없는 증거가 포렌식 분석이다. 드레스덴 연설문은 첨부파일로 전송되었기 때문에, 첨부파일을 읽으려면 인터넷에 접속해 다운로드 받아야 한다. 메일 자체를 삭제했다 하더라도 첨부파일을 다운로드받은 흔적은 포렌식을 통해 찾아낼 수 있다.

그런데 검찰이 포렌식을 했음에도 최서원의 데스크탑 컴퓨터에서는 드레스덴 연설문을 다운로드 받은 흔적이 발견되지 않았다. 읽지 않았다는 최서원의 주장대로였다.

이 부분에서 한 가지 분명하게 해 둘 점이 있다. 정호성이 최서원에게 공용메일로 보낸 문건은 184건인 데 반해, 최서원의 데스크탑 컴퓨터에서 발견된 문건은 138건이고, 태블릿PC에서 발견된 문건은 147건이라는 개수의 차이다.

그것은 최서원의 경우에는 정호성이 보낸 문건 중에서 자기 관심 분야만 읽었기 때문이고, 태블릿PC「사용자」는 그가 관심을 가진 사안들과 업무에 해당하는 분야를 다 보았기 때문이다.

정호성이 보낸 문건과 최서원의 데스크탑에서 발견된 문건, 그리고 태블릿PC에서 발견된 문건들을 비교하면 모두가 같은 내용이다. 예컨대 「행정부 조직도(3안)」,「강원도 업무보고」,「국무회의 자료」 등은 최서원의 데스크탑 컴퓨터는 물론이고, 태블릿PC에 다 들어 있다.

그러나 그 「누군가」가 사용한 태블릿PC에는 「추석 귀성길 정체 시작」이나 「새해부터」라는 문서들이 들어있는데 반해, 최서원의 데스크탑 컴퓨터에는 이런 문서들이 들어있지 않았다. 관심사가 아니기 때문에 최서원은 읽어보지 않은 것이다.

검찰, 사실을 숨기려고
까맣게 표시

혹자는 최서원이 개인컴퓨터와 태블릿PC 등 2개를 갖고 다니면서, 둘 다 열어 볼 수 있지 않느냐고 반문할 수도 있다. 그러나 똑같은 내용의 첨부파일을 거듭해서 열어보는 경우가 통상의 경우에도 드문 일일뿐더러, 문서 내용 자체가 계속 열어볼 필요성이 없는 것들이었다.

검찰은 최서원의 데스크탑 컴퓨터에서 확인한 138건의 문건을 「문서 제목, 최종 수정일시, 최종 저장자, 문서요지」 순으로 일목요연하게 기록했다. 이 일람표에 드레스덴 연설문이 빠져 있다. 최서원이 드레스덴 연설문을 읽었다는 증거를 찾지 못했기 때문에 검찰은 뺄 수밖에 없었다.

포렌식 결과가 예상과 다르게 나오자, 검찰은 최서원이 드레스덴 연설문을 읽지 않았다는 사실이 표시나지 않게 할 의도였는지는 몰라도,「편법」을 사용했다. A4 용지 6장 분량의 일람표에서 각 페이지마다 중간 중간 부분을 옅은 검은색으로 가려 버렸다.

그 바람에 나도 처음엔 시꺼멓게 칠한 부분은 건너뛰고 읽었다. 그러나 정호성과 최서원의 진술조서를 보면 볼수록 미심쩍은 생각이 들었다. 나는 일람표 목록을 자세히 살펴보았다.

문건 137번의 제목은「제7차 수석비서관 회의」(2013. 5. 12.)이고 138번의 제목은「종교지도자 초청 간담회」(2014. 5. 2.)이다. 드레스덴 연설문은 2014년 3월 27일에 올린 것이므로 이 사이에 들어있어야 하는데 없다. 검찰이 문건 137번과 138번 전체를 검은색으로 가려 놓았기 때문에 나는 사실을 확인하는 데 애를 먹었다.

최서원의 데스크탑 컴퓨터에는 드레스덴 연설문이 다운로드된 적이 없다. 검찰이 그 사실을 감추기 위해 그렇게 한 것이라면, 검찰은 최서원이 아닌, 어느「누군가」가 태블릿PC를 통해서 드레스덴 연설문을 읽었다는 사실이 드러나는 것을 원치 않았던 것이다. 무엇을 위해 이렇게까지 했어야 했는지, 의문을 갖지 않을 수 없다.

공용메일
사용자는 7명

　검찰 조서에 의하면, 정호성은 고려대 대학원에서 정치학 석사 과정을 마친 1998년부터 박근혜 대통령을 보좌하기 시작했다. 박근혜 대통령은 부친 박정희 대통령이 김재규의 흉탄에 서거한 1979년 10·26 사태 때부터 1998년 대구 달성 국회의원 보궐선거에 출마할 때까지 18년 동안 은둔생활을 했다. 전국을 돌아다니며 역사 유적지를 찾아다니는 한편으로, 중국어 등 외국어 공부에 열중했다. 이 시절을 언론에서는 대통령의 「잃어버린 18년」이라고 표현한다.

　1998년부터 대통령 보좌진에 합류한 정호성은 2016년까지 18년 동안 대통령 곁을 떠나지 않았다. 안봉근, 이재만도 마찬가지다. 정호성은 2012년 대통령선거 때는 대통령후보 유세문이나 축사 등 말씀자료 작성을 담당했다.

정호성은 대선(大選) 캠프에서 1차로 작성한 유세문 등을 취합하고 표현들을 가다듬은 후, 캠프의 「핵심 멤버」들이 이 유세문을 읽고, 수정 및 보완할 수 있도록 하기 위해 공동 게시판에 올렸다. 대통령후보의 유세문과 축사 등을 보다 완벽한 내용으로 가다듬기 위해서다.

이때 핵심 멤버들이 공유한 공용메일의 아이디(ID)가 zixi9876이라는 구글 메일이다. 유세문을 비롯해 캠프의 공동 관심사, 예컨대 추석 귀성길 정체 같은 사안들을 공유할 수 있도록 이용한 주소가 zixi9876이다.

공용메일의 아이디와 패스워드를 알고 있었던 「핵심 멤버」는 앞에서 언급한 이춘상·정호성·이재만·안봉근·김휘종 등 기존 보좌진 5명과 김한수·최서원 등 7명이다. 이들은 대통령과 개인적인 인연이 있었기 때문에 공용메일을 공유할 수 있었다.

검찰은 2016년 11월 5일, 정호성 비서관을 공무상 비밀누설 혐의로 구속했다. 공소장에 기재된 범죄혐의는, 「피고인은 2013년 1월경부터 2016년 4월경까지 대통령의 지시를 받아, 별지 범죄일람표3 기재와 같이 총 47회에 걸쳐 공무상 비밀 내용을 담고 있는 문건 47건을 최서원에게 이메일 또는 인편 등으로 전달하였다. 이로써 피고인은 대통령과 공모하여 법령에 의한 직무상 비밀을 누설하였다」는 것이다.

정호성은 대통령비서실 부속비서관이었다. 검찰 조서에 기재된 정호성 비서관의 업무는 대통령 수행 및 비서 업무, 현장 방문 시 대통령이 지시한 사항의 정리 및 보고, 대통령의 일정 관리 및 일반 행정 업무, 대통령에게 보고되는 각종 문건의 접수 및 보고와 이에 따른 대통령 지시사항과 메시지 전달 등이다.

공무상 비밀과
알권리

　나는 정호성 진술조서에 첨부된 47건의 문건 내용을 일일이 확인했다. 서너 번씩 반복해서 읽어 보았지만, 그 내용이 남들 모르게 숨겨야 할 비밀이라기 보다는, 주변 사람들의 의견을 물어 보고 자문하는 정도의 평범한 내용이었다. 예컨대 이런 식이다.
　범죄일람표에 표시된 증거순번 2번의 제목은 「행정부 조직도(3안)」이고, 공무상 비밀이라는 내용은 「새 정부의 행정부 조직도(3안)-국무총리, 감사원, 국가정보원 및 행정 각부 장관 등에 대한 후보자 인선 안」이다. 검찰이 달아 놓은 제목과 내용만 보면 엄청난 문건일 것 같은데 실상은 그렇지 않다.
　이 문건은 박근혜 정부의 초대 내각 후보자 인선과 관련된 내용으로, 세 번째 안이다. 이 문건 작성자는 검찰 조사 결과, 이재만(청와대 총무비서관)의 처 유승O인 것으로 확인됐다. 유승O이 문건 작성을 마치고 자기 컴퓨터에 최종적으로 저장한 시각이 2013년 2월 14일 오전 1시32분이었다.

이 문건은 이재만의 처가 여자 입장에서 내각 후보자들을 골라 본 것인데, 정호성은 이런 방법으로 여러 사람의 의견을 구했다. 유승O이 작성한 이 문건을 정호성이 최서원에게 공용메일로 보낸 날은 박근혜 정부가 공식 출범한 2013년 2월 25일이다. 행정부 조직 안에 대해 최서원이 어떤 의견을 보였는지 정호성은 기억나지 않는다고 진술했다. 검찰은 유승O이 추천한 감사원장과 국가정보원장 등이 실제로 임명되지 않았음을 확인했다.

또 하나 흥미로운 문건은 증거순번 7번이다. 제목은 「인선 발표 안」이고, 내용은 「국정원장, 국무총리실장, 금융위원장 인선 발표 안」이다. 제목과 내용만 보면, 최서원이 마치 박근혜 정부의 초대 국정원장 등의 인선에 개입한 것처럼 보이기 십상인데 문건의 내용은 이렇다.

〈오늘은 정부조직법 개정안이 아직 처리되지 않았지만 국정 공백을 최소화하고, 북한의 핵실험으로 안보위기가 고조되고 있는 상황에 대처하기 위해 시급한 인선을 우선적으로 먼저 발표하겠습니다.

국정원장 남재준 전 육군참모총장(서울)은 평소 청렴하고 강직한 성품으로 높은 신망을 받아왔고, 합참 작전본부장과 한미연합사 부사령관을 역임했습니다. 확고한 안보의식을 가진 원칙주의자로 국정원이 제 역할을 다할 수 있도록 하는 데 적임자입니다.

국무총리실장 김동연 기재부 2차관(충북)은 기획재정부 예산실장과 국정기획수석실 국정과제비서관을 역임한 정통 예산 관료입니다. 경제 정책분야에 두루 해박하고 업무추진력이 뛰어나 국무 현안의 실무조정을 할 적임자입니다.

금융위원장 신제윤 기재부 1차관은 대표적인 국제금융 전문가로 금융위원회 부위원장과 기획재정부 국제업무관리관을 역임했습니다. 청렴하고 뛰어난 업무 능력으로 금융위원장으로서 적임자입니다.〉

이처럼 이 문건은 국정원장 후보 등의 인선을 논의하는 내용이 아니라, 이미 인선이 끝난 국정원장과 국무총리실장 등의 경력과 실무능력을 국민에게 발표하는 내용이다. 이는 알권리 차원에서 국민에게 알리는 것이 당연한 내용이다. 정호성은 검찰 조사에서 "최서원이 국정원장 인선에 개입한 것이 아니고, 발표 안 문구를 수정하여 회신해 준 것으로 기억한다"라고 진술했다.

증거순번 8번의 제목은 「일본 총리 전화 통화자료」다. 대통령이 아베 일본 총리와 통화하여, 한·중·일 정상회의 개최와 한·일 간 현안 문제를 논의했다는 설명이 붙어 있다. 문건 내용을 확인해 보니, 박근혜 대통령은 아베 총리에게 "취임식에 아소 부총리를 파견해 주시고 이렇게 취임 축하전화까지 해 주셔서 감사합니다"라는 인사를 하고, "한국과 일본은 미래를 함께 만들어가야 할 동반자"라는 취지로 통화했다는 것이다.

이 문건에는 아베 총리의 생년월일과 학력, 주요 정치 경력과 함께 아베 총리 부인에 대한 인물평이 「주요 참고사항」으로 적혀 있다. 검찰은 이 부분을 문제 삼아, "이 문건이 그대로 공개될 경우, 외교적인 파장이 예상되는데, 어떤가요"라고 심문했다. 이에 정호성은 "언론에 공개된 참고사항 정도여서 외교적으로 비밀이라 보기 어렵고 문제될 사안도 아니다"라고 진술했다.

헌법재판관 8명을
고발한 이유

　형법 제127조(공무상 비밀의 누설)에는 「공무원 또는 공무원이었던 자가 법령에 의한 직무상 비밀을 누설한 때에는 2년 이하의 징역이나 금고 또는 5년 이하의 자격정지에 처한다」고 되어 있다. 그러나 「법령에 의한 직무상 비밀」이 어떤 것인지에 대해서는 해석에 맡겨져 있다.
　이에 대한 대법원 판례는 "국가의 기능에 위협을 줄 만큼 중요한 내용인가, 아닌가"가 판단 기준이다. 형법의 취지가 비밀 누설에 의하여 위협받는 국가의 기능을 보호하기 위한 것이기 때문이다.
　이런 점에서 나는 정호성이 보낸 문건들은 공개되었을 경우, 국가 기능이나 안위를 해하는 내용이 아니라고 생각한다. 더구나

오랜 세월 박근혜 대통령을 보좌하여 온 소수의 핵심 참모들 사이에 의견을 구할 의도로 했던 행동이라, 더 확산될 가능성도 없었고, 실제가 그러했다.

헌법재판소는 그러나 2017년 3월 10일에 발표한 대통령 탄핵결정문에서 정호성의 행위가 국가공무원법 제60조(비밀 엄수의 의무) 위반에 해당한다며, 이를 대통령 탄핵사유의 하나로 꼽았다. 헌법재판소가 대통령 탄핵 사유로 꼽은 것은 모두 세 가지다.

하나는 공익실현의무 위반(미르재단과 K스포츠재단 설립은 헌법 제7조 제1항 등을 위반했다)이고, 또 하나는 기업의 자유와 재산권 침해(현대자동차에 KD코퍼레이션의 납품을 의뢰하고, 롯데그룹에 70억을 요구한 것은 헌법 제15조와 제23조 제1항 등을 위반했다)이다. 세 번째가 국가공무원법 제60조 위배다.

이미 언급했듯이 정호성이 최서원에게 공용메일로 발송한 문건은 대통령 말씀자료와 관련된 것뿐인데, 검찰은 공소장과 범죄일람표에 거창한 제목을 달았다. 만약, 헌법재판관 8명이 10만 쪽에 달하는 검찰 수사 기록을 꼼꼼히 읽고 그 내용까지 성실히 파악하였다면, 언론에 보도된 각종 가짜뉴스와 검찰이 달아놓은 문건의 제목만으로 이를 탄핵사유로 삼으려 예단(豫斷)하는 우(愚)를 범하지는 않았을 것이라고 나는 생각했다.

그래서 나는 대통령 탄핵이 결정된 직후인 2017년 3월 14일,

이정미·김이수·이진성·김창종·안창호·강일원·서기석·조용호 재판관 등 헌법재판소 재판관 8명을 허위공문서작성, 직무유기, 직권남용혐의로 형사고발했다. 이어 4월 7일에는 헌법재판관 8명을 상대로 손해배상청구소송을 제기하기에 이르렀다.

   검찰은 헌법재판관들에 대한 형사고발은 무혐의 처분했다. 그러나 손해배상 청구소송은 서울중앙지방법원에 계류 중이다. 담당 재판부는 서울중앙지법 제207민사단독이며, 사건번호는 「2017가단33078」이다. 법원은 대통령 사건에 대한 대법원의 최종 판결이 나오면, 그때 가서 재판을 시작하겠다는 입장이다.

역사가들이
평가할 문제

정호성은 검찰 조사에서 최서원에게 문건을 보낸 이유를 이렇게 진술했다(정호성의 제2회 피의자 신문조서).

〈취임 직후에는 연설기록비서관실에서 생산된 연설문과 말씀자료를 그대로 대통령께 올렸는데, 얼마 안 있다가 제가 연설문과 말씀자료를 수정하는 역할도 담당하게 되었습니다. 대통령님께서는 표현 하나, 문구 하나를 굉장히 섬세하게 고르고 다듬으시는 편인데, 연설기록비서관실에서 올라오는 말씀자료가 대통령님의 스타일에 맞지 않게 올라오는 경우가 많았습니다.

대통령님은 직접 말씀자료를 수정하시기도 하였지만 저에게 "정 비서관이 내 스타일을 잘 알지 않느냐. 말씀자료를 그냥 올리지 말고 정 비서관이 좀 챙겨서 올려라"라고 지시하셨습니다. 그

러면서 대통령님은 "최순실의 의견도 참고해서 반영하라"고 지시하셨습니다.〉

정호성은 검찰 조사에서 "최순실이 제시한 의견 가운데 제가 판단해서 말이 좋으면 그대로 살리고 일부 표현은 부드럽게 바꾸기도 했으나, 말이 어색하면 바로 킬(kill)했다"고 진술했다. 최서원 의견에 대한 판단은 정호성 선에서 결정되었고, 대통령은 정호성이 최종적으로 작성한 말씀자료를 참고했다는 이야기다.

정호성은 1심(2017. 11. 15. 선고)에서 징역 1년 6월을 선고받았다. 1심 판결문에는 검찰이 주장한 47건의 공무상 비밀누설혐의 가운데 33건은 무죄로 판명났다. 그렇지만 법원이 유죄로 판단한 14건의 문건이 과연 공무상 비밀누설에 해당하는지 여부는 후대의 역사가들이 판단할 것이다.

"대통령은 철학이 분명한 분"

대통령 연설문 수정과 관련하여 최서원을 조사한 사람은 서울중앙지검 특수1부 부부장 고형곤 검사다. 다음은 일문일답이다(2016. 11. 1. 제3회 피의자신문조서).

〈문: 피의자가 "대통령의 연설문 수정을 도와주게 된" 경위는 어떻게 되나요.

답: 2012년 대선을 앞두고 대통령의 보좌관으로 있던 이춘상 보좌관이 저에게 대통령의 말씀자료에 대통령의 마음이나 심정이 잘 드러날 수 있도록 좋은 의견을 주면 좋겠다는 취지로 제안을 하여, 그 무렵부터 대통령 연설문 작성과 관련된 도움을 드리기 위해 간혹 의견을 준적은 있으나 구체적으로 제 의견이 반영되었는지는 모르겠습니다.

문: 피의자는 2012년 대선 무렵부터 대통령 말씀자료 등 연설문 작성을 도와주었다고 하였는데, 대통령께서 2012. 12. 대통령에 당선된 이후에도 계속해서 대통령 연설문 작성에 도움을 드렸던 것인가요.

답: 대통령께서 당선된 이후에도 몇 번 도움을 드린 것 같은데 그렇게 많지는 않고, 제가 직접 연설문 내용을 수정한 것이 아니라 대통령이 말씀하실 연설문에 대통령의 마음이나 심정이 담길 수 있도록 간단한 의견을 드렸던 것입니다.

문: 이춘상 보좌관은 2012년 대선 당시 불의의 교통사고로 2012. 12. 2. 사망한 것으로 확인되는데, 이춘상 보좌관이 사망한 이후에는 어떻게 의견을 전달했던 것인가요.

답: 제가 컴퓨터를 잘 다루지 못하기 때문에 처음 이춘상 보좌관에게 의견을 줄 때에는 이춘상 보좌관으로부터 대통령의 말씀자료 내용이 담긴 문서를 받아서 거기에 메모를 해 주었던 것 같고, 이춘상 보좌관이 사망한 이후부터는 메일로 받아서 의견을 준 것으로 기억됩니다. 다른 사람이 저에게 메일로 받은 문서파일을 출력을 해서 보여주었던 것으로 기억되는데, 당시 캠프에 여러 사람이 있었기 때문에 누구인지는 잘 기억이 나지 않습니다.

문: 피의자는 대통령 취임 이후 대통령 연설문 작성을 도와줄 당시, 그 과정에서 태블릿PC를 사용한 경우도 있었나요.

답: 저는 태블릿PC를 사용한 적도 없고, 사용할 줄도 모릅니다.〉

최서원은 제10회 피의자신문조서(2016. 11. 16. 서울중앙지검 특수1부 유경필 검사)에서 정호성 비서관이 보낸 자료들에 대한 자기 생각을 이렇게 진술했다.

"솔직히 저는 정호성이 보내오는 문건들의 절반 정도도 제대로 보지 않았습니다. 볼 시간도 없고 제 관심분야가 아닌 분야도 많이 보내왔습니다. 대통령님이 매번 저에게 의견을 물어보라고 하시는 것도 아닐 것인데도 정호성 비서관은 저에게 의견을 물어보려고 하였습니다.

어떤 때는 정호성 비서관 선에서 결정할 수 있는 문제도 저에게 물어 와서 제가 힘이 들었던 적도 많았습니다. 대통령님은 정책기조가 굉장히 강하신 분이고, 나라를 어떻게 끌고나갈지에 대한 철학이 분명하신 분입니다. 대통령님이 이미 결정을 내리신 부분에 대하여 저는 단지 참고의견만 드릴 뿐입니다."

정호성이 공용메일로 보낸 문건 중에서 절반도 제대로 보지 않았다는 최서원의 진술은 객관적 자료인 포렌식 분석 결과와 그 자료에서 드러난 드레스덴 연설문을 읽어 보지도 않았다는 점에서 사실에 가깝다고 할 수 있다.

문서파일
147건의 실체

검찰 자체의 태블릿PC 포렌식 분석보고서에 의하면, 그 안에는 정상적인 형태의 문서파일 147개가 들어 있는 것으로 확인됐다. 총 개수는 272건이지만, 내용을 알 수 없는 게 112건, 삭제된 문건이 13건이었기 때문에 정상적인 문건은 147개라 할 수 있다.

이 문서파일은 모두가 정호성이 zixi9876이라는 공용메일에 첨부한 첨부파일로 전송됐다. 정호성은 간혹 greatpark1819라는 메일을 사용하기도 했는데, 이 이메일의 주소 역시 공용메일이다.

나는 문제의 태블릿PC에서 발견된 문서파일에 주목했다. 식별이 가능한 147건의 문건들이 과연 JTBC 주장대로 청와대와 관련된 국가기밀인지의 여부를 확인하기 위해서다. 발견된 문서파일들을 시간 순으로 분류하면 이렇다.

첫째, 대통령선거 기간 중에 있었던 유세 문건이다. 육영수 여사 제38주기 추도식 인사말씀(8. 15.), 1일차 대전역 유세(11. 27.), 2일차 충청 경기 남부(11. 28.), 준비된 여성 대통령(11. 29.), 전국 축산인 한마음 전진대회 축사(12. 7.), 11일차 서울 유세문(12. 7.), 16일차 서울 삼성역 코엑스 유세(12. 15.), 17일 일정(12. 17.) 등이다.

둘째, 대통령선거가 끝난 후부터 정권인수위 시절의 문건이다. 청와대 회동 수정(12. 28.), 당선인 신년사(12. 30.), 인수위 엠블럼(2013. 1. 3.), 아베 신조 총리 특사단 접견자료(2013. 1. 4.), 취임식 행사업체(2013. 1. 8.), 다보스포럼 특사 파견(2013. 1. 8.), 특별사면(2013. 1. 10.), 중국 특사단 추천 의원(2013. 1. 15.), 고용복지 업무보고 참고자료(2013. 1. 28.) 등이다.

이와 같이 문서파일의 대부분은 2012년 대통령선거 기간 중에 있었던 대통령후보 유세문과 축사 등이고, 인수위 시절의 문건까지 합하면 140여 건에 달했다.

그 다음으로 대통령 취임 후의 문건들인데, 문건의 제목과 개수 확인이 불가능했다. 검찰 포렌식 자료에는 정상적인 문서파일이 전체 147건이라고 되어 있지만, 국과수 감정에 의하면 문서파일은 모두 83개(정상적인 문서 80개에 삭제된 문서 3개 포함)이다. 검찰 수사보고서에는 이 기간에 해당하는 문건이 17개라고 표시돼 있지만, 이는 인수위 시절의 문건과 박근혜 정부 출범 후의 문건들을 뒤섞어 놓은 숫자였다.

그래서 나는 JTBC가 방송에서 공개한 5개의 문건을 중심으로, 이 문건들이 국가기밀에 해당하는지 여부를 살펴보기로 했다. JTBC가 대통령 취임 이후의 문건이라고 공개한 것은 모두 5개다.

강원도 업무보고(2013. 7. 23.), 32회 국무회의 말씀자료(2013. 7. 23.), 34회 국무회의 말씀자료(2013. 8. 4.), 21차 수석비서관회의(2013. 10. 31.), 드레스덴 연설문(2014. 3. 7.) 등인데, 이 가운데 검찰이 공무상 비밀누설에 해당한다고 문제 삼은 것은 34회 국무회의 말씀자료와 드레스덴 연설문 2건뿐이다.

손석희가 언급한
숫자 44의 의미

    JTBC가 태블릿PC 특집방송을 한 날은 2016년 10월 24일이다. 이날 방송에서 앵커 손석희와 JTBC 일부 기자들은 대통령과 최서원을 연결하는 매개체로 태블릿PC를 악용했다. 태블릿PC에 문서수정 기능이 없다는 사실과 태블릿PC에서 발견된 문건들이 공용메일로 송·수신되었다는 사실은 일체 언급하지 않았다.

    사실을 알면서도 속이는 것이 날조고, 사실과 다르게 해석하는 것이 왜곡이다. JTBC가 탄핵 정국에서 사실관계를 어떤 식으로 날조하고, 왜곡했는지는 10월 24일 방송에서 확인할 수 있다. 손석희 앵커의 첫 멘트는 이렇게 시작한다.

    "오늘 뉴스 룸이 집중할 내용은 최순실씨의 것으로 확실시되는 개인컴퓨터에서 확인한 최씨의 대통령 연설문 개입의 의혹들입니다. 그런데 최씨가 연설문 44개를 파일 형태로 받은 시점은 모두 대통령이 연설을 하기 이전이었습니다. 먼저 김필준 기자의 단독보도를 보시고 계속해서 이어 가겠습니다."

그 다음에 김필준 기자가 등장하여 이런 식으로 보도했다.

"최순실씨 사무실에 있던 PC에 저장된 파일들입니다. 각종 문서로 가득합니다. 파일은 모두 200여 개에 이릅니다. 그런데 최씨가 보관 중인 파일의 대부분이 청와대와 관련된 내용이었습니다.

취재팀은 최씨가 대통령 연설문을 수정했다는 최씨의 측근 고영태씨 진술과 관련해 연설문에 주목했습니다. 최씨가 갖고 있던 연설문 또는 공식 발언 형태의 파일은 모두 44개였습니다. 대통령 후보 시절 박 대통령의 유세문을 비롯해 대통령 취임 후 연설문들이 들어 있었습니다.

상당수 대통령 연설문이 사전에 청와대 내부에서도 공유되지 않는다는 점을 감안하면 연설문이 사전에 청와대와 무관한 최씨에게 전달되었다는 사실은 이른바 비선 실세 논란과 관련해서 큰 파장을 낳을 것으로 보입니다."

이날 방송에서 손석희와 김필준이 밝힌 내용 중에서 사실과 다른 것들은 이렇다.

첫째, 청와대와 관련된 문서파일이 모두 200여 개에 이른다는 내용이다. 그러나 태블릿PC에 대한 검찰 자체 포렌식에 의하면, 정상적인 형태의 문서파일은 147개이다. 김필준은 정상적인 문서파일과 삭제되거나 내용을 알 수 없는 파일들을 구분해서 보도하지 않고, 총 272개가 있었다는 흔적을 근거로 200여 개라고 보도했다.

게다가 문서파일 중 140여 개는 대통령선거 기간 중의 유세문과 정권 인수위 시절의 문건이라는 사실은 밝히지 않았다. 이 문건들은 박근혜 정부 출범 전에 있었던 것이어서 청와대와 무관한데도 김필준은 청와대 문건이라 단정하는 식의 왜곡, 과장 보도를 했다. JTBC 주장대로 「최서원 개인컴퓨터」에서 발견된 문건을 기준으로 하면 138건이라고 보도하는 것이 정상이다.

둘째, 대통령 연설문 개수 부분이다. 손석희는 최서원이 문서파일 형태의 대통령 연설문 44개를 대통령이 연설하기 전에 받았다며 구체적인 숫자를 제시했고, 김필준은 최서원이 대통령 연설문 혹은 대통령의 공식 발언 형태의 파일 44개를 갖고 있다고 부연 설명했다.

숫자는 사람의 마음을 사로잡는 묘한 마력이 있다. 이걸 「숫자의 마력」이라 한다. 논쟁에서 상대를 압도할 수 있는 무기가 구체적인 숫자 제시다. 손석희와 김필준이 언급한 44개라는 숫자는 죽음을 의미하는 사(死) 자의 반복이다. 하지만 손석희와 김필준은 대통령 연설문 파일 44개의 근거를 방송에서 제시하지 않았다.

김필준의
자의적 해설

김필준에 이어 등장한 박병현 기자가 최순실이 「강원도 업무보고」와 「32회 국무회의 말씀자료」를 사전에 받았다고 보도했고, 이희정 기자는 「21차 수석비서관회의」라는 제목의 문건을 최순실이 사전에 받아 보고 수정했다는 내용을 보도했다. 이어 「34회 국무회의 말씀자료」가 제시됐고, 김태영 기자가 「드레스덴 연설문」 수정 부분을 공개했다.

이날 방송에서 JTBC가 대통령 연설문이라고 자신 있게 보여준 문건은 모두 5건이다. 따라서 손석희가 강조한 44개의 대통령 연설문은 출처가 분명치 않은 정체불명의 숫자다. 게다가 JTBC가 공개한 5건의 문건도 알고 보면 국가기밀이 아니다.

예컨대 「강원도 업무보고」 문건의 경우, 정호성이 최종 수정한 부분은 대통령의 모두(冒頭) 말씀과 마무리 말씀 부분이다. 대통령은 2013년 7월 24일 강원도에서 업무보고를 받기 전에 "새 정부의 첫 지방 업무보고를 강원도에서 갖게 된 것을 매우 뜻깊게 생각합니다"라는 의례적인 인사를 했다.

이 문건 작성 경위에 대해 정호성은 검찰에서 이렇게 진술했다. "1차로 정무수석실 소속 행정자치비서관실에서 초안을 작성했다. 이 초안을 연설기록비서관실의 원세일 행정관과 최진웅 선임행정관이 다시 손을 보고, 조인근 연설기록비서관에게 보냈다. 조인근 비서관이 보낸 수정안을 제가 대통령 스타일에 맞게 문장을 다시 다듬은 다음에, 업무보고가 있기 전에 최서원에게 보냈다."

최서원이 관여했다면 대통령의 모두 말씀과 마무리 말씀인데, 이에 대해 최서원이 어떤 의견을 주었는지는 검찰 조서에 기록돼 있지 않다. JTBC는 최서원이 강원도 출신임을 감안하여, 최서원이 마치 강원도에서 이권을 챙기려 했다는 뉘앙스를 풍기기 위해, 이 문건을 의도적으로 보도한 것으로 추측된다. 「강원도 업무 보고」는 보고가 끝나면 청와대 홈페이지에 공개되기 때문에 국가기밀로 볼 수도 없다.

「21차 수석비서관회의」 문건은 정책조정수석실에서 말씀자료 초안을 만들었다. 검찰 조서에 기록된 소제목을 보면, 「어려운 국정상황에도 흔들림 없이 민생해결에 전념」, 「창조경제 성과의 종합분석과 홍보 추진」,「기초연금(안) 입법예고 결과 보고」 등이다.「32회 국무회의 말씀자료」 문건에 거론된 모두(冒頭) 말씀의 소제목은「정전 60주년 관련, 청년 일자리 대책 관련, 평창 동계올림픽 지원 관련」 등이다.

「34회 국무회의 말씀자료」는 국정기획수석실에서 초안을 작성했다. 검찰 조서에 첨부된 이 문건은 A4용지 4장으로 양이 많은데, 소제목을 인용하면,「방미(訪美) 의의 당부, 예산안·개혁 법안 및 FTA 비준 관련 협조 요청, 역사교육의 정상화 관련 메시지, 마무리 당부말씀」 순이다.

이 5개의 문건들은 모두 청와대 내부의 공식적인 절차를 거쳐 작성된 후, 정호성 비서관을 거쳐 대통령에게 보고됐다. 청와대에서 열리는 국무회의나 수석비서관 회의의 경우, 회의가 끝나는 대로 국민의 알권리 차원에서 청와대 출입기자들에게 브리핑되기 때문에 공무상 비밀로 보기 힘들다.

그렇기 때문에 "상당수 대통령 연설문이 사전에 청와대 내부에서도 공유되지 않는다는 점을 감안하면 연설문이 사전에 청와대와 무관한 최씨에게 전달되었다는 사실은 이른바 비선실세 논란과 관련해서 큰 파장을 낳을 것으로 보입니다"라는 김필준의 보도는 기자의 자의적 해설, 즉 의도적인 작문이라 할 수 있다.

빨갛게 표시된
드레스덴 연설문의 진실

셋째, 드레스덴 연설문 부분이다. 드레스덴 연설은 박근혜 대통령이 2014년 3월 28일 독일 드레스덴 공대에서 발표한 대북(對北)관계의 청사진이다. 제목은 「한반도 평화통일을 위한 구상」이다. 당시 오바마 미국 대통령이 공식 지지를 표명하는 등 국내외적으로 큰 호응을 받았던 연설이다.

이 연설문에 대해 JTBC는 이날 방송에서 김태영 기자가 손석희 앵커의 질문에 대답하는 형식으로 이렇게 보도했다.

〈**손석희**: 최순실씨가 사전에 받은 원고에는 붉은색이 눈에 띄네요.

김태영: 최씨가 받아본 연설문은 총 13페이지 분량입니다. 30여 곳에서 붉은색 글씨가 발견됐는데요, 보시는 것처럼 문단 전

체부터 일부 문장은 조사에만 붉은 글씨로 돼 있습니다.

손석희: 대통령이 읽은 최종 원고에는 물론 붉게 표시돼 있지는 않았을 텐데, 최씨가 받아본 연설문과 박 대통령의 실제 연설 내용은 어떻습니까.

김태영: 대략 20여 군데가 다릅니다. 어미가 바뀌거나 표현이 달라진 부분들이 있는데요, 물론 이게 최순실씨가 받아서 수정했다는 얘기는 아닙니다.

손석희: 거듭 말씀드리지만 이것을 최순실씨가 수정했다고 단정하거나 할 수는 없을 테고요. 다만 청와대의 상당수 연설문이 최순실씨에게 누군가에 의해 전달됐다는 건 분명해 보입니다.〉

손석희 앵커는 마지막 멘트에서 "드레스덴 연설문을 최순실씨가 수정했다고 단정할 수는 없다"라는 식으로 얼버무렸지만, 드레스덴 연설문 수정 부분을 거론하기 전에, 「강원도 업무보고」와 「국무회의 말씀자료」 등을 연달아 보도하면서 TV 화면에 붉게 수정된 표시가 있는 드레스덴 연설문을 반복해서 보여주니까, 시청자들은 최서원이 드레스덴 연설문도 사전에 받아 보고 30군데나 빨갛게 수정한 것으로 믿을 수밖에 없었다.

즉, 소리나 영상 따위로 그 장면에 어울리는 분위기를 인위적으로 만들어 실감을 자아내게 하는, 일종의 「착시효과」를 이용하여 사실과 다르게 왜곡 보도한 것이다.

나는 드레스덴 연설문에 빨갛게 표시된 부분의 진실을 알기 위해 출소한 정호성 비서관을 만났다. 정호성은 이미 검찰 조사에서 "드레스덴 연설문의 경우, 중요한 연설문이었기 때문에 국내에서도 많은 수정작업을 거듭하여 고쳤고, 독일 현지에서도 수차례 수정작업을 거듭한 기억이 있습니다"라고 진술한 바 있다. 그래서 독일 현지에서 있었던 수정 과정이 궁금했기 때문이다.

박근혜 대통령은 핵(核) 안보 정상회의에 참석하기 위해 2014년 3월 23일 네덜란드를 순방하고 이어, 3월 27일부터 독일을 방문했다. 대통령 순방에 동행한 정호성은 독일에 도착한 후, 자기가 가지고 간 청와대 업무용 컴퓨터로 드레스덴 연설문을 최종적으로 가다듬었다. 그 과정에서 「평화통일 3대 원칙」이란 표현은 「3대 제안」으로 바뀌게 되었다.

최종 수정작업을 끝낸 정호성은 수정한 부분들을 눈에 띄게 하기 위하여 빨갛게 표시했다고 한다. 수정한 단어만 빨갛게 표시해도 되는데, 고친 부분 전체를 확실하게 하기 위해 문단 전체를 빨간색으로 표시했다는 것이다. 이렇게 하다 보니 빨갛게 표시한 부분이 모두 27군데나 되었다고 정호성은 말했다.

정호성이 최종 수정작업을 끝내고 드레스덴 연설문을 공용메일로 발송한 시각이 3월 27일 오후 7시20분이다. 대통령이 연설하기 하루 전이다. 이때 정호성이 사용한 공용메일의 아이디가

「kimpa2014」라는 지메일이다. 이 아이디를 구글에 새로 등록한 사람이 김휘종이다.

김휘종은 "greatpark1819와 zixi9876 지메일은 2012년부터 2년 동안 계속해서 사용하다 보니 보안 부분에 신경이 쓰여, 2014년에 kimpa2014를 송파랑이라는 가명으로 새로 만들어 정호성 비서관과 최서원 등에게 알려 주었다"고 말했다.

kimpa2014라는 공용메일을 만든 과정이 이렇기 때문에, 그리고 공용메일로 올렸기 때문에 드레스덴 연설문은 김휘종의 개인 컴퓨터에도 들어 있었는데, 김휘종은 최서원 사건이 터진 후 컴퓨터를 교체했다고 한다.

결론적으로 JTBC가 태블릿PC에서 발견했다는 빨갛게 수정된 드레스덴 연설문의 작성자는 정호성이다.

연설문을 다운로드 받아 읽어 본 적도 없다는 사실이 그녀의 데스크탑 컴퓨터 포렌식에서 확인되었다.

그러므로 최순실이 드레스덴 연설문을 태블릿PC를 통해서 사전에 받아 보고, 30군데나 수정했을 가능성을 제기한 손석희와 김태영의 행위는 대한민국 국민들을 속이고 우롱한 것이라고 해도 지나치지 않을 것이다.

독일 쓰레기통 발언은 노승권 검사

JTBC는 대통령과 직결된 엄청난 사안을 보도하면서, 처음에는 태블릿PC를 거론하다가 두 번째는 개인컴퓨터에서 확인된 것이라며 말을 바꾸었다. 그러면서 그 물증인 태블릿PC와 개인컴퓨터 실물을 제시하지 않았고, 대신에 JTBC 기자의 컴퓨터 화면을 공개했다. 그 경위를 심수미는 2017년 1월 11일에 있었던 해명방송에서 이렇게 설명했다.

"저희는 최순실씨가 갖고 있던 200여 개 파일을 일목요연하게 시청자에게 보여드리기 위해 대형 모니터에 띄워 촬영한 겁니다. 이 데스크탑 컴퓨터는 사용하는 취재기자가 평소 다른 취재 내용을 저장해 두는 폴더를 「JTBC 취재 모음」이라는 폴더로 만들어 뒀던 거고, 이게 화면에 나왔을 뿐입니다."

심수미는 "전달방식의 차이일 뿐, 태블릿PC 실체를 부정할 수 있는 근거가 될 수 없다"는 식으로 변명했다. JTBC의 태블릿PC 보도는 이처럼 시작 때부터 의혹의 소지가 있었다.

그런데 갑자기 상황변화가 생겼다. 10월 25일 오전 11시50분쯤 연합뉴스가 익명의 검찰 관계자 말을 인용해, "검찰이 어제 저녁 JTBC로부터 삼성 태블릿PC 1개를 수령했다. 파일 내용은 현재 분석 중이라고 밝혔다"고 보도했다. 이때부터 최순실 개인 컴퓨터는 졸지에 「태블릿PC」로 둔갑됐고, JTBC도 10월 25일 방송부터 태블릿PC라는 용어를 사용하기 시작했다.

태블릿PC에 대한 검찰 수사도 시작부터가 의혹투성이였다. JTBC는 문제의 태블릿PC를 2016년 10월 24일 오후 7시30분경, 즉 특집방송 30분 전에 검찰에 임의 제출했고, 제출자는 법조팀장 조택수 기자라고 밝혔다. 조택수는 법정 증언에서 "서울중앙지검 2층 청사에서 노승권 1차장 검사실에 근무하는 직원을 만나, 봉투에 넣은 태블릿PC를 건네주었다"고 진술했다.

그러나 검찰 압수조서에는 "서울중앙지검 김태겸 검사가 2016. 10. 24. 19:30경 서울중앙지검 702호실에서 최재욱 검찰주사보를 입회시킨 가운데 삼성 태블릿PC를 압수했다"고 기재돼 있다. 조택수가 언급한 「노승권 1차장 검사실의 직원」이 김태겸 검사와 최재욱 수사관으로 바뀌었다. 그뿐만 아니라 압수조서는

10월 24일 당일에 작성된 것이 아니고, 4일이나 지난 10월 28일에 작성된 것으로 드러났다.

이에 대해 변희재 피고인을 변호하는 차기환 변호사는 의견서에서 "검찰은 압수조서를 10월 28일에 작성한 것이 위법이 아니라고 하나, 압수조서 작성에 필수적인 압수목록은 압수 당시 현장에서 즉시 물건 제출자에게 교부해야 합니다. 그런데도 압수 실시 후 4일이나 지체한 것은 위법하고, 지체의 이유는 JTBC의 태블릿 입수의 불법성이 그 원인으로 보여집니다"라고 주장했다.

검찰은 또 태블릿PC 입수 경위와 관련하여, JTBC와 완전히 다르게 설명했다. 서울중앙지검 1차장 노승권 검사는 2016년 10월 26일 검찰 출입기자들에게 "독일에 간 심수미 기자가 최서원의 독일 집 쓰레기통에서 확보한 것 같다. 최서원이 집을 옮기면서 경비원에게 버리라고 주었는데 경비원이 독일인이어서 쓰레기통에 버린 것 같다. 그것을 심수미 기자가 주워서 한국으로 보낸 것 같다"고 브리핑했다. 이 내용이 일부 언론에 보도되면서 취득 경위에 대한 의문을 증폭시켰다.

고형곤 검사,
최서원에게 자백 강요

문제의 태블릿PC를 최서원이 사용했다는 결정적인 증거를 찾지 못한 검찰은 최서원에게 자백을 강요했다. 이에 대해서는 이경재 변호사가 작성한 의견서에 기록돼 있다. 인용하면 이렇다.

〈피고인(최서원)은 2016. 10. 31. 검찰에 자진출석한 이래, 2016. 11. 20. 기소될 때까지, 고형곤 검사로부터 태블릿PC를 사용했다고 자백하라는 강요를 받아왔습니다. 고형곤 검사는 2016. 11. 1. 16:25부터 23:10경까지 야간조사를 하며, JTBC 보도 태블릿PC를 추궁하였습니다. 피고인은 일관되게 JTBC 태블릿PC와 관련 없다고 하면서 자신은 데스크탑 PC를 사용하였다고 진술하였습니다.

이날 고형곤 검사는 피고인의 셀카 사진이 태블릿PC에 있다는 등으로 추궁하여, 입회한 이경재 변호사가 그 태블릿PC를 실물로 재현해 달라고 했으나, 포렌식 중이어서 제시하기 어렵다면서(이 시기 검찰은 이미 포렌식 작업을 완료하고 있었음) 사진출력물(최초에는 흑백, 그 후 컬러로 된 이른바 피고인 셀카 사진)을 제시하였습니다.

이때 변호인이 그 사진 영상은 셀카 사진이 아닌 것으로 보인다며 의문점을 제기하자, 이날 JTBC 관련 조사는 더 이상 진행되지 못했습니다(셀카 사진일 경우, 피고인의 양쪽 손이 사진의 영상에 잡힐 수 없는데, JTBC 사진에는 피고인의 두 손이 얼굴 옆에 나와 있었음).

이후 검찰의 끈질긴 자백 강요가 있어, 변호인이 피고인에게 사실이면 차라리 자백하는 쪽이 더 유리하다고 조언했으나, 피고인은 사실이 아닌데 어떻게 인정할 수 있나, 추후 태블릿PC 사용법에 대해 질문하거나 검증할 때 거짓말이 드러난다고 하면서 극구 부인하였습니다. 피고인의 JTBC 관련 진술은 진정성이 있었습니다. 2016. 11. 20. 기소된 이후 변호인은 검찰에 태블릿PC 실물 제시를 요청하였고, 검증·감정 신청을 했으나 검찰의 반대로 이루어지지 못하고 있습니다.〉

검찰은 태블릿PC에 대한 자체 포렌식 작업이 끝났음에도 분석보고서와 태블릿PC 실물을 법정에 제출하지 않았고, 이경재 변호사의 검증 및 감정 요청을 거부했다. 검찰 측에 불리한 증거였기 때문이다.

문지석 검사,
정호성을 겁박하다

검찰이 태블릿PC 감정을 거부한 근거가 정호성의 진술이다. 정호성이 검찰에서 "태블릿PC 입수 과정의 위법성과 태블릿PC 속에 들어 있는 각종 문건들의 진위 여부에 대해 감정을 요구하지 않았기 때문"이라는 것이다.

정호성이 특검에서 이런 취지의 진술을 한 날은 2017년 1월 10일이다. 정호성 사건의 사실 여부를 법정에서 다투고 있을 때였다. 그런 중요한 시기에 정호성은 자기에게 불리한 진술을 했다. 그 이유를 알려면 그 당시의 재판 진행 상태를 살펴볼 필요가 있다.

검찰이 정호성에게 최초로 적용한 혐의는 공무상 비밀누설 1건뿐이다. 이 혐의로 2016년 11월 5일에 구속된 정호성은 세 차례의 공판준비 기일을 거친 후, 2017년 1월 5일에 제1차 공판기일이 정해졌다. 1차 공판기일에서 정호성의 변호인 차기환 변호사가 태블릿PC의 증거능력에 동의하지 않고 감정을 요청했다. 검찰의 가장 아픈 부분을 건드렸다.

이 발언이 있은 후, 정호성은 2차 공판기일(1. 11.)에 불출석했다. 이어 3차 공판기일(1. 13.)에도 불출석하더니 4차 공판기일(1. 18.)에 출석해 느닷없이 "태블릿PC에 대한 감정이 필요 없다"라고 진술했다. 정호성이 이런 태도를 보인데는 속사정이 있다. 그 내막은 정호성의 특검 조서에 기재돼 있다.

정호성이 특검에 소환된 날은 2차 공판기일 전날인 1월 10일이다. 서울구치소에서 재판을 준비하고 있던 정호성을 느닷없이 특검에서 소환했다. 특검 소속 문지석 검사였다. 문지석 검사는 이날 오후 2시부터 다음날 새벽 2시40분까지, 13시간 동안 정호성을 조사했다. 검찰이 밤 12시 이후에 조사를 하려면 「심야조사 동의서」를 받고, 이를 조서에 첨부해야 하는데 정호성 조서에는 이 동의서가 붙어있지 않다.

진술조서에 의하면, 문지석 검사가 정호성에게 맨 먼저 심문한 내용은 "진술인이 정호성인가요"이고, 두 번째 질문은 "진술인은 현재 어떤 사건으로 구속되어 있는가요"였다. 마치 처음 보는 사람을 심문하는 것 같았다. 이어지는 문답내용은 이렇다.

〈문: 현재 재판을 받고 있는 혐의와 관련하여 진술인의 입장은 어떠한가요.

답: 저는 2016. 11. 3. 서울중앙지검 특별수사본부에서 공무상 비밀누설혐의로 체포된 이후 검찰에서 총 13회 가량 조사를 받는 동안, 제 혐의에 대해서 모두 인정하는 입장이었습니다.

제가 그 과정에서 어떠한 개인적 이익을 추구한 바도 전혀 없었고, 저는 단지 대통령님을 잘 모셔야겠다는 생각에, 대통령님의 뜻에 따라 최순실에게 문건을 보냈던 것입니다.

문: 언론 기사를 보면 진술인은 최초 공판준비 기일에서 공소사실을 모두 인정하는 취지로 진술하였다가, 다음 공판준비 기일에서는 JTBC에서 입수한 태블릿PC의 증거능력을 문제 삼으면서 대통령과의 공모 관계도 부인하는 취지로 진술하였다는 기사가 확인되는데, 그 경위는 어떻게 되는가요.

답: 사실은 제가 재판 과정에서 제 공소사실에 대한 입장을 밝히는 문제 때문에 그동안 너무 괴로웠습니다. 저는 처음에는 공소사실을 모두 인정하는 방향으로 입장을 정했는데, 제2회 공판준비 기일 전쯤에 "대통령과의 공모 관계를 너무 쉽게 인정하는 것이 아니냐", "JTBC에서 입수한 태블릿PC의 문제점을 다뤄봐야지 그대로 인정하면 대통령의 최측근으로서 배신자가 되는 것이 아니냐"라는 생각 등으로 많은 고민을 했습니다.

그리고 여기저기서 "현재 JTBC에서 입수한 태블릿PC에 대하여 법정에서 다툴 수 있는 사람이 정호성 비서관밖에 없는데, 태블릿PC를 제대로 확인도 하지 않고 넘어가버리면 어떻게 한단 말이냐?"는 취지의 이야기도 들려 입장을 정하지 못하였습니다.

저는 그동안 이 문제에 대해 고민하다가 지난 1월 5일~6일 무렵 완전히 제 입장을 정리했습니다. 저는 1월 18일에 있을 제 공판기일에 검찰에서 진술한 내용을 모두 인정할 것입니다.〉

정호성은 문지석 검사 신문에서 자기 죄를 스스로 인정하고, 태블릿PC의 위법성을 법정에서 다투지 않겠다고 진술했다. 정호성이 사실상 「항복 선언」을 하자, 문지석 검사는 그 다음부터는 사건과 무관한 내용을 신문했다.

예컨대 "진술인의 학력은 어떻게 되는가요", "진술인의 가족 관계는 어떻게 되는가요", "진술인의 주요 경력은 어떻게 되는가요", "청와대 부속비서관은 어떤 업무를 담당하는가요", "대통령 말씀자료 준비도 부속비서관의 업무인가요" 등이다.

정호성은 이미 검찰에서 13회에 걸쳐 조사를 받았기 때문에 위와 같은 내용은 검찰조서에 다 기재돼 있는데, 문지석 검사는 다시 심문했다. 문지석 검사가 정호성 입에서 듣고 싶었던 진술은 딱 하나, 태블릿PC에 대한 감정 요구를 법정에서 하지 않겠다는 것뿐이다.

이 진술을 받아 내기 위해 문지석 검사가 정호성을 어떻게 회유하고 겁박했는지는 진술조서에 나와 있지 않다. 그러나 정호성을 13시간 동안 조사한 문지석 검사가 작성한 진술조서의 양이 총 29쪽인 점을 감안하면, 심문할 내용이 많아서가 아니라, 「그 외의 시간」에 13시간 중 상당 부분을 소비했음을 짐작할 수 있다. 정호성이 진술조서에 최종 서명한 시간은 새벽 3시16분이다.

특검의 문지석 검사가 이미 조사가 끝나고 재판을 받고 있는 정호성을 구치소에서 불러내 야심한 시각까지 조사한 것은, 형사소송법상 대등한 지위에 있는 형사 피고인의 방어권을 침해하고, 인권을 침해하는 조사방식에 해당되므로 불법행위라 할 수 있다.

문지석 검사가 정호성에게서 받아낸 이 진술 때문에 태블릿PC에 대한 감정과 취득 과정의 위법성 여부는 법정에서 제기되지 않았다. 검찰은 이런 무리한 방법을 통해, 태블릿PC 첫 보도가 있은 2016년 10월 19일부터 국과수가 태블릿PC 실물을 법원에서 처음 검증한 2017년 11월 14일까지 1년 이상을 꽁꽁 숨겨둘 수 있었다.

노광일의 등장…
그리고 심수미와 김필준

1심 재판부와 검찰이 태블릿PC 감정을 계속 거부하자 이경재 변호사는 정공법 대신, 「우회 전략」을 시도했다. 노광일을 증인으로 신청한 것이다. 노광일은 JTBC가 문제의 태블릿PC를 발견했다는 부원빌딩의 관리인이다. 더블루K 사무실과 고영태 책상이 부원빌딩 4층에 있었다.

검찰은 기를 쓰고 노광일의 증인 채택을 반대했으나, 1심 재판장의 권유를 마지못해 받아들였다. 이에 따라 노광일은 2017년 4월 10일, 드디어 법정에 모습을 드러냈다. 대통령이 탄핵되고 구속되면서, 태블릿PC의 실체가 하나둘씩 드러나기 시작한 것이다.

노광일은 변호인 측 증인이어서 이경재 변호사가 먼저 심문을 시작했다. 이경재 변호사는 노광일이 부원빌딩 건물관리인이라는 사실을 확인한 뒤, "증인은 혹시 정당에 가입한 일이 있습니까"라고 물었다. 그동안 언론 보도를 통해 그가 이석기가 속했던 통진당 당원으로 알려져 있었기 때문이다.

노광일은 "본래 통진당 당원이었고 정의당으로 자동 이전되었으나 탈퇴하고 더불어민주당에 가입했다"고 대답했다. 이경재 변호사는 고영태 책상 속에 있던 태블릿PC를 JTBC 측이 어떻게 발견하고, 가져가게 되었는지를 심문했다. 노광일의 답변 취지는 이랬다.

"2016년 10월 18일 오전 8시에서 10시 사이에 남자 1명이 찾아와 더블루K 사무실을 물어보기에 근처 부동산으로 가라고 했다. 1시간 후쯤 그 남자가 다시 찾아와 JTBC 김필준 기자라는 명함을 주었다. 그래서 더블루K 사무실 문을 열어주었다.

출입구에 서서 보니까 김필준 기자가 원목으로 만든 고영태 상무의 책상 속에서 태블릿PC를 발견했다. 더블루K는 한 달 전에 이사를 갔기 때문에 나는 빈 책상인 줄 알았다. 다가가 보니 책상 속에 카메라도 들어 있었다. 김필준은 태블릿PC만 갖고 나간 뒤, 내가 퇴근하기 전인 오후 5시에서 6시 사이에 다시 찾아와 태블릿PC를 책상에 넣어 두고 갔다. 김필준 기자는 이틀 후(10월 20일)에 다시 찾아와 태블릿PC를 가져갔다."

노광일 증언을 종합하면, 김필준이 더블루K 사무실을 찾아간

목적은 「태블릿PC 확보」에 있었던 것 같다. 노광일은 더블루K가 이사 갈 때의 모습과 그 이후의 상황을 이렇게 진술했다.

"임대차 계약기간은 2016년 1월 14일부터 2017년 1월 13일까지 1년간인데, 더블루K는 그 중간인 9월 3일에 이사를 갔다. 토요일 아침부터 탑차를 동원해 사무실 짐을 한꺼번에 다 싣고 떠났다. 떠난 시각이 오전 11시30분이었다.

사무실에는 고영태 책상 하나와 재활용쓰레기 거치대, 무슨 받침대 하나 등 3개만 남아 있었다. 김필준이 찾아오기 전까지 부동산사무실에서 사무실 구경하러 2번 찾아왔고, 그 외는 항상 잠겨있었다. 김필준이 처음 왔다가 간 뒤, 1시간쯤 지나서 경향신문 기자가 두 번째로 찾아오고, 그 다음에 한겨레신문 기자가 틈을 두고 순차적으로 찾아왔으나 사무실 문을 열어주지 않았다."

노광일의 증언을 통해 심수미가 그동안 JTBC에서 방송한 내용 중 상당수가 거짓임이 확인됐다. 심수미는 2016년 12월 8일에 있었던 1차 해명방송에서 이런 취지로 보도한 바 있다.

"당시 건물관리인은 다른 언론사에서 찾아온 기자가 1명도 없었다고 밝혔다. 충전기를 사서, 다시 현장으로 돌아와 충전기를 꽂은 상태에서 비로소 태블릿PC를 열어 볼 수 있었다. 처음 태블릿PC를 열었을 때 볼 수 있었던 파일은 6가지 종류에 불과했다. 일단 거기까지만 취재를 하고 그 자리에 두고 나왔다.

최순실씨가 이 사무실을 떠날 때 문을 열어 두고 가, 아무나 드나들 수 있는 상황이어서 저희 내부에서 이걸 어떻게 해야 될지 갑론을박이 벌어졌었는데, 태블릿PC를 가져와서 복사를 한 뒤에 검찰에 제출하기로 결론이 났다."

마치 한 편의 영화를 보는 것처럼, 태블릿PC 입수 경위를 드라마틱하게 설명한 심수미의 보도를 들은 시청자들은 이 말을 믿을 수밖에 없었을 것이다. 노광일의 법정 증언이 없었다면, 심수미의 리얼한 거짓말은 영원히 살아있었을 것이다.

김필준,
박헌영 만나다

김필준이 태블릿PC를 입수한 경위에 대해, 검찰에 제출한 취재 동선은 노광일 진술과 비슷한 맥락이지만 미묘한 차이가 있다. 김필준이 밝힌, 2016년 10월 18일의 행적은 이렇다. 괄호 속의 표시는 포렌식에서 확인된 과학적인 사실을 내가 기록한 것이다.

〈▲ 09:00. 더블루K 사무실 도착. 4층 사무실에 가 보니 낡은 책상 하나. 계단에는 쓰레기 방치.

▲ 09:16. 지하 2층에 있는 관리사무실 방문하여 노광일 상대로 약 3분간 취재.

▲ 09:20. 더블루K 사무실에서 나와 기사 정리.

▲ 10:10. 더블루K 건물 재방문하여 노광일에게 JTBC 기자 신

분 밝히고 사무실에 들어갈 수 있도록 협조 요청.

▲ 10:30. 노광일과 함께 사무실에 들어가 책상 서랍을 열고 살피다가 구형 태블릿PC를 발견하고 내용 확인을 시도했으나, 전원이 꺼져 있고 충전기가 없어 내용을 확인하지 못함.

▲ 10:50. 태블릿PC를 챙겨 더블루K 사무실에서 나옴.

▲ 13:00~14:00. K스포츠재단을 찾아가 박헌영 과장 취재.

▲ 15:30. 서울 강남구 논현동 소재 삼성전자 서비스센터 방문하여 충전기 구매.

▲ 15:30~18:00. 카메라 기자와 같이 태블릿PC를 촬영하고, 수록된 내용 취재.

(국과수 감정에 따르면 이 태블릿PC가 구동(驅動)된 시각은 15시32분이다. 이 태블릿PC는 2014년 4월 2일부터 2016년 10월 18일까지, 2년 6개월간 전혀 사용되지 않았기 때문에 완전히 방전된 상태여서 구동을 하려면 적어도 30분 이상의 충전시간이 필요했다.

그러므로 김필준이 15시30분부터 태블릿PC 안의 문건을 취재했다는 것은 시간적으로 맞지 않다. 뿐만 아니라 이 태블릿PC는 16:13부터 인터넷으로 웹툰 등을 검색한 흔적이 있음을 국과수 감정에서 확인되었다.)

▲ 18:00. 더블루K 사무실 다시 방문해 노광일에게 "저장된 내용이 많다"고 말하고, 고영태 책상 서랍에 넣어두고 감.)

기자 1년 차인 김필준이 태블릿PC라는 귀중한 자료를 발견했으면, 그 즉시 손용석 취재팀장에게 보고하고 회사로 복귀하는 게 기자의 생리일 것이다. 그러나 김필준은 그 중간에 K스포츠재단 과장 박헌영을 만났다. 김필준은 박헌영을 만나 무슨 내용을 취재했는지는 취재 동선에 언급하지 않았다.

"술이 떡이 되도록 마셨다"

나는 조그만 흔적이라도 찾기 위해 더블루K 사무실을 찾아갔다. 서울 강남구 청담동에 위치한 부원빌딩은 지하 2층, 지상 5층의 건물인데 소형차 두 대가 겨우 지나갈 수 있는 골목 초입에 있었다. 건물 안에는 한꺼번에 서너 명이 탈 수 있는 엘리베이터가 설치돼 있었으나 불행히도 CCTV는 설치돼 있지 않았다. 지하 1층은 술을 파는 일반음식점이고, 지하 2층이 주차장인데 노광일의 근무지는 주차장 입구의 사무실이었다.

법인등기부에 의하면, 더블루K는 스포츠 매니지먼트 회사다. 더블루K는 K스포츠재단이 발족하기 하루 전에 설립되었다는 점에서 구설수에 올랐다. 2016년 1월 12일에 설립된 더블루K는 그러나 같은 해 8월 말경 자진 폐업신고를 하고, 9월 3일자로 사무실을 정리했다. 하지만 임대보증금을 정산하지 못해 고영태 책상 등이 사무실에 남아있었다.

더블루K 사무실은 출입문 앞에 보안업체 캡스에서 관리하는 지문 인식시스템이 설치돼 있는데, 지문을 등록해 놓은 사람은 고영태·박헌영·전지영·이인훈 등 4명이었다. 이 중 박헌영은 고영태의 한국체대 후배다.

전지영은 더블루K 경리담당 여직원이고, 이인훈은 고영태의 사촌동생이다. 고영태는 8월 초에 더블루K 상무이사를 그만두었고, 전지영과 이인훈은 사무실 폐쇄 후 직장을 옮겼다. 때문에 텅 빈 더블루K 사무실에 임의로 출입할 수 있었던 사람은 박헌영이 유일했다.

그런데 박헌영과 친한 기자가 JTBC 김필준이다. 김필준은 한 달 보름 전에 벌써 이사를 간, 텅 빈 더블루K 사무실을 하필이면 2016년 10월 18일 오전에 찾아갔다. 김필준은 고영태 책상 서랍 속에서 태블릿PC와 카메라 등 2개의 귀중품을 발견했으나 태블릿PC만 들고 나갔다.

김필준의 이런 행동은 여러 가지 점에서 의혹을 불러일으켰다. 그러나 30대 초반의 김필준은 법정에서, 불과 2년 전에 있었던 일에 대해 "기억나지 않는다"고 반복해서 진술했다.

김필준과 박헌영의 「특별한」 관계를 알고 있는 사람이 K스포츠재단 사업부장 노승일이다. 노승일은 경향신문과 인터뷰에서 "김필준과 박헌영은 친하며, 두 사람이 술이 떡이 되도록 마신 것을 본 적이 있다"며 "JTBC의 태블릿PC 진실에 대해서는 손석희 사장이 답해야 한다"고 주장했다.

나는 노승일의 연락처는 모르지만 박헌영의 휴대폰 번호는 알고 있다. 그러나 박헌영은 나와의 인터뷰를 거절했다.

L자 잠금패턴의 비밀

　문제의 태블릿PC에는 암호가 설정돼 있다. 암호는 보통 4가지 형태로 만든다. 하나는 1, 2, 3, 4 같은 아라비아 숫자로 된 암호이고(숫자 암호), 또 하나는 L자나 T자 같은 패턴으로 된 암호(패턴 암호)이며, 세 번째는 지문을 등록한 암호고, 네 번째는 동공(소유자의 눈)을 등록한 암호다.

　국과수 감정에 의하면, 이 태블릿PC의 암호는 두 번에 걸쳐 설정됐다. 첫 번째는 2012년 6월 25일이다. 개통하고 3일이 지나서이기 때문에 개통자 김한수가 설치했다. 두 번째로 암호가 설정된 날은 2016년 10월 24일 오후 5시11분이다. JTBC가 태블릿PC를 발견하고 갖고 있을 때이므로 JTBC 측에서 암호를 설정했음을 알 수 있다. 이 암호가 L자 패턴이다.

국과수 분석보고서에는 첫 번째 암호가 설정된 날짜만 표시돼 있을 뿐, 어떤 형태인지는 언급돼 있지 않다. 다만, 두 번째로 설정된 암호가 첫 번째와 어떻게 다른지를 알 수 있는 자료들을 추출해 놓았기 때문에 비교가 가능하다. 두 번째 암호에 대한 국과수 보고서의 파일내용은 이렇다.

「첫째, 2016년 10월 24일에 설정된 두 번째 암호는 최대 65536개의 조합이 가능한 형태다. 둘째, 암호의 길이는 5자리로, 흔히 사용하는 4자리 길이의 숫자 암호와 다르다. 셋째, 이 암호는 영어 알파벳의 대문자나 소문자가 아니고, 숫자 또는 기호도 아니며, 특수문자도 아니다. 넷째, 이전의 암호, 즉 최초에 설정된 암호로 회귀(回歸)하는 것은 불가능하다.」

국과수가 밝힌, 이런 모든 조건에 부합하는 암호가 패턴 형태다. 이런 복잡한 암호체계를 JTBC 김필준은 태블릿PC를 발견한 당일에 풀었다. 그 비결에 대해 JTBC 측은 변희재를 비롯한 미디어워치 소속 기자 4명을 고소한 고소장에 이렇게 소개했다.

"김필준 기자와 그의 여자 친구가 평소 사용하는 잠금패턴이 L자여서 무심코 L자 형태의 비밀번호를 눌러보았더니 바로 열린 것입니다. 지극히 운이 좋았던 것입니다."

그러나 김필준은 법정 증언(2018. 10. 1.)에서 고소장 취지와는 다르게 대답했다. 다음은 검사와의 일문일답이다.

〈문: 증인은 태블릿PC의 잠금장치를 어떻게 풀 수 있었습니까?

김필준: 제 패턴과 일치해서 풀 수 있었습니다.

문: 증인이 전부터 사용하던 패턴과 같은 패턴이었습니까?

김필준: 예, 맞습니다.〉

김필준은 고소장에 적시된 자기 여자 친구 부분은 거론하지 않았다. 자칫하면 여자 친구가 증언대에 서야 하고, 두 사람의 진술이 다를 경우에는 누군가가 위증죄로 처벌받아야 하기 때문이다.

이날 법정에서 홍성준 검사가 김필준에게 태블릿PC 개통자 김한수와의 관계를 심문하자, 김필준은 "김한수로부터 태블릿PC를 건네받은 적이 없으며, 암호에 대한 이야기도 듣지 않았다"고 대답했다.

그러나 변호인 반대심문에서 이동환 변호사가 "김한수의 존재를 최초로 공개한 기자가 증인 아니냐"고 추궁하자, 김필준은 "태블릿PC 개통자가 김한수라는 사실은 제가 제일 먼저 알아냈지만, 취재원 보호 차원에서 찾아낸 방식이나 취재 방법은 말할 수 없다"라며 증언을 거부했다.

김한수,
휴대폰 버리고 검찰 출두

　김한수가 태블릿PC 개통자라는 사실을 최초로 공개한 기자가 김필준이다. JTBC가 태블릿PC 특집방송을 하고, 이틀이 지난 2016년 10월 26일이다. 이날 메인뉴스 시간에서 김필준은 "태블릿PC 소유주 명의는 확인한 결과, 최순실씨가 아닌 마레이컴퍼니라는 법인이었습니다. 개통 당시 마레이컴퍼니 이사는 김한수 행정관이었습니다"라고 보도했다.

　JTBC가 이런 사실을 공개하자, 검찰은 하루 뒤인 10월 27일에 SK텔레콤주식회사에 마레이컴퍼니 이름으로 개설된 태블릿PC 통신자료를 요청하기에 이르렀다. 김한수는 자기 이름이 공개되자, 10월 27일과 28일 이틀 동안 집에 들어가지 않았다. 그러나 검찰이 10월 29일 토요일 오전에 그의 집을 압수수색하겠다고 통보하자, 김한수는 이날 낮 12시40분경 검찰에 자진출석했다.

검찰 조서에 의하면, 김한수는 이틀 동안 서울 청담동에 위치한 레지던스 호텔 1406호실에 숙박했으며 검찰 출두 시, 입에서 술 냄새가 났다고 기록돼 있다.

검찰은 그러나 김한수가 호텔에서 누구를 만났는지에 대해 조사하지 않았다. 이는 호텔 CCTV만 확인하면 바로 알 수 있다. 검찰 조사에서 김한수는 자기 휴대폰을 버리고 나온 것으로 확인됐다. 김한수는 "검찰에 출두하기 전에 배터리를 분리한 휴대전화를 집 근처 쓰레기통은 아니고 길바닥에 충동적으로 버렸다"고 진술했다. 김한수를 조사한 사람은 서울중앙지검 김용제 검사다. 다음은 최서원 부분과 관련된 일문일답이다.

〈문: 진술인은 최순실이란 사람을 아는가요?

답: 제가 사적으로 뵌 적은 없고, 선거 캠프에서 일을 할 때 이춘상 보좌관을 수행하면서 얼굴을 3~4번 본 것이 전부입니다. 당시에 이춘상 보좌관이 최순실을 제게 정식으로 소개하거나 누구라고 설명해 주지 않았기에 저는 그때 본 사람의 이름이 최순실이라는 사실을 최근에 언론 보도를 보고서 알게 되었습니다.

문: 이춘상이 진술인에게 최순실이 어떤 사람인지 설명해 주지 않던가요.

답: 예. 그런 설명은 전혀 없었습니다. 그 두 사람의 대화에 제가 낄 수도 없었기에 두 사람이 어떤 관계인지도 알 수 없었습니다.

문: 진술인은 이병헌이라는 사람을 알고 있지요.

답: 예. 저와 상문고등학교를 함께 졸업한 친구입니다. 같은 반이었던 적은 없으나 운동을 하면서 친해져서 알고 지내는 친구입니다. 그런데 저도 이번에 알게 된 사실인데, 이병헌의 이모가 최순실이었습니다. 저를 2003년에 이춘상 보좌관 모임에 데리고 간 지인이 친구 이병헌입니다. 당시 이병헌이 '유치원을 하는 셋째 이모가 있는데 박근혜 의원님과도 잘 아는 사이다'라고 제게 말을 해주기도 했고요. 그 사실을 잊고 지내고 있다가 2012년 이춘상 보좌관이 최순실을 만나는 자리에서 최순실에게 저를 '병헌이 친구입니다'라고 소개하였습니다.

문: 진술인은 청와대에서 근무한 이후에 최순실을 본 적이 있었나요.

답: 없었습니다.〉

김한수가 2012년 대통령선거 때, 친구 이병헌과 함께 최서원을 자주 만났다는 사실은 김휘종이 잘 알고 있다. 김휘종에 의하면, 김한수의 검찰 진술은 대부분이 거짓이었다.

사망한 이춘상에게
책임 떠넘겨

　김용제 검사가 태블릿PC를 개통한 이유를 묻자, 김한수는 이렇게 진술했다. "이춘상 보좌관이 제게 아이패드 같은 기기를 묘사하며, '이동하면서 볼 수 있는 큰 게 뭐냐'라고 하기에 제가 설명을 드렸더니, 필요하다고 하시기에 제가 회사 명의로 만들어 드렸던 것으로 기억합니다. 구체적으로 어디서 어떻게 만든 것인지는 기억나지 않습니다."

　김한수가 2012년 6월 22일에 SK텔레콤주식회사와 체결한 「서비스 신규계약서」에는 김한수 자필서명이 있다. 김한수 본인이 점심시간에 직접 대리점에 찾아가 계약서를 작성했다. 이 계약서가 법정에서 제시되자, 김한수는 한참을 살피더니 "제 사인이 맞다"고 시인했다.

김한수는 이춘상 보좌관이 "이동하면서 볼 수 있는 큰 게 뭐냐"고 물어서 태블릿PC를 개통해 주었다고 주장했다. 하지만 이춘상 보좌관은 단국대 공대 전자공학과 출신으로 IT 분야에 밝다. 국회 보좌관으로 근무하던 2010년 무렵에 이미 아이패드 등 최신 전자기기들을 가지고 다닌 사실을 정치부 기자들은 기억했다.

김한수의 검찰 진술 내용은 많은 언론에 보도됐다. 이 기사를 본 몇몇 정치부 기자들이 나에게 "이춘상은 국회 보좌관 중에서 몇 안 되는 IT 전문가여서 김한수 진술은 의심스럽다"고 알려왔다. 이러한 정황상 이춘상이 그런 말을 했었다는 김한수의 진술은 신빙성이 떨어져 믿기 어렵다. 그러나 불행히도 이춘상은 이미 4년 전에 사망한 고인(故人)이다.

김한수는 검찰 조사에서, 대선 때 같이 활동한 최서원에 대해 알면서도 모른다고 했고, 태블릿PC와 관련된 부분은 모두 이춘상 보좌관에게 떠넘겼다. 이 과정에서 사망한 이춘상 보좌관 이름이 느닷없이 등장하면서, 대통령과 최서원, 그리고 태블릿PC는 이춘상을 연결고리로 더욱 단단해지는 구도가 되었다.

기자는 자기가 감옥에 가는 한이 있더라도 취재원의 신분은 공개하지 않는다. 이게 기자 정신이다. 기자 김필준은 그러나 자기 취재원인 김한수를 스스로 공개했다. 그 의도는 알 수 없으나,

결과적으로 김한수 입에서 이춘상이 등장했다. 이 모든 게 치밀하게 계획된 「음모」라고 한다면, 생각만 해도 끔찍하다.

김한수는 특검 수사가 시작된 2017년 1월 4일에 있었던 2차 조사에서, 최서원을 알고 있다고 시인하고, 자기가 개통한 태블릿PC를 이춘상이 최서원의 가방에 넣어 주는 장면을 목격했으며, 최서원은 태블릿PC 요금을 김한수 자신이 내고 있다는 사실을 알고 있었다고 진술했다. 김한수의 이 2차 진술이 「태블릿PC는 최서원이 사용했다」는 1심 판결문의 주된 근거가 되었다.

태블릿PC
분석보고서 공개되다

검찰이 꽁꽁 숨겨놓은 「태블릿PC 분석보고서」의 일부 내용이 법정에서 공개되는 의외의 사건이 발생했다. 2017년 5월 19일이다. 최서원의 변호인 이경재 변호사가 재판이 열릴 때마다 줄기차게 태블릿PC 감정을 요구하자, 1심 재판장 김세윤 판사가 그때 비로소 절충안을 제시했기 때문이다.

김세윤 판사는 "태블릿PC에 대한 검찰의 모든 조서를 최서원 피고인 측에서 열람할 수 있도록 재판부가 협조하겠다. 기록을 보고도 의문이 든다면 그때 가서 감정 신청 사유와 감정 대상 범위를 지정해서 다시 신청해 달라"며 이경재 변호사를 달랬다.

재판부의 이 결정에 따라 검찰은 이경재 변호사에게 「정호성 증거목록 중 포렌식 관련 부분」이라는 자료에 한해 복사를 허용했다. 이경재 변호사가 검찰로부터 받은 자료의 양은 177쪽이었다. 검찰이 자체적으로 포렌식한 「태블릿PC 분석보고서」가 총 689쪽임을 감안하면 검찰은 1/3만 공개한 셈이다. 나는 이경재 변호사 도움으로 이 자료를 입수했으나, 2/3가 빠져 있어 마치 외계인 문자를 보는 것 같았다.

그러나 태블릿PC 진실 공방은 대통령 변호인단이 감정 요청을 하면서 새로운 국면을 맞이했다. 대통령은 정호성의 공범으로 공무상 비밀누설 혐의가 적용돼 있기 때문에 태블릿PC 입수 과정의 위법성과 태블릿PC 속에 들어 있는 각종 문건들의 진위 여부를 다툴 수가 있다.

대통령 변호인단은 「최순실 것」으로 추정되는 문제의 태블릿PC를 포함해, 고영태가 검찰에 제출한 「고영태 태블릿PC」와 최서원의 조카 장시호가 특검에 제출한 「최순실 사용 태블릿PC」 등 3개 모두에 대해 감정을 요청했다.

이에 검찰은 「고영태 태블릿PC」는 아무런 내용이 들어있지 않은 빈 깡통이라 밝히고, 「최순실 것」으로 추정되는 태블릿PC와 관련해서는, 「태블릿PC 검증·감정 신청의 부당성」이라는 제목의 의견서를 제출했다.

고형곤 검사는 의견서에서 "허위 주장에 불과하므로 기각함이 상당하다"는 의견을 개진하고, 그 근거로 의견서 뒤쪽에 「태블릿

PC 분석보고서」 689쪽을 첨부했다. 그날이 추석을 한 달 앞두고 있던 2017년 9월 12일이다. 김세윤 재판장은 "감정 실시 여부는 재판부가 알아서 결정하겠다"고 고지했다. 재판이 끝나자 방청석에서는 "재판장님 고맙습니다"라는 인사가 터져 나왔다.

검찰은 그러나 분석보고서가 최서원 사건의 증거물이 아니라는 이유로, 이경재 변호사에게는 복사해 주지 않았다. 이를 이경재 변호사가 법정에서 항의하자, 김세윤 판사는 "대통령 측 변호인단에서 입수하라"고 소송을 지휘했다. 이렇게 해야 증거로서의 능력을 인정받는다.

온갖 언론에서 최서원의 국정농단 증거로 보도된 태블릿PC 분석보고서를 최서원의 변호인 이경재 변호사는 이런 과정을 통해 처음 입수할 수 있었다. 나는 이경재 변호사를 통해 「태블릿PC 분석보고서」 전부를 입수했다.

나는 이 보고서를 IT 전문가들에게 보여주고 분석을 의뢰했다. 나를 도와주고 있는 한 IT 전문가가 이 자료의 출처를 숨기고, 해외 인터넷 사이트에 올렸다. 이런 방법을 통해 「태블릿PC 분석보고서」는 국내 젊은 IT 전문가들 사이에 조금씩 퍼져 나갔다. 언젠가는 이름을 공개할 수많은 IT 전문가들의 도움으로 나는 2017년 9월 말부터 태블릿PC의 진실에 좀 더 가까이 다가갈 수 있었다.

국과수,
태블릿PC 검증 실시

1심 재판부가 태블릿PC에 대해 검증을 실시한 날은 2017년 11월 14일이다. 검증작업은 본래 검찰이 맡기로 했다. 그러나 검찰은 가로, 세로의 크기가 각각 50㎝가 넘는 육중한 이미징(사본화) 기기를 법정 안까지 갖고 오는 데 문제가 있다며 난색을 표했다.

재판부가 직접 나섰다. 재판부는 1차로 서울대학에 포렌식 분석을 의뢰했으나, 연구 인력이 부족하다는 통보를 받았다. 고려대 정보과학대학원의 경우, 포렌식 전문가로 꼽히는 이상진 교수가 있지만 JTBC 방송에 출연한 적이 있다는 이유에서 재판부가 배제했다.

재판부는 국립과학수사연구원을 검증기관으로 선정하고, 검증 과정의 공정성 시비를 없애기 위해 변호인 측에 입회인 추천을 부탁했다. 나는 나를 도와주고 있던 IT 전문가 2명을 이경재 변호사에게 천거했다. 이들은 근무시간임에도 법정에 나왔다.

국과수 검증작업은 이날 오후 2시, 서울중앙지방법원 417호 대법정에서 실시됐다. 검찰은 증거봉투 속에 보관하고 있던 태블릿PC 실물을 처음으로 법정에 공개했다. 내 노트북보다 약간 작은 크기의 은색 태블릿PC가 1년 만에 모습을 드러냈다. 「조작의 요물」치고는 낡아빠진 기계였다. 긁히고 찌그러진 흔적으로 볼 때, 보관 상태는 그리 좋지 않았다.

변호인 측 입회인들은 실물을 눈으로 보면서 훼손 여부를 확인하고, 필요한 부분은 재판부 허락 아래 사진으로 찍었다. 공판 관여 검사들은 뒷짐 지고 지켜보기만 했다. 외관(外觀) 확인 작업이 끝나자 태블릿PC는 서울중앙지방법원 서관 401호실로 이동했다. 이미징을 뜨는 데 몇 시간이 소요되기 때문에 원활한 재판 진행을 위해 장소를 옮긴 것이다.

이미징 작업은 입회인들이 지켜보는 속에서, 국과수 법공학부 디지털분석과 소속 공업연구사 심규선과 공업연구관 나기현이 태블릿PC는 켜지 않은 상태로 배터리를 충전시키면서 시작됐다. 전원 버튼을 누르는 순간, 자료 훼손이 이뤄지기 때문이다.

모바일 신분증인 「유심」은 태블릿PC에 들어 있으나, 외장메

모리(메모리 용량을 늘리기 위해 태블릿PC 외부에 설치하는 장치)는 장착돼 있지 않은 것으로 확인됐다.

국과수는 태블릿PC 본체는 건드리지 않고, 이미징한 자료를 바탕으로 검찰과 변호인 측이 요구한 감정요청 사안에 한해 감정을 실시했다. 감정을 끝낸 국과수는 11월 21일 법원에 「감정의뢰 회보」를 보냈다. 감정에 걸린 시간은 1주일이었다. 국과수는 분석 결과를 DVD 1장(1.07기가바이트)에 수록했다. 검찰 자체의 포렌식과 비교하면 엄청나게 많은 양이다.

태블릿PC 내부의 사용 공간은 모두 5개였는데, 검찰은 사용자를 밝히기 위해 사용자 영역만 분석했으나, 국과수는 시스템 영역까지 포함해 5개 공간 모두를 포렌식했다. 이와 함께 국과수는 변호인 측 요구에 따라 기능이 향상된 분석기기를 사용하고, 검찰과는 다른 새로운 분석기법을 도입했다.

국과수가 제공한, 풍부한 감정 결과는 태블릿PC 사용자를 추정할 수 있는 소중한 자료가 되었다.

위치정보가
7개인 이유

문제의 태블릿PC는 삼성전자에서 2012년에 출시한 구형 모델이다. 구글 메일이 깔려 있어, 첨부된 문서파일을 읽을 수 있으며 인터넷에 접속해 기사나 사진 검색이 가능하다. 음악을 듣거나 카톡 메시지도 주고받을 수 있다. 그러나 이 태블릿PC에는 문서작업을 위한 앱(애플리케이션의 약자로, 응용 프로그램을 말한다)이 설치돼 있지 않다.

JTBC 기자들은 이 태블릿PC로 문서수정을 할 수 없다는 사실을 간과했다. 카톡 메시지 전송이 되니까 JTBC 기자들은 당연히 문서작업이 가능한 것으로 예단하고 간과한 것 같다. 국과수는 문서수정 기능과 관련된 논란을 없애기 위해 과학적으로 분석했다. 그 결과가 「감정회보」에 이렇게 적혀 있다.

"태블릿PC에 설치된 애플리케이션 목록을 분석한 결과, 문서 작성 및 수정·저장이 가능한 애플리케이션이 발견되지 않음. 한편, 네이버 오피스, 구글, 넷피스 24 등과 같이 온라인 상에서 문서 작성 및 수정·저장이 가능하지만, 인터넷 접속기록을 살펴본 결과, 해당 서비스에 접속한 이력은 발견되지 않음."

결론적으로 이 태블릿PC에는 문서수정 앱이 설치돼 있지 않으며, 문서수정을 위한 어떠한 시도도 없었다는 것이다. 국과수 감정에서 확인된 객관적 사실과 검찰의 주장을 비교하면 많은 부분에서 차이가 난다.

첫째, 위치정보 관련 부분이다. 이 태블릿PC는 통화가 불가능한 대신에 인터넷 접속을 통해 외부와 소통할 수 있다. 위치정보를 확인하려면 「IP」(인터넷 프로토콜) 주소를 알아야 한다. 인터넷을 이용하는 컴퓨터 기기들은 숫자 형태의 고유 주소를 통신사로부터 배당받는데, 이것을 IP 주소라 부른다. 그러나 이 태블릿PC는 감정 시점에 사용하던 IP 주소의 기록이 발견되지 않았기 때문에 위치 특정이 불가능하다.

게다가 배터리를 사용하는 휴대용 기기라는 특성으로 전원을 끄면 위치정보가 기록되지 않는다는 단점이 있다. 전원이 켜 있을 동안, 이 태블릿PC에 남아 있는 위치정보는 모두 7개였다. 이 중 4개가 제주도이고, 3개가 서울 강남 부근이다.

먼저, 제주도의 경우, 위치정보는 2012년 8월 14일에 3번, 2013년 8월 15일에 1번 발견됐다. 3군데 장소는 최서원의 조카 장시호가 제주에서 살았던 빌라 부근이고, 나머지 한 군데는 주상절리라는 관광지 부근이다.

검찰은 최서원이 2012년 8월 14일부터 16일 사이에 제주도에 갔다는 점, 8월 14일 낮 1시9분에 태블릿PC 위치가 제주도 주상절리 부근이라는 점, 그리고 장시호가 최서원의 조카라는 점을 근거로「최순실 것」이라고 단정했다.

최서원은 2012년엔 제주도에 간 적이 있으나 2013년에는 제주도에 간 사실이 없다는 점은 대한항공을 통해 확인됐다. 제주도에 간 2012년의 경우에도 최서원의 비행시간과 대조하면 검찰 주장은 오산(誤算)이다.

최서원은 8월 14일 오전 11시40분 김포공항을 출발, 낮 12시57분에 제주공항에 도착했다. 이는 대한항공이 밝힌 그날의 비행시각이다. 주상절리는 오각형 혹은 육각형 형태의 기암절벽이 모여 있는 화산지형의 산책로인데, 제주공항에서 차로 30분 거리다. 때문에 낮 12시57분에 제주공항에 도착한 최서원이「홍길동」이 아닌 한, 1시9분까지 그곳에 도착할 수 없다.

따라서 태블릿PC를 소지한 그「누군가」는 최서원보다 적어도 1시간 정도 빠른 비행기로 제주도에 도착했음을 알 수 있다. 또 이 태블릿PC가 이날 밤 장시호 집 부근에 있었던 사실로 미뤄, 그 「누군가」는 장시호와 연관이 있는 사람으로 추정할 수 있다.

태블릿PC 개통자 김한수는 이병헌과 서울 상문고 동기이고, 이병헌은 최순영의 아들로 장시호와 이종사촌간이다. 이병헌과 김한수는 장시호보다 두 살이 많다. 김한수는 법정에서 "장시호를 알고 있다"고 시인했다.

서울 강남에서 발견된 3군데 위치정보 중, 한 곳은 서울 강남구 봉은사로에 위치한 경비업체 ADT캡스의 종합상황실 옆이고, 다른 한 곳은 서울 강남구 청담동 S오일 부근이다. 남은 한 곳은 서울 강남구 청담동 소재의 마리안느 웨딩 예식장 건물 안이다.

이 중 한 곳은 김한수 회사인 마레이컴퍼니㈜와 가깝다. 거리상 두 블록이다. 위치정보에 표시된 날짜와 시간은 2012년 6월 22일 오후 6시4분으로, 태블릿PC를 개통한 그날 오후다. 태블릿PC가 개통자 근처에 있는 것은 당연하다 할 수 있다.

나는 나머지 두 곳의 장소를 알아내기 위해, 정호성 비서관과 이영선 청와대 경호관, 그리고 김휘종 등 세 사람에게 위치정보를 보여 주고 어딘지를 물었다. 세 사람 모두 처음 보는 장소라고 했다. 최서원과 조금만 연관된 장소라면 이들이 모를 리가 없다.

독일 영사콜의
비밀

둘째, 태블릿PC에 들어 있는 「영사콜」과 「로밍」 안내 부분이다. 이 태블릿PC에는 「외교부·위급상황 시 영사콜 센터로 전화하세요. 통화 누르시면 연결됩니다」라는 영사콜과 「SKT·로밍 요금 안내(국내 요금제 미적용)·음성(분당 한국 발신 2,000원, 수신 336원)」이라는 안내 문자가 들어 있다.

태블릿PC 사용자가 태블릿PC를 갖고 독일에 갔다는 표시다. 태블릿PC에서 발견된 영사콜과 로밍 안내는 2012년에 한 번, 2013년에 한 번 등으로 모두 두 차례였다. 검찰은 그 기간 중에 최서원이 독일로 출국했다는 출입국기록을 근거로, 태블릿PC 사용자를 최서원으로 단정했다.

그러나 이것 역시 검찰의 자의적 해석이다. 출입국 기록에 의하면, 최서원은 2012년에 네 번, 2013년에 네 번 등 모두 8차례에 걸쳐 해외에 갔다. 영사콜과 로밍이 모두 8차례 발견되었다면 검찰 주장은 맞다고 할 수 있다. 하지만 2번의 영사콜과 로밍 안내가 있었다는 이유로 같은 기간 8번이나 해외출국을 한 최서원을 사용자로 단정하는 것은 검찰의 독단적, 자의적 해석이다.

최서원 변호인 측에서는 이 태블릿PC를 최서원이 아닌, 김한수나 김한수의 친구 이병헌, 혹은 장시호가 사용했을 개연성이 있다며, 이 세 사람에 대한 출입국 기록을 요청했다. 그러나 법원과 검찰은 응하지 않았다. 변희재 사건의 피고인들도 이를 요구하고 있다. 출입국 기록을 공개하면 의혹을 해소할 수 있는데, 법원과 검찰은 무슨 사연이 있기에 주저하는지, 나는 이해할 수 없었다.

셋째, 태블릿PC에서 발견된 사진 부분이다. 이 태블릿PC는 사진 촬영이 가능하며, 사진폴더 속에 17장의 사진이 들어 있다. 촬영일은 2012년 6월 25일 저녁 7시 무렵이며, 촬영 장소는 서울 강남구 청담동에 위치한 중식당 「이O」이다. 이 식당은 최서원의 거주지 미승빌딩과는 1.18㎞나 떨어져 있는 반면, 김한수 사무실과는 가까운 거리이며, 촬영 일자는 태블릿PC가 개통되고 3일이 지나서다.

이날 중식당에서는 최순득 가족의 모임이 있었다. 베트남에서 유치원 사업을 하던 최순득의 장남 장승호가 몇 년 만에 귀국했기 때문이다. 최서원이 참석한 것은 조카 장승호의 유치원 사업에 조언을 해 주기 위해서다. 장승호보다 한 살 많은 이종사촌 이병헌과 이병헌의 친구 김한수도 저녁식사 자리에 참석했다. 태블릿PC에 최순득 가족 모임 사진이 찍힌 이유는 김한수가 갓 구입한 태블릿PC를 가져왔기 때문이다.

나는 이런 사실을 이경재 변호사에게 알리고, 최서원의 기억을 되살려 내달라고 부탁했다. 최서원은 수감 중인 동부구치소에서 옛날 일을 기억해 냈다. "장승호가 몇 년 만에 귀국해 축하하는 자리였다. 내 혼자 갔다. 식사를 하는데 내 옆에 앉은 장승호 어린 딸이 뭔가를 만지면서 쿡쿡 누르고 있었다는 게 기억난다. 이제 와서 생각하니, 그때 내 얼굴이 태블릿PC에 찍힌 것 같다. 나는 그게 태블릿PC인 줄 몰랐다. 그날 이병헌이는 분명히 있었고, 김한수는 모임이 끝나기 전에 일어난 것으로 기억된다."

태블릿PC로 촬영된 17장의 사진 중, 7장이 장승호의 어린 딸(장시은) 얼굴 사진이다. JTBC가 보도한 최서원 셀카 사진 부분은 JTBC의 조작이다. JTBC는 최서원의 두 손이 나타나지 않도록 하기 위해 배꼽 밑 부분을 보여주지 않았다. 그러나 사진 원판을 확대한 결과, 최서원의 두 손이 나타났다. 이로서 셀카 사진은 최서원 본인이 아니라 제3자가 찍어 준 것으로 판명났다.

「자료 검색자」는
김한수로 추정

문제의 태블릿PC는 문서파일 열람과 자료 검색용으로 사용됐다. 태블릿PC사용자는 공용메일에 첨부된 문서파일을 태블릿PC를 통해 읽었다. 인터넷에 접속해 다운로드받는 방식이다.

이 「누군가」는 공용메일 사용자 7명 중에 있는데, 최서원은 태블릿PC를 사용할 줄 모른다고 했고, 개통자 김한수에 대해 검찰은 공용메일 사용 부분을 추궁하지 않았다. 때문에 문서파일을 통한 사용자 확인은 추측만 가능하다.

국립과학수사연구원의 풍부한 분석 자료는 이 태블릿PC를 사용한 「자료 검색자」의 성향을 파악할 수 있게 하는 과학적 증거다. 태블릿PC에서 자료를 검색하려면 일단 인터넷 브라우저에 접속해야 하고, 접속한 흔적은 「캐시」라는 임시파일에 저장된다. 아무리「캐시」파일을 지우더라도 포렌식을 하면 흔적을 찾을 수 있다.

이 태블릿PC에는 앞에서 언급한 문서파일 외에, 인터넷 접속기록 1048개, 사진 1876개, 카카오톡 메시지 49개, 카카오톡 채팅방 목록 445개가 들어 있다. 이런「캐시」파일들을 분석하면, 실제 사용자라고 지목할 수는 없지만「자료 검색자」의 성향 파악이 가능하다.

국과수는 감정회보에서, 「태블릿PC에 등록된 구글 계정이 다수의 기기에 등록되어 사용된 점도 있지만, 구글 계정에 접근 가능한 다수의 사용자가 사용하였을 가능성 등이 발견되었다」는 점에서 실제 사용자를 확인하지 못했다고 밝혔다. 그래서 국과수는「사용자가 단수인지, 다수인지 명확하게 판단하기 어렵다」는 결론을 내렸다. (국과수 감정의뢰 회보 36쪽).

이러한 국과수 감정 결과를 근거로「자료 검색자」의 성향을 파악하니, 그 특징이 이렇게 나왔다.

첫째, 자료 검색자가 관심 있게 본 기사들이다. 사진 중심으로 분류했더니 다섯 가지 공통점이 발견됐다. ① KBS, MBC, 연합뉴스TV, TV조선, MBN, JTBC, 미국 ABC 방송과 중앙일보, 한겨레, 경향신문, 조선비즈, 아시아경제 등 언론사 로고 사진이다.

② 스티브 잡스를 표지모델로 한 잡지와 실리콘밸리의 신화

와 관련된 IT 분야 사진들이며, ③ 오토바이를 타고 있는 남자, 미모의 외국 여자들, 명품 시계와 신발, 핸드백, 레이밴 상호가 붙은 선글라스, 슈퍼주니어와 연예인 이승기 사진들이다.

④ 원숭이, 킹콩, 고양이, 토끼 등 각종 동물과 어린이들이 좋아하는 캐릭터 및 유아용 신발과 옷 사진들이고, ⑤ 박근혜 대통령후보의 유세 장면과 여름휴가 사진 및 김기춘 비서실장, 안철수, 김한길, 손학규, 최경환 등 정치인 사진이다.

이 사진들을 종합하면, 태블릿PC「자료 검색자」는 박근혜 대통령과 연관이 있고, 언론과 관련된 업무에 종사하며, 어린이가 있는 젊은 가장으로서 IT분야에 관심이 많은 사람으로 추정되었다. 공용메일 사용자 7명 중에서 이 조건에 부합하는 사람은 청와대 홍보수석실 산하 뉴미디어정책비서관실 행정관으로 근무한 김한수다.

둘째, 자료 검색자는「플리커」에 접속한 기록이 있다. 플리커는 야후에서 운영하는 사진 사이트로, 인스타그램처럼 사진을 공유하는 서비스다. 최서원은 1956년생으로 2012년 대통령선거 때는 50대 후반이다.

셋째, 이 태블릿PC는 사진편집기에 접속한 기록도 있다. 휴대폰이나 태블릿PC를 이용한 사진편집은 2012년에 출시된, 불편하고 느린 기기에서는 젊은 사람들도 하기 힘들었다고 한다.

넷째, 이 태블릿PC는 「텀블러」에 접속한 흔적이 있다. 텀블러는 외국에서 즐겨 사용하는 블로그인데, 우리나라는 요즘도 소수의 젊은이들이 사용한다.

다섯째, 이 태블릿PC는 일본 지지통신 기사를 검색한 흔적이 있다. 장문의 기사인데, 최서원은 일본어를 거의 하지 못한다고 한다.

여섯째, 자료 검색자는 이 태블릿PC를 이용해 광고기획 전문회사를 검색한 기록이 있다. 밤 11시45분경에 시멘틱○○○○이라는 회사의 인터넷 홈페이지에 접속했다. 국과수의 분석은 이처럼 과학적이고 객관적이다. 다만 검찰을 의식해 국과수는 단정적인 표현을 피했을 뿐이다.

김한수 진술이
판결의 결정적 근거

이런 분위기 속에서 2018년 4월 6일, 박근혜 대통령 1심 선고가 있었다. 판결문은 총 607쪽으로 책 두 권 분량인데, 태블릿PC에 대한 언급은 모두 합쳐 13쪽에 불과했고, 태블릿PC를 최서원이 사용했다는 이유를 설명한 대목은 1페이지뿐이다(판결문 286쪽).

김세윤 재판장이 그 증거로 제시한 것은 김한수의 진술이다. 재판장의 논리 구성은 이렇다.

「① 이 사건 태블릿PC를 처음 개통한 김한수는 이 법정에서 "2012. 6.경 박근혜 대통령후보의 선거 캠프에서 함께 일하던 이춘상 보좌관의 요청에 따라 위 태블릿PC를 개통한 후 이춘상에게 이를 전달하였고, 그 이후인 2012년 가을경 이춘상이 최서원을 만나는 자리에 이춘상을 수행하여 함께 갔는데, 그 자리에서 최서원이 위 태블릿PC와 같은 색상인 흰색 태블릿PC를 가방에 넣는 것을 본 사실이 있다", ② "2013. 1. 초순경 최서원이 김한수에게 전화하여 대통령직 인수위원회에서 일할 것을 권유하면서 '그런데 태블릿PC는 네가 만들어 주었다면서?'라고 이야기하였다", ③ 최서원으로서는 위 태블릿PC를 자신이 사용하는 등으로 위 태블릿PC가 자신과 관련 있는 물건이기 때문에 김한수에게 '이 사건 태블릿PC는 네가 만들어 주었다면서?'라고 이야기하였다고 봄이 일반 경험칙에 부합하는 점 등을 종합하면 최서원이 사용한 것으로 봄이 타당하다.」

판결에서 매우 구체적으로 인용된, 유일한 증거인 김한수 진술내용은 이춘상 보좌관과 관련하여 있었던 경험에 대한 진술과 최서원에게서 들었다는 전문(傳聞)진술이다. 김한수의 이러한 진술내용의 신빙성을 분명하게 검증할 수 있는 제3자는 이춘상이지만, 그는 4년 전에 사망했다.

이러한 상황에서, 태블릿PC 개통자이자 사용자로 의심할 수 있는 김한수의 진술과 태블릿PC 사용자로 몰린 상황에서도 그 사용법조차 모른다고 한 최서원의 진술 중 어느 쪽이 진실인지를 가리는 방법은 객관적 자료에 대한 합리적 해석이다.

증거재판주의와 자유심증주의는 공정하고 합리적 증거채택을 전제로 한다. 그런데, 김세윤 재판장은 재판 때마다 법정에 출석한 최서원에게 "피고인은 김한수에게 전화로 '태블릿PC는 네가 만들어 주었다면서' 하는 말을 한 적이 있느냐"고 한 번도 묻지 않았다.

그리고 김세윤 재판장은 검찰의 세 가지 주장(셀카 사진, 제주도 위치정보, 독일 영사콜)을 증거로 인용하지 않는 이유를 구체적으로 설시(說示)하지 않았다. 그럴 경우, 구체적으로 나와 있는 과학적 자료인 국과수 감정 결과를 분석한 내용과 정면으로 충돌할 우려가 있기 때문이다. 판단의 기준점을 이탈한 법은 「정의」가 아니라 「폭력」이다.

김한수 고백은
특검에서 나왔다

　무엇보다 주목할 부분은 김세윤 재판장이 유일한 증거로 꼽은 김한수 진술이, 김한수가 검사 심문에 마지못해 대답한 게 아니고, 검사에게 스스로 「고백」한 내용이라는 사실이다. 그것도 특검 수사가 진행되고 있을 때다.

　검찰 조서에는 이런 상황이 잘 기재돼 있다. 김한수를 조사한 사람이 김종우 검사다. 이 부분을 인용하면 이렇다.

　〈**문**: 결국 진술인은 최순실의 소개로 대통령직 인수위원회에서 일하게 된 것인가요.

　답: 아닙니다. 저는 이전에 선거운동 과정에서도 이춘상 보좌관으로부터 미디어 관련 전문성을 인정받아 일하였고, 좋은 평을 받았기 때문에 대통령직 인수위원회에서 일하게 되었다고 생

각합니다.

문: 이후에는 최순실과 따로 연락한 사실이 없는가요.

답: 전혀 없습니다.

문: 그 이후에는 전화를 하거나 문자 등을 주고받은 사실은 없는가요.

답: 없습니다.〉

이것으로 신문이 끝난 것 같았는데, 이때 김한수가 망설이면서 입을 열었다는 것이다. 이때의 분위기가 조서에 굵은 글씨로 이렇게 기재돼 있다.

〈이때 진술인은 잠시 망설이다가, 검사에게 추가로 진술할 것이 있다고 말하다.

문: 추가로 진술할 내용은 무엇인가요.

답: 사실 최순실은 제가 태블릿PC를 만들어 주었고, 요금을 대납하고 있다는 사실을 인지하고 있습니다.

문: 최순실이 어떻게 알게 되었는가요

답: 최순실이 그 사실을 어떻게 알게 되었는지는 제가 알지 못합니다. 하지만, 앞서 말씀드렸던 2013. 1. 초순경 제가 최순실과 두 번째 통화를 했던 날, 최순실이 저에게 인수위에서 일할 것을 권유하면서 "인수위에서 일하려면 너가 운영하는 회사를 정리해야 한다, 그런데 태블릿PC 너가 만들어 주었다면서?"라

는 말을 하였습니다.

저는 그 말을 듣고 최순실이 태블릿PC를 제가 만들어 주었다는 사실을 알고 있다는 것을 알게 되었습니다. 또한, 그 이야기를 듣고 회사를 정리하면서 제 개인카드로 납부하는 것으로 결제자를 변경하였던 것입니다.〉

김한수의 이 진술은 조사 말미에 불쑥 튀어나왔다. 이 진술 다음에 김종우 검사가 신문한 내용은 "진술인은 검찰에서 1회 조사를 2016. 10. 29.에 받은 사실이 있지요", "진술인이 청와대 홍보수석실 뉴미디어정책비서관실 행정관으로 근무하다가 퇴직한 시점은 언제인가요", "이상의 진술이 사실인가요" 등 3개밖에 없다.

김한수의 이 결정적인 진술만 조서 말미에 기록해 놓았다가는 오해를 살 소지가 있기 때문에 이미 조사했던 내용을 추가로 확인하는 식으로 조서를 마무리한 것이다.

만약, 김한수 주장대로 최서원이 김한수에게 인수위에서 일할 것을 권유하면서 "인수위에서 일하려면 너가 운영하는 회사를 정리해야 한다. 그런데 태블릿PC 너가 만들어 주었다면서?"라는 말을 하였다면, 최서원은 이 말을 하기 전에 적어도 "회사를 정리하려면 시간이 걸릴 텐데 괜찮겠니?"라든가 "회사를 정리하면 너가 손해 보는 게 아니니?"라는 정도는 물어보았을 것이다.

그리고 최서원이 김한수에게 "그런데 태블릿PC 너가 만들어 주었다면서?"라는 말을 했다면, 그 다음에는 "고맙다"거나 "잘 사용하고 있다"거나 "요금 납부는 어떻게 하고 있니?" 하는 의례적인 인사를 하는 게 경험칙에 부합하는 합리적인 어법이다. 그런데, 김한수의 진술이나 증언에는 그런 이야기들이 없다.

개통자인 김한수가 태블릿PC를 한 번이라도 사용한 적이 있는지, 태블릿PC에 김한수와 관련된 자료는 없는지 등 합리적으로 품을 수 있는 의문을 해소하는 내용이 없고, 객관적 자료를 통해 진실성을 평가할 수 있는 내용도 없다. "책상을 탁 치니 억 하고 죽었다"는 식의 내용뿐이다.

태블릿PC 속의 수많은 증거들은 범인이 「말」이라고 가리키고 있지만, 한국의 법원과 검찰은 「사슴」을 범인으로 지목했다. 그러나 「완전 범죄」는 존재하지 않는다. 세상을 잠시 속일 수는 있으나 영원히 속일 수는 없기 때문이다.

"내가 손석희에게
태블릿PC를 주었다"

대통령 사건의 2심 재판부는 태블릿PC에 대해 아무런 판단을 하지 않았다. 태블릿PC 부분이 1심에서 유죄가 선고됐기 때문에 검찰은 항소이유에서 제외했고, 대통령의 국선 전담변호사들은 방대한 기록에 치여 거론할 틈이 없었다.

그렇게 해서 태블릿PC는 법정에서 「잊혀진 존재」가 되었다. 그런데 아이러니하게도 그 불씨를 JTBC가 되살려 놓았다. 미디어워치 기자 4명을 명예훼손 혐의로 고소했기 때문이다.

대통령 사건의 1심 선고를 앞둔 어느 날, 나는 월간조선 후배 기자로부터 충격적인 내용을 제보받았다. "홍석현 회장이 중앙일보 임원들과의 회의에서, 자기가 태블릿PC와 관련된 정보와 자료를 손석희에게 주었다고 여러 차례 자랑했다"는 것이다.

이 기자는 내가 월간조선에 있을 때 아꼈던 후배다. 그는 "홍석현 회장의 말을 직접 들었다는 중앙일보 임원의 주장이 녹음된 녹음파일이 있다. 그 임원은 홍석현 회장이 신임하는 측근"이라고 말했다. 나는 이 제보가 신뢰성이 높다고 판단했다.

태블릿PC는 현직 대통령을 탄핵시켰고, 홍석현 회장은 대통령 탄핵 후 대권(大權)을 향해 움직였다. 그러니 홍석현 회장이 자기 측근들에게 "태블릿PC는 내 작품"이라고 여러 차례 자랑했다는 것은 자연스러운 행태다.

홍석현은 대한민국을 새롭게 세팅하겠다며 「리셋코리아」라는 단체를 설립하면서 본격적으로 야망을 드러냈다. 탄핵 심리가 진행 중이던 2017년 1월 13일에 설립된 「리셋코리아」는 대통령이 되겠다는 홍석현의 꿈을 실현하기 위한 싱크탱크였다.

홍석현은 「리셋코리아」 설립 후인 1월 24일, 미국 뉴욕에 있는 트럼프타워를 방문했다. 미국 대통령에 당선된 트럼프를 만나기 위해 미국에 간 것이다. 포항제철 설립자인 박태준 회장의 사위 윤영각(삼정KPMG 회장)과 이방석 목사 등이 동행했다.

면담 일정은 사전에 조율되었는데 하필이면 그날, 뉴욕에 기습적인 폭설이 내리는 바람에 비행기 운항이 중단되어, 트럼프 대통령과 홍석현의 면담은 이뤄지지 않았다. 만약 그때 홍석현이 트럼프를 만났다면, 대권을 노리고 있던 한국인으로서는 최초의 만남이기 때문에, 홍석현의 정치적 위상과 국민적 인기는 상승했을 것이다.

홍석현은 트럼프와의 2차 면담을 시도했다. 트럼프 대통령에게 삼성전자를 포함한 국내 기업이 미국에 50억 달러를 투자해 3만 개의 일자리를 창출하겠다는 선물을 들고 갔다. 그러나 트럼프 측에서 응하지 않아 실패로 돌아갔다.

"태블릿PC는 필요 없었는지도 모른다"

헌법재판소가 대통령 탄핵을 발표하자 홍석현은 그로부터 8일 후인 2017년 3월 18일, 중앙일보와 JTBC 회장을 사퇴하고 "대한민국에 보탬이 되겠다"며 대통령 출마 의사를 공식적으로 밝혔다.

홍석현은 서울 경기고 학생회장 출신으로 오래 전부터 대통령이 되겠다는 야망을 키워왔다. 노무현 정부 때는 주미(駐美) 대사를 맡았고, 그 다음 단계로 유엔 사무총장을 노렸다. 하지만 오래가지 못했다. 정치적 기반이 약하고, 대중적인 인기가 높지 않았기 때문이다.

5년마다 실시되는 정상적인 선거를 통하면, 정당 기반이 없는 홍석현의 당선 가능성은 희박하다. 대신에, 재임 중인 대통령이 중간에 탄핵되는 「비상 상황」이 발생하면, 대통령선거를 치를 준비가 안 된 수많은 「예비 후보」들은 우왕좌왕하게 된다. 그 틈을 이용하여 조기(早期) 대선 분위기를 조성한 다음에, 신속하게 보궐선거를 치르면 승산 가능성이 없지 않다. 「반사효과」를 꾀하는 절묘한 방법이다.

나는 3년 가까운 기간 동안, 「대통령을 묻어버린 거짓의 산」을 파헤쳐 오면서 인간들의 그릇된 야망이, 불가능하다고 생각한 「거짓의 산」을 가능하게 만들 수도 있다는 생각에 이르렀다.

JTBC가 들고 나온 태블릿PC는 2년 6개월 동안 전혀 사용되지 않았던 「구닥다리」 기기이다. 이게 어느 날 갑자기 고영태 책상 서랍에서 모습을 드러내더니 대한민국을 뒤흔들어 놓았다.

하지만 이 태블릿PC는 애초부터 문서수정 기능이 없었다. 태블릿PC에서 발견된 문건들은 공용메일로 보낸 공동 「게시물」이다. 이런 객관적인 사실들을 JTBC라는 방송사와 거기에 속한 일부 기자들이 날조하고 왜곡했다.

그들은 지금도 상식적인 눈으로 방송을 보고, 듣고, 믿고 있는 국민들을 바보라고 하면서, 자신들에게는 아무런 책임이 없는 것처럼 발뺌하고 있다.

이 세상에 「완전 범죄」는 존재하지 않는다. 증인석에 앉은 JTBC 기자들이 안절부절못하는 모습은 「죄수의 딜레마」를 연상케 한다. "어쩌면 태블릿PC는 필요 없었는지도 모른다"는 손석희의 멘트는 의미심장한 어둠의 주문(呪文)이다.

해가 뜨면 어둠이 사라진다. 진실이 밝혀지면 거짓과 조작은 드러나기 마련이다. 그들의 오기와 탐욕이 계속되고 있지만, 진실의 서광이 비치고 있다. 곧 맑고 밝은 해가 하늘 높이 떠오를 것이다. 그리고 새로운 시대가 온다.

III

재판과
감옥생활

길고 긴
기다림의 시작

　　박근혜 대통령이 구속영장 실질심사를 받았다. 2017년 3월 30일 오전 10시30분, 서울중앙지방법원 321호 법정에서다. 실질심사는 강부영 판사가 담당했다. 강부영 판사는 서울중앙지법 소속 3명의 영장전담판사 가운데 가장 젊고, 법조 경력이 가장 짧다.

　　강부영 판사는 제주 제일고 출신으로 고려대 법대를 졸업하고 2006년 부산지방법원에서 법관생활을 시작했다. 인천지방법원 판사로 근무하던 2017년 2월 20일, 법관 정기인사에 의해 서울중앙지법으로 자리를 옮겼다. 강부영 판사는 구속영장 및 압수수색영장의 심사를 전담하는 영장전담부에 배치됐다.

　　부임 후 한 달 동안, 강부영 판사는 2건의 주요 구속영장 사건을 처리했다. 한 건은 구속영장을 발부했고, 또 한 건은 기각했다. 대통령에 대한 구속영장 심사는 그가 세 번째로 맡은 주요 사건이다. 당시 강부영 판사의 나이는 마흔 셋이었다.

대통령은 피의자석에 혼자 앉았다. 대통령 왼쪽 편의 검사석에는 한웅재 서울중앙지검 형사8부장과 이원석 특수1부장 등 6명의 검사가, 오른쪽 편의 변호인석에는 유영하·채명성 변호사가 앉았다.

영장실질심사는 오전에 끝나지 않았다. 대통령은 낮 1시6분부터 주어진 점심시간에 대기실에서 변호인들과 도시락을 먹었다. 오후 4시20분에는 휴식을 위해 15분간 휴정(休廷)됐다. 심사가 끝난 시각은 오후 7시11분. 총 8시간 41분이 소요됐다. 영장심사 제도가 시행된 1997년 이후, 가장 심리 시간이 길었다.

영장심사에 참여한 채명성 변호사는 "대통령은 조목조목, 조리정연하게 대답했다. 최후 진술에서는 20분에 걸쳐 매우 감동적인 연설을 했다. 법정 분위기가 숙연했다. 그 내용이 생중계로 공개되었더라면 국민들의 반응도 달라졌을 것"이라고 말했다.

심사를 마친 대통령은 오후 7시32분부터 서울중앙지검 10층에 임시로 마련된 유치시설에서 대기했다. 영장이 발부되자 대통령은 청와대 경호실에서 제공하는 방탄차 대신에 검찰이 준비한 검은색 승용차를 타고 서울구치소로 떠났다.

길고 긴 기다림의 시간이 시작되었다.

구속영장을
밑줄 치며 읽었다

　서울중앙지검 형사8부장 한웅재 검사가 구속영장을 청구한 날은 영장실질심사가 있기 3일 전인 3월 27일이다. 구속영장은 A4용지로 122쪽. 통상적인 영장에 비해 양이 많았다.

　구속영장은 공소장처럼 「범죄의 시일, 장소와 방법을 명시하여 사실을 특정할 수 있도록 하여야 한다」는 형사소송법 제254조에 근거하여, 「누가 언제 어디서 어떻게 어떠한 범죄를 저질렀다」는 식으로 간결하게 작성하는 것이 원칙이다.

　나는 대통령 구속영장을 밑줄 치며 읽었다. 구속영장에는 범죄사실을 소명(疏明)하는 구체적인 증거에 의한 특정사실보다는, 그러한 가능성이 있을지도 모른다는 정황증거들이 잔뜩 나열돼 있었다.

검찰은 대통령에게 불리한 안종범(전 청와대 경제수석), 김종(전 문체부 2차관), 박원오(전 대한승마협회 전무), 박헌영(K스포츠재단 과장) 등의 진술은 구속영장에 인용한 반면, 대통령에게 유리한 방기선(전 청와대 경제수석실 선임행정관), 정동구(K스포츠재단 초대 이사장), 진재수(전 문체부 체육정책과장), 박영춘(SK그룹 전무) 등의 진술은 인용하지 않았다.

검찰이 대통령의 뇌물혐의 소명자료라고 첨부한 것은 특검의「증거목록」(증거서류의 제목을 정리해 놓은 목록)에 기재된 증거서류다. 그런데 그 증거서류의 60% 가량이 신문과 방송 및 각종 인터넷매체에서 보도한 의혹 수준의 기사들을 A4 용지로 출력해 놓은 출력물이었다.

특검의「증거목록」은 특검이 이재용 삼성전자 부회장과 최서원을 뇌물죄로 기소하면서 공개됐다. 나는 대통령 구속영장과 이재용·최서원의 공소장을 비교했다. 검찰이 작성한 구속영장과 특검 공소장은 글자 하나 다르지 않고 똑같았다. 특검이「대통령」이라 기재한 부분을 검찰은「피의자」로 바꿨을 뿐이다.

300쪽에 이르는 방대한 분량의「증거목록」에는 오보(誤報)라고 밝혀진 기사들도 포함돼 있었다. 예컨대 증거목록 236쪽에「최서원의 미르·K스포츠재단 설립 및 운영 관련」증거라며 첨부된 것은 한겨레신문에서 보도한「K스포츠재단 이사장은 최순실 단골 마시지센터장」이라는 기사다.

　K스포츠재단 2대 이사장 정동춘은 서울대학 출신이고, 서울대학에서 박사학위를 받았다. 그가 운영한 CRC 운동기능회복센터가 마사지 숍이 아니라는 사실은 월간조선을 비롯한 여러 매체에 의해 확인됐다. 그럼에도 특검은 오보한 기사를 증거라고 증거목록에 첨부했다.

"차고 넘치는 증거"는
언론 보도

특검이 언론에 보도된 각종 기사들을 법원에 증거서류로 제출하여, 증거로 채택해 달라고 신청할 수는 있다. 그것 자체가 불법은 아니다. 그러나 특검이 법적인 책임을 추궁하는 법률기관으로서 최소한의 공정성을 기하려고 했다면, 그 기사가 사실에 근거하여 작성되었는지, 아니면 시중에 나도는 유언비어에 불과한 것인지를 먼저 확인하는 것이 상식이다.

이른바 국정농단 사건은 언론 보도로 시작되었고, 시중에 난무한 각종 의혹들을 규명하기 위해 출범한 특별수사기관이 특검이기 때문이다. 그럼에도 특검의 증거목록에 방대한 양의 언론 기사가 소명자료로 첨부되었다는 것은, 대통령 사건이 TV조선의 「기획폭로」에 의해 시작되고, 당시 대전고검 검사였다가 특검 수사팀장에 발탁된 윤석열 검사의「기획수사」로 이어졌음을 반증하는 것이라 아니할 수 없다.

특검은 수사 과정에서 "증거는 차고 넘친다"라고 주장하며, "차고 넘치는 증거보따리를 법원에 풀어 놓겠다"고 공언했다. 하지만 특검이 내놓은 증거목록을 분석한 이재용 부회장의 변호인단과 최서원 피고인 측 변호인단은 법정에서 "증거의 대부분을 차지하는 언론 보도는 증거로서의 가치가 없기 때문에 증거채택에 동의할 수 없다"고 반발했다. 재판부도 검찰을 향해 "증거목록에 왜 이렇게 언론 보도가 많냐"고 의문을 제기하기도 했다.

나는 증거목록을 하나하나 확인하면서 특검 수사가 광기(狂氣)어린 여론에 이끌린 것임을 확인할 수 있었다. 그리고 그 선동과 부역(附逆)이 가리키는 방향으로 대한민국의 법치주의는 허물어져 갔다.

대통령 진술이
휴지조각 되다

구속영장 청구에 앞서, 검찰은 대통령을 검찰청사로 소환했다. 대통령은 서울중앙지검 1001호 영상녹화 조사실에서 이원석 특수1부장과 한웅재 형사8부장의 조사를 받았다. 2017년 3월 21일 오전 9시43분에 시작된 조사는 밤 11시38분까지 14시간 동안 계속됐다. 피의자신문조서의 양만 100쪽이다. 대통령은 이날 조사에서 미리 작성해온 11쪽짜리의 「입장문」을 검찰에 제출했다.

검찰은 구속영장을 청구하면서 대통령이 조사과정에서 밝힌 구체적인 입장이나 요약해서 제출한 입장문에는 관심이 없었다. 대통령 조사는 이미 정해진 결론을 위한 일종의 「통과의례」였다. 검찰은 안종범 진술과 안종범이 작성한 업무수첩은 금지옥

엽(金枝玉葉)처럼 중대하게 취급한 대신에, 대한민국 국가수반인 대통령의 진술은 휴지조각처럼 취급했다.

검찰이 대통령에게 구속영장을 청구한 2017년 3월 27일, 조선일보는 사설을 통해 검찰의 결정을 비판했다.

「원래 구속은 피의자가 도망가거나 증거를 없앨 우려가 있을 때 불가피하게 하는 것이 원칙이다. 박 전 대통령은 이미 수개월에 걸친 수사로 관련자들이 다 구속돼 증거인멸 가능성은 낮다고 볼 수 있다. 도주 가능성은 말할 것도 없다. 죄가 있다면 유죄판결 확정 뒤에 형을 집행하면 되는데, 굳이 구속수사를 해야 할 이유가 있느냐는 것이다. 사상 처음으로 파면된 전직 대통령이 포승에 묶여 재판정을 드나드는 걸 봐야 하는 국민 마음도 편치는 않을 것이다.」

대통령에 대한 구속영장 청구는 주임검사인 한웅재 검사가 단독으로 결정할 수 없는 민감한 사안이다. 김수남 당시 검찰총장의 결심이 있었기 때문에 가능했다고 보는 게 합리적 추론일 것이다. 이러한 추론을 풀 수 있는 하나의 실마리를 최서원 피고인이 제공했다.

최서원 피고인은 법정에 출석해 재판을 받을 때면 항상 이경재 변호사 옆에 앉는다. 이때 두 사람은 못 다한 이야기를 필담(筆談)으로 주고받았다. 이 과정에서 이경재 변호사는 최서원에게서 놀라운「정보」를 입수했다.

"저는 구속된 이후 하루도 빠짐없이 검찰 청사에 불려가 조사를 받았고, 구치소에서 잠시 쉬고 있을 때는 검사들이 구치소까지 찾아와 조사를 했습니다. 검찰이 저를 이토록 가혹하게 대하는 이유는 김수남 검찰총장의 지시나 묵인이 있었다고 생각합니다. 김수남 총장이 저를 미워하는 데는 이유가 있습니다. 고영태가 2015년 무렵에 당시 대검 차장이던 김수남 검사를 검찰총장이 되게 해달라고 부탁한 적이 있는데 제가 거절했기 때문입니다."

대통령과 김수남 총장
집안의 악연

　상당히 충격적인 내용이어서 이경재 변호사는 사실관계를 좀 더 구체적으로 파악하기 위해 구치소를 찾아가 최서원을 접견했다. 이경재 변호사는 최서원이 말한 이야기를 나에게 알려주었다. 그 내용은 이랬다.

　"2015년 8월에서 9월 무렵이랍니다. 고영태가 최 원장(이경재 변호사는 최서원이 유치원원장을 오래한 관계로 최 원장이라 부른다)에게 만나자고 전화를 했답니다. 최 원장이 직접 차를 몰고 나갔더니 고영태가 이렇게 말하더라는 것입니다.

　'조만간 검찰총장이 바뀝니다. 3배수로 추천이 되었는데 김수남 대검 차장이 그 속에 포함돼 있습니다. 김수남 대검 차장은 이 정부에서 검찰총장을 하고, 그 다음에 장관까지 할 사람입니

다. 그 분이 검찰총장이 되게끔 회장(최서원)님이 도와주었으면 좋겠습니다.'

고영태 요청에 최 원장은 '나는 검찰 조직을 잘 모른다. 내가 모르는 분야이므로 도와주기 어렵다'고 거절을 했답니다. 1976년부터 박근혜 대통령을 따라 다닌 최 원장이 대통령과 김수남 검사 집안 간의 불편한 관계를 어찌 모르겠습니까마는, 그런 내색은 않고 정중하게 거절했다고 합니다.

그랬더니 고영태가 '그렇다면 회장님이 제발 방해만은 하지 말아 주십시오. 나머지 문제는 우리가 알아서 처리하겠습니다. 우리가 정치인들을 많이 알고 있습니다. 경찰청장도 잘 압니다'라고 말했다는 것입니다."

고영태가 최서원에게 이런 요청을 한, 2015년 8월에서 9월경 검찰 내부는 김진태 당시 검찰총장의 임기 만료에 대비해 후임자를 둘러싼 경쟁이 치열했다. 그 당시 검찰총장 물망에 오른 검사가 김수남 대검 차장을 비롯해 법무부차관, 서울중앙지검장, 서울·대전·부산·대구·광주고검장 등이었다.

김수남 대검 차장은 1순위 후보에 들었지만 박근혜 대통령과의 악연 때문에 장담하기가 어려웠다. 박근혜 대통령이 영남대 이사장 시절에 김수남 차장의 부친 김기택은 영남대 총장이었다. 김기택 총장은 박근혜 이사장과 갈등으로 총장 임기를 마치지 못하고 물러났고, 그 후 2007년 대통령선거를 앞두고 치러진 한나라당 대통령후보 경선 때, 이명박 진영 편에 줄을 서는 바람에 그 골이 더욱 깊어졌다.

이런 악연 때문인지는 몰라도 김수남 총장은 박근혜 정부 출범 후, 동기들에 비해 고검장 승진이 늦었다. 검찰 내부에서는 그가 수원지검장을 끝으로 옷을 벗을 것이라는 관측이 무성했다. 하지만 김수남 검사는 수원지검장 시절에 통진당 이석기의 내란음모 및 선동 사건을 맡아 깔끔하게 처리하면서 서울중앙지검장으로 영전했고, 차기 검찰총장 인선이 한창일 때는 검찰 내 2인자로 꼽히는 대검 차장이었다.

그렇다고 해서 검찰총장 자리를 보장받는 것은 아니었다. 때문에 어느 정도의 마음고생이 있었음은 짐작할 수 있다. 그렇지만 박근혜 대통령은 과거의 악연 따위는 무시하고, 2015년 10월 30일 김수남 대검 차장을 검찰총장 후보자로 지명했다.

검찰 수사는
오로지 대통령을 겨냥

나는 검찰 수사가 무리하게 진행되고 있음을 알고 있었기 때문에 최서원의 하소연이 어느 정도 일리가 있다고 생각했다. 대통령 사건은 재판 과정에서 속속 밝혀지고 있듯이, 각자가 도모한 은밀한 이해관계를 은폐하기 위한 주장들만 난무할 뿐 객관적 증거가 없는 사건이다.

최초 제보자 고영태를 비롯해 노승일(K스포츠재단 사업부장), 박헌영 등 한국체대 동문들의 일치된 입맞춤과 이를 확인하지 않고 보도한 언론 기사, 그리고 안종범, 김종, 박원오를 비롯한 관련자들이 언론 보도를 수동적으로 시인하면서, 어설프게 꿰맞춰진 진술이 증거의 대부분이기 때문이다.

검찰은 수사 초기에 사건의 실체에 근접할 수 있는 절호의 기회를 두 차례나 맞이한 적이 있었다. 한 번은 고영태와 이성한(미르재단 전 사무총장)이 최서원에게 돈을 요구하다 거절당하자 폭로를 시작했다고 주장하는 류상영이 그 증거를 제시했을 때고, 또 한 번은 고영태 친구들의 목소리가 녹음된 「김수현 녹음파일」이 공개되었을 때다.

이러한 객관적인 물증이 제시되었지만 검찰은 수사방향을 선회하지 않았다. 검찰은 오로지 대통령을 향해 칼끝을 겨냥했다. 그것은 검찰 지휘부의 방침이 그러했기 때문이라고 나는 생각했다.

최서원에게 김수남 검찰총장의 인사를 부탁한 고영태는 펜싱선수 출신이다. 그러나 류상영·김수현(김수현 녹음파일 작성자) 등에 의하면 고영태는 동작이 민첩하고 남이 한 말을 자기 것으로 활용하는 재주가 뛰어났다고 한다.

고영태가 2014년 10월부터 두 달에 한 번꼴로 이진동 TV조선 사회부장을 만난 사실은 이진동이 자기 책에서 밝혔다. 이진동은 경찰 출입기자를 거쳐, 검찰 출입을 10년 넘게 한 법조 전문기자여서 검찰 고위층의 움직임에 밝은 편이다.

이런 점에서 최서원의 하소연은 그냥 흘려버릴 정도로 근거 없는 이야기는 아니라고 생각했다. 하지만 내가 입수한 정보는 이경재 변호사에게서 들은 전문(傳聞)진술에 불과했다. 나는 검찰

관계자들을 상대로 조심스럽게 최서원의 하소연이 사실인지를 탐문했다.

의외로 검찰이 예민하게 반응했다. 심지어 어느 검찰 관계자는 이경재 변호사에게 직접 전화를 걸어, "우종창 기자에게 최서원의 말을 전한 적이 있느냐"고 물어보기도 했다.

나는 김수남 검찰총장의 입장을 듣기 위해, 대검찰청 대변인 김후곤 검사에게 질문지를 보냈다. 김후곤 대변인은 "최서원 수사팀에 확인한 결과, 최씨가 검찰에서 검찰총장과 관련된 진술을 한 적이 없다"고 말했다. 김후곤 대변인은 김수남 총장과 대통령과의 악연에 대해서는 말하지 않았다.

최서원 면회하러
남부교도소 가다

나는 당사자의 직접 진술을 듣기 위해 서울 남부교도소에 수감된 최서원을 면회하러 갔다. 근로자의 날인 2017년 5월 1일이었다. 낮 11시30분쯤 면회실에 도착한 나는 「접견신청서」를 작성하고 접수처에 제출했다. 접수를 담당하는 여자교도관이 나에게 신분증을 달라고 한 뒤, 최서원 피고인과 어떤 관계인지를 물었다. 나는 "같은 교회에 다니는 지인"이라고 말했다. 최서원은 서울 소망교회 신자다.

여자교도관은 "최서원씨는 중요 사건의 피고인이므로 아무나 면회할 수 없고, 그 전에 수용자가 면회를 원하는지 여부를 확인해야 하므로 잠시만 기다려 달라"라고 말했다. 여자교도관은 내가 지켜보는 앞에서 최서원이 수용된 감방의 담당 교도관에게 전화를 걸었다. "지인이라는 우종창이 면회하러 왔다"고 전하자, 잠시 후 담당교도관으로부터 "본인이 면회를 하겠다는 의사를 밝혔다"는 통보가 왔다.

여자교도관은 접견신청서에 「당일 접수」라는 도장을 찍어 주면서 "오늘은 여자 수용인들에 대한 면회객이 많으므로 50분 가량 기다려야 합니다. 여자 접견실 앞에서 대기하고 있다가 면회 전광판에 수용자 수번과 면회실 번호가 뜨면, 면회실로 들어가면 됩니다"라고 친절하게 설명해 주었다. 그 때가 낮 12시30분경이다.

나는 면회실 밖에 마련된 벤치에 앉아서, 사가지고 간 새우버그와 콜라로 늦은 점심을 먹고 있었다. 그때 웬 교도관이 내 앞에 다가왔다.

"우종창 기자님이시죠? 정규재 TV에 출연한 것을 보았습니다. 총무과장이 찾고 있습니다. 같이 가시지요."

나는 총무과에서 총무계장을 만났다. 그는 단도직입적으로 말했다.

"면회는 불가합니다. 돌아가 주십시오."

"당사자가 면회를 하겠다는 의사를 밝혔는데, 왜 불가하다고 합니까?"

내가 따지자 총무계장은 계속해서 면회불가라는 대답만 계속했다. 나는 면회를 허용하지 않는 법적 근거를 물었다.

"기자 신분이기 때문에 면회를 금지하는 게 아닙니다. 최서원 피고인이 접견 가능한 사람을 3명으로 지정해 놓았는데, 그 속에 들어있지 않기 때문입니다."

"최서원 피고인 본인이 나와 면회하겠다고 담당 교도관에게 밝혔고, 그렇기 때문에 면회접수 담당자가 면회가 가능하다는 확인 도장까지 찍어주지 않았습니까? 접수창구에서 가능하다고 한 마당에 뒤늦게 총무과에서 안 된다고 하는 이유가 뭡니까?"

총무계장은 난처한 표정을 지으며 "어쨌든 오늘은 면회할 수 없습니다. 미안하지만 돌아가 주십시오"라고 말했다. 대화를 계속하면 언성만 높아질 것 같아서 나는 총무과를 나왔다.

김수남·윤석열은
총각 검사 1호와 2호

　형의 집행 및 수용자의 처우에 관한 법률 제4조(인권의 존중)에는 「수용자의 인권은 최대한 존중되어야 하며, 수용자는 접견금지의 결정이 있는 때를 제외하고는 교정시설의 외부에 있는 사람과 접견할 수 있다」라고 되어 있다.

　최서원 피고인은 2016년 10월 31일 검찰에 체포된 직후부터, 검찰이 신청한 「비(非)변호인과의 접견·교통금지」 요청을 법원이 받아들이면서 면회제한 조치를 당했다. 그러다 5개월 후인 2017년 4월 1일에 법원이 면회제한을 해제하면서 변호인 이외의 사람과 자유롭게 면회할 수 있으며, 먹을거리와 의료품을 제외한 서류나 기타 물건들도 받을 수 있게 되었다.

　내가 면회 간 날은 면회금지 조치가 해제된 후다. 때문에 교도소장이라 하더라도 법원의 결정 없이는 수용자의 면회를 마음대로 제한할 수 없다. 나는 검사 출신의 변호사에게 저간의 사정을 설명하고 면회금지 이유를 물었다.

"법원이 접견금지를 해제한 마당에 교도소에서 자의적으로 면회금지를 하는 것은 있을 수 없는 일입니다. 명백한 법 위반이고, 교도소장에게 법적 책임을 물을 수 있는 중대한 사안입니다. 다만 검찰이 수사 목적상, 즉 공범들과의 증거인멸 등의 이유로 면회금지를 할 수 있는데, 공범도 아닌 기자가 어떻게 증거인멸을 할 수가 있겠습니까? 교도소는 법무부 교정본부의 통제를 받기 때문에 검찰에서 면회금지 요청을 하면 거부하기가 힘든 조직입니다."

결국 검찰에서 기를 쓰고 나와 최서원의 면회를 막은 것이다. 김수남 검찰총장은 당시 특검 수사팀장인 윤석열 검사와 서울대 법대 동기다. 나이는 김수남 총장이 한 살 많다. 두 사람은 마흔을 앞두고도 장가를 가지 않아, 검사들 사이에서 총각 검사 「1호」와 「2호」로 불렸다. 나이 많은 김수남 검사가 1호로 통했다. 그만큼 가까운 사이라고 한다.

TV조선, "대통령 울었다"고 허위 보도

박근혜 대통령이 서울구치소에 수감된 날은 2017년 3월 31일 새벽 무렵이다. 이날 TV조선은 「단독보도」라고 하면서 "감방에 들어가기 직전, 대통령이 울었다"는 취지로 방송했다. 내가 확인한 결과 사실이 아니고 창작(創作)이었다. 방송 내용은 이런 식이다.

〈앵커: 박근혜 전 대통령은 검찰과 법원에서 나오면서 흔들리는 모습을 보이지 않았습니다. 그런데 구치소에 수감돼 독방으로 들어가면서 눈물을 쏟았던 것으로 알려졌습니다. 조덕현 기자의 단독보도입니다.

조덕현 기자: 오전 4시27분 박근혜 전 대통령은 검찰에서 제공한 검은색 승용차를 타고 서울구치소로 출발했습니다. 두 여

성 수사관 사이에 앉은 박 전 대통령의 표정은 어느 때보다 침통했습니다. 화장기 없는 얼굴에 특유의 올림머리도 풀려있었습니다. 4시43분, 출발 16분 만에 박 전 대통령이 탄 차량은 구치소 안으로 들어갔습니다.

일반 수감자와 마찬가지로 이름과 주민등록번호, 주소, 지문 채취 등으로 인적사항을 확인받은 뒤, 키(신장)를 나타내는 눈금을 배경으로 사진을 찍는, 이른바 「머그 샷」을 찍었습니다. 박 전 대통령은 독방 안에 들어가기 직전, 구속 사실을 실감한 듯합니다. 한참을 방 안으로 들어가지 않고 선 채로 눈물을 쏟으며 울었던 것으로 전해집니다.

이에 교도관들이 "이러시면 안 된다. 방으로 들어가셔야 한다"고 달래며 박 전 대통령을 방 안으로 들여보낸 것으로 알려졌습니다. 이때가 기상 시간인 오전 6시쯤이어서 다른 수감자들도 이 소리를 들었던 것으로 전해졌습니다. 아침 식사로는 식빵이 제공됐는데, 박 전 대통령이 제대로 식사를 했는지는 알려지지 않았습니다. TV조선 조덕현입니다.〉

TV조선에서 시작한 이 보도를 전(全) 언론이 사실 확인 없이 베끼는 사태가 벌어졌다. 서울 성동구치소에서 7개월 20일가량 수감생활을 한 경험이 있는 나는 입감(入監) 절차를 알고 있기 때문에 보도 내용에 의문이 들었다. 입감된 첫 날 새벽에 바로 사진을 찍었다는 내용도 그렇고, 3월 31일은 금요일인데 아침 식사가 식빵이라는 내용도 믿기 어려웠다.

기자 시절부터 알고 지내던 현직 교도관에게 전화를 걸었다. 그는 정년 퇴직을 2년가량 앞두고 있던 간부급 교도관이다. 그는 TV조선 보도에 대해 "기자가 아니라 소설가가 쓴 오보"라고 말했다. 그의 설명은 이랬다.

"박근혜 대통령은 일반 수용자들이 접근할 수 없는 격리된 방에 있습니다. 대통령의 울음소리를 다른 수용자들이 다 들었다는 보도를 보고, 우리 교도관들은 모두 웃고 말았습니다. 언론이 소설을 쓰고 있다는 사실은 익히 알고 있었지만, 이런 해괴망측한 기사까지 쓸 줄은 정말 몰랐습니다. 전 언론이 대통령을 욕보이기 위해 혈안이 돼 있는 것 같습니다.

검찰이 구속영장을 청구하면서 교정본부는 서울 시내에 위치한 남부교도소, 서울구치소, 성동구치소 등 3개 교정기관에 대통령을 수용할 수 있는 별도의 공간을 마련하라는 특별지침을 내렸습니다.

2011년에 개소한 남부교도소가 시설은 잘 돼 있지만 법원과의 거리가 멀다는 점이 단점이었습니다. 성동구치소의 경우엔 과거 김대중씨가 수용된 특별한 방이 있습니다. 감방 바로 옆에 온실이 있기 때문에 쾌적하고 한적한 곳입니다. 다만, 남성 수용자들과 같이 생활하는 공간이라는 점이 걸렸습니다.

　서울구치소에는 권영해 전 안기부장과 신건 전 국정원장이 수용된 적이 있습니다. 서울구치소는 각각의 사동이 상(3층)-중(2층)-하(1층) 3개 층으로 분리된 구조인데, 신건 원장은 3층 전체를 혼자 사용했습니다. 2층에서 올라오는 양쪽 계단을 막아 버리면 다른 수용자들이 접근할 수 없습니다. 권영해 부장은 외부인과 차단하기 위해 독실 서너 개를 혼자서 사용했습니다.

　이러한 관례에 따라 박근혜 대통령은 서울구치소 여사(女舍) 가운데 여성 수용자들이 쉽게 접근할 수 없는 특별한 곳에 별도의 방이 마련되었습니다. 3평 내지 5평 규모입니다. 본인이 원할 경우에는 책상과 걸상도 넣어줍니다. 이는 특혜가 아니고 관행입니다. TV조선 보도는 구치소 생리를 전혀 모르는 기자가 특종 욕심에 소설을 쓴 것입니다."

　대통령은 손가락 두 개로 물구나무서기를 할 만큼 강인한 체력의 소유자다. 부친 박정희 대통령이 김재규의 총탄에 서거했다는 통보를 받았을 때, 대통령의 첫 반응은 "전방은요?"이었다. 휴전선에 이상이 없느냐는 질문이다. 부친 서거보다 북한군 동향에 더 신경을 쓴 분이 박근혜 대통령이다.

　그렇게 의연한 분이 감방 문 앞에서 다른 수용자들에게 들릴 만큼 울었다는 TV조선 보도에 나는 기가 막혔다. 나는 이 내용을 보도한 조덕현 기자에게 전화를 걸었다. 조갑제닷컴의 객원 기자라는 내 신분을 밝히고 보도 내용의 사실여부를 물었다.

"조덕현 기자에게 그런 내용을 알려준 사람이 교도관인지, 수용자인지를 알고 싶다"고 질문하자, 조덕현 기자는 "취재원 보호를 위해 밝힐 수 없다"고 말했다. 그래서 "박근혜 대통령이 일반 수용자들과는 격리된 공간에 있다는 사실은 알고 있느냐"고 재차 물었더니, 조덕현 기자는 "보도한 내용 외에는 말할 수 없다"는 말만 되풀이했다.

감옥에는
자유가 없다

　대통령이 수감된 감방의 크기는 10.08㎡(3.05평)다. 일반 수용자 1인당 기준 면적인 2.58㎡(0.8평)보다는 넓다. 화장실, 싱크대, 사물함, 책상, TV, 접이식 매트리스 등이 갖춰져 있는데, 이 방에서 혼자서 먹고 씻고 잠을 잔다. 바닥에서 올라오는 냉기를 차단하는 접이식 3단 매트리스는 취침시간에만 깔 수 있다. 법정에 나갈 때 입는 사복은 서울구치소 내 세탁소에서 돈을 받고 다림질까지 해 준다.

　대통령은 서울구치소에서 감옥생활을 하는 3천 명의 수용자 가운데 한 명이다. 헌정(憲政) 사상 최초로 탄핵된 대통령이기에 특혜는커녕 모든 것을 감시당하는「요주의」대상이다. 서울구치소 측은 대통령의 신변보호를 위해 전국의 여성 교도관 중에서 가장 연장자를 선발해 배치했다.

서울구치소의 하루는 새벽 6시에 시작된다. 대통령은 다른 수용자들과 마찬가지로 기상 소리와 함께 일어나, 잘 때 덮었던 관급(官給) 담요를 사각형으로 갠 뒤, 담요의 네모서리가 각이 지게 가지런히 정돈한 다음, 방을 쓸고 닦아야 한다. "각 방 점호"라는 구호가 들리면, 여성 교도관이 창살문을 통해 감방 안을 들여다 볼 때까지 허리를 꼿꼿이 펴고 앉아 기다려야 한다.

점호가 끝나면 밤새도록 굳게 닫혔던 감방 문이 처음으로 열리고 뜨거운 물이 공급된다. 2ℓ짜리 패트병 3개 분량의 이 물로 식수와 세면, 식기 세척, 빨래 등을 해결한다. 뜨거운 물은 수용자가 원할 경우에 주기는 하지만, 무한정 공급하는 게 아니어서 감방 안에서 목욕이나 머리감기는 쉽지 않다.

아침식사 배식 시간은 오전 7시에서 7시10분사이다. 감방 출입문 옆에는 밥과 국을 밀어 넣을 수 있는 사각형의 배식구가 뚫려있고, 반찬은 배식구 위의 창살을 통해 들어간다. 밥은 보리쌀이 한 톨도 섞이지 않은 하얀 쌀밥이고, 반찬은 매끼마다 다르다.

토요일 아침에는 빵(식빵 혹은 롤빵)과 스프, 양배추 샐러드에 멸균 우유가 나오고, 일요일 아침에는 만둣국이나 떡국이 제공된다. 밥 대신 죽을 원하면 구치소에서 죽을 끓여다 준다. 김이나 소시지, 참기름, 고추장 따위의 밑반찬과 계란(날계란이 아니고 구운 것), 우유(멸균된 것이어서 상온에 보관 가능), 감귤 주스 등은 개인 돈으로 사먹는 게 가능하다.

배식이 끝나고 20분 내지 30분이 지나면 「감방 도우미」(수용자 중에서 모범생)들이 배식구를 통해 잔반(殘飯)을 거둬간다. 단체생활이기 때문에 식사는 무조건 그 전까지 끝내야 한다. 그렇기 때문에 식사를 천천히 하거나 위장이 좋지 않은 수용자들에게는 식사시간이 넉넉한 편이 아니다. 인원 점검이 시작되는 오전 9시 전까지는 빨래나 밀린 잠을 보충할 수 있다.

감방문은
오후 5시에 굳게 닫혀

하루 일과는 오전 9시부터 시작한다. 교도관의 인원 점검이 끝나면 그때부터 면회하러 감방 밖을 나갈 수 있다. 면회는 면회객 수에 상관없이 하루에 한 번뿐이고, 변호사 접견은 하루에도 여러 차례 가능하다.

오전 10시 반에서 11시 반 사이는 운동시간이다. 겨울철엔 해가 늦게 뜨기 때문에 오후 2시 반에서 3시 반 사이가 운동시간이다. 햇볕을 쬘 수 있는 유일한 기회가 운동이다. 감방 안은 하루 종일 형광등이 켜져 있기 때문에 어둡지는 않으나 감옥생활을 오래 하면 눈이 침침해진다.

운동장은 사동(한 사동마다 50명~60명을 수용한다)과 사동 사이에 있는데, 길쭉하게 생긴 직사각형 형태다. 30명쯤 들어가면 가득

차기 때문에 달리기를 하려면 줄을 지어서 뛰어야 한다. 뛰기 싫은 사람은 그 중간의 빈 공간에서 왔다 갔다 하며 걷는다. 대통령은 여성 수용자들과 격리된 상태에서 혼자 운동한다.

점심식사는 낮 12시가 되기 전에 나온다. 12시 정각부터는 교정본부에서 운영하는 「보라미 방송」이 스피커를 통해 흘러나온다. 수용자 가족들이 보낸 편지 사연이 소개되고, 수용자가 신청하는 노래와 노래에 얽힌 사연을 들려준다.

오후 2시부터 시작되는 오후 일과는 4시 반에 끝난다. 이때부터 감방 문은 굳게 닫힌다. 야간 탈주를 막기 위해 교도관들이 각 감방마다 돌아다니며 이중 자물쇠를 채운다. 둔탁하면서도 육중하게 울리는 자물쇠 걸어 잠그는 소리가 감옥에서의 하루 일과가 끝났음을 의미한다.

오후 5시쯤 교도관들이 다시 한 번 인원 점검을 하고, 점검이 끝나면 하루 종일 입고 있던 수의(囚衣)를 벗을 수 있다. 하지만 이 시간 이후에는 감옥에 불이 나더라도 교도관이 밖에서 감방 문을 열어주기 전에는 스스로 탈출이 불가능하다.

오후 6시쯤 저녁식사가 배식되고 7시엔 뉴스 시청 시간이다. 평일에는 KBS 저녁 7시 뉴스를 생방송으로 틀어주고, 토요일과 일요일에는 오후 8시부터 시작되는 SBS와 MBC 뉴스를 번갈아 보여준다. 감방의 TV는 구치소에서 끄고, 켜고를 통제하기 때문에 수용자는 TV를 만질 수 없다.

취침은 오후 9시부터다. 이때 이불을 깐다. 감방 안의 형광등은 취침시간에도 꺼지지 않는다. 편지를 쓰거나 사건기록 검토는 조용한 취침시간을 이용한다. 취침시간에는 감방 내부의 가혹행위나 폭력을 예방하기 위해 교도관이 1시간 단위로 순찰한다. 여주교도소처럼 형이 확정된 기결수가 수용된 곳은 잘 때 불을 꺼주기도 한다

이발은 2주에 한 번씩인데, 사회에서 이발이나 미용기술을 익힌 수용자가 해준다. 목욕은 찬바람이 불기 시작한 늦가을부터 봄기운이 완연해지는 4월말까지 매주 한 번씩 할 수 있다. 30명가량이 한꺼번에 목욕탕에 들어가 샤워꼭지 앞에서 15분간 몸을 씻고, 빨래를 하는 게 전부다.

감옥살이는
「앉은뱅이」 징역

감방 안은 교도관이라고 해서 마음대로 들어갈 수가 없다. 감방 복도에 설치된 CCTV가 24시간 내내 교도관들의 동정을 지켜본다. 교도관들은 감방 내부의 싱크대 위에 설치된 일종의 반사막(알루미늄 호일로 만든 것)을 통해 감방 안을 들여다 볼뿐이다. 가끔 검은색 육각형 모자에 빨간 명찰을 단, 보안과 소속 직원들이 숨겨놓은 흉기나 약물을 찾기 위해 「불시 점검」을 명분으로 감방 문을 따고 들어가는 경우는 있다.

오후 5시 이후에 감방 문이 열리는 극히 예외적인 경우가 두 번 있다. 하나는 법원이 구속이나 형(刑)의 집행을 정지하는 결정을 내렸을 때다. 수용자의 부모나 장인 장모가 사망했다는 연락이 올 경우, 법원은 장례식에 참석할 수 있게끔 3일에서 5일 정도 구속집행을 정지하고 석방한다. 대신 풀려난 날짜만큼 감옥살이를 보충해야 하고, 죄질이 나쁜 경우에는 도주 우려에 대비해 교도관이 동행하기도 한다.

두 번째는 보석(保釋)허가 결정이 났을 때다. 법원의 보석허가 결정이 있고 나서, 석방조건을 이행한 자료(보증금 납입 등)가 제출되면, 검찰의 석방지휘에 따라 그 즉시 석방된다. 보석은 주로 당사자의 신청에 의하여 이루어지지만, 구속기간 만료를 앞두고 있거나 「특별한 사정」이 있을 때 재판부가 직권으로 풀어주는 경우가 있는데, 이를 「직권보석」이라고 한다.

우리나라 감옥생활은 「앉은뱅이 징역」이라 불릴 정도로 감방 안에서는 하루 종일 앉아있어야 한다. 감방 안에 누워 있다가 교도관에게 적발되면 「옐로우 카드」가 주어지며, 이 카드를 3번 이상 받으면 징벌방에 가두는 것이 서울구치소 규칙이다.

자고 싶을 때 잠을 자고, 쉬고 싶을 때 드러누울 수 있는, 인간의 천부적인 자유를 박탈하는 법적 장치가 구속영장이다. 죄가 확정되기도 전에 자유를 박탈하는 구속영장은 그래서 인권유린의 소지가 있다는 지적을 받는다.

살인범이나 방화범 같은 중죄인과 주거부정 등으로 도주의 우려가 있거나 증거를 조작하거나 인멸할 우려가 있는 경우가 아니라면, 불구속 수사와 재판을 하는 것이 대원칙이지만, 우리

나라에서는 거의 지켜지지 않고 있다.

 구속영장 발부 여부가 일관된 기준에 의해 결정되는 게 아니고, 여론의 향배에 편승하는 경우도 종종 있다. 재판을 받기도 전에 죄인으로 낙인찍어 「사회적 형벌」이라는 이름으로 한 인격을 돌이킬 수 없는 방법으로 훼손하기 위해 구속영장 제도를 악용하는 것이다.

 우리나라는 전국에 52개의 교정시설이 있다. 형이 확정되지 않은 미결수를 수용하는 곳이 구치소이고, 형이 확정된 기결수가 수용되는 곳이 교도소다. 구치소와 교도소를 합쳐, 전체 수용자는 약 6만 명으로 추정된다. 이 중 1/3인 2만 명 정도가 형이 확정된 기결수이고, 2/3인 4만 명이 미결수다. 미결수가 워낙 많다 보니 교도소에도 미결수가 수감된다.

 법무부 교정본부에 의하면, 정부가 수용자 1인을 위해 사용하는 돈은 연간 2천만 원에서 3천만 원 사이라고 한다. 세끼 밥값에 전기세·수도세·난방비와 교정시설 유지비 및 수용자 호송에 사용되는 비용 등을 포함한 금액이다.

 형(刑)이 확정되지 않은 미결수 4만 명을 형이 확정될 때까지 불구속재판을 받게 하면, 연간 1조 2000억 원의 국가 예산을 절약할 수 있다. 수용자 수가 절반으로 줄게 되면, 교도관들의 근무환경이 개선되고 교정행정이 순화(醇化)되는 부수효과도 있다.

대통령 탄핵사태 및 구속수감을 계기로 대한민국 헌법의 근본가치인 자유민주주의 체제와 법치주의는 급격하게 퇴행의 길에 접어들었다. 대통령에 대하여도 법치주의 원칙이 적용되지 않는 시대에, 국민 개개인의 자유가 안전하게 지켜진다는 보장은 없을 것이다.

감옥과 법정을 번갈아 오가는 고역

대통령은 오전 10시부터 열리는 재판에 대비하기 위해 오전 8시 반부터 서둘러야 한다. 감옥 밖을 나가려면 신체수색 등 통과절차가 매우 까다롭다. 심지어 양말을 벗기고 신발 안까지 점검한다. 재판 시작 전에 미리 도착해야 하므로 교통체증 등을 고려해 일찍 출발해야 한다.

호송차에 오르기 전부터 양손엔 수갑을 채우고 양팔은 호승 줄로 묶는데, 각각의 호승 줄을 다시 하나의 줄로 연결하기 때문에 수용자들은 마치 짚에 묶어놓은 조기 신세가 되어, 교도관이 이끄는 대로 끌려간다. 호승 줄은 법원에 도착하면 풀어주지만, 수갑은 법정에 들어가기 직전에 풀어준다.

대통령 재판은 오전과 오후 내내 계속되었기 때문에 대통령은 점심시간에는 구치소에서 준비해 간 「감옥 밥」을 먹고, 재판이 늦게 끝나 저녁 배식시간을 놓치면 차디차게 식은 음식을 혼자서 먹을 수밖에 없다. 그리고는 흐릿한 형광등 불빛 아래에 피곤한 몸을 처음으로 눕힐 수 있다. 이게 서울구치소에서의 대통령 하루 일과다.

주말인 토요일과 일요일에도 눕지를 못하고 앉아서 낮 시간을 보내야 하는 것이 고달픈 감옥생활이다. 대통령의 얼굴이 푸석푸석하고 부어있는 것은 위장이 좋지 않은데다 감방 안에서 편히 쉴 수가 없기 때문이다. 앉아 있지를 못하고 서있어야 할 정도로 어깨와 허리 통증이 심하지만 대통령은 아프다거나 힘들다고 말하지 않고 묵묵히 감내하고 있을 뿐이다.

대통령 신변에 조금이라도 이상 징후가 발견되면, 그 즉시 병원으로 이송되고 서울구치소는 이 사실을 바로 유영하 변호사에게 통보한다. 대통령의 안위는 서울구치소에 근무하는 모든 교도관들의 관심사다.

한때 시중에는 대통령이 옥중에서 단식(斷食) 중이라는 유언비어가 돌았다. 이에 대해 유영하 변호사는 "대통령께서는 위(胃)가 좋지 않아 식사를 천천히 하시며, 식사량도 많은 편이 아니다. 자유가 없는 감옥에서 지내다보니 체력이 떨어지는 것은 어쩔 수 없다"면서 "단식 중이라는 얘기는 사실이 아니다"라고 해명했다.

법정 책상에
처음 엎드린 대통령

대통령 1심 재판은 1주일에 네 번씩 열렸다. 월, 화, 목, 금요일이다. 수요일 하루만 쉬고 강행군이다.

2017년 6월 30일 오후 6시30분경, 대통령이 법정에서 5분가량 실신하는 일이 발생했다. 당시 법정에는 K스포츠재단 과장 박헌영에 대한 증인 심문이 진행 중이었다. 박헌영은 롯데그룹이 K스포츠재단에 70억 원을 출연했다가 되돌려 받은 사건과 관련해 검찰이 신청한 증인 중의 한 명이다.

오전 10시부터 시작된 박헌영에 대한 증인 심문은 검찰의 주심문(오전 10시부터 12시)을 시작으로, 최서원의 변호인 이경재 변호사의 반대심문(오후 2시부터 오후 3시30분)과 대통령 변호인인 유영하 변호사의 반대심문(오후 3시50분부터 오후 5시50분)에 이어, 오후 6시5분부터는 롯데그룹 신동빈 회장 변호인 백창훈 변호사 차례였다.

심문이 시작되고 20분쯤 지난 뒤, 피고인석 책상 위에 머리를 엎드리고 있던 대통령이 한동안 일어나지 않았다. 이 모습을 최초 인지(認知)한 사람이 대통령 뒤편에 앉아있던 유영하 변호사였다. 그는 대통령이 엎드린 자세에서 5분가량 미동을 하지 않자, 대통령 바로 오른쪽에 앉아있던 이상철 변호사에게 대통령의 몸 상태를 확인해 보라는 신호를 보냈다.

이상철 변호사가 대통령의 어깨 부분을 가볍게 몇 번 밀치자, 그때 비로소 고개를 일으킨 대통령은 이상철 변호사를 쳐다보며 괜찮다는 듯이 미소를 짓긴 했으나 다시 고개를 책상에 떨궜다.

대통령 바로 왼편에 앉아서 이 장면을 생생하게 지켜본 최서원의 변호인 권영광 변호사는 "대통령의 안색이 매우 창백했고, 온 몸에 힘이 하나도 없는 것처럼 보였다"며 "두 손을 책상 위에 올려놓고 있는 바람에 머리에 가해진 충격은 강하지 않은 것 같았다"고 말했다.

대통령이 재판 도중에 잠시 눈을 감고 조는 듯한 모습을 보인 적은 있지만 책상 위에 아예 엎드린 것은 이번이 처음이다. 대통령의 이상 징후에 깜짝 놀란 이상철 변호사가 급히 손을 들고 재판부 앞으로 뛰어나갔다. 김세윤 재판장은 곧바로 정회를 선언했다.

그 순간, 법정에 대기하고 있던 남녀 교도관들이 대통령 주변을 에워쌓다.정회가 선언되면 교도관들은 대통령을 법정 옆에 설치된 유치시설로 데리고 나가야 하기 때문이다. 교도관들이 주변을 빙 둘러싼 가운데 천천히 자리에서 일어난 대통령은 정면을 쳐다보며 천천히 걸어서 법정 밖으로 나갔다. 대통령과 나란히 피고인석에 앉아있던 최서원이 걱정스러운 표정을 지으며 교도관을 따라 나갔다.

법정 바로 옆에는 재판에 출정한 피고인들을 임시로 수감하는 「작은 유치장」이 있다. 이 유치시설은 두꺼운 철창으로 외부와 차단돼 있는데, 피고인들은 수갑을 찬 상태로 대기해야 한다. 대통령이 밖으로 나간 후, 나는 귀를 쫑긋하게 세우고 의료진이 다급하게 오고가는 발자국 소리나 앰뷸런스 소리를 들으려 했지만 아무런 소리도 들리지 않았다.

"대통령이 죽으면
검사들이 책임질 거야"

정회를 선언한 김세윤 재판장은 공판관여 검사와 변호인들을 판사 대기실로 불렀다. 긴급 대책회의가 열렸다. 재판장을 포함해 이원석 부장검사와 유영하·이경재·백창훈 변호사 등이 참석했다. 재판장은 재판을 계속 진행할 것인지에 대해 검찰과 변호인 측의 의견을 물었다.

유영하 변호사가 "대통령의 건강이 매우 심각한 것 같다"며 재판 연기를 주장했다. 이경재 변호사는 "인간의 생명은 그 무엇과도 바꿀 수 없는 고결한 권리"라며 대통령을 즉시 서울대병원으로 후송할 것을 요청했다.

변호인들의 이런 요청에 이원석 부장검사는 반대의견을 제시했다고 한다. 증인 박헌영이 어렵게 출석했기 때문에 오늘 중으로 증인 심문을 끝내야 한다며 재판강행을 주장했다는 것이다. 분위기가 약간 험악했다고 한 변호사가 알려주었다. 재판장은 이원석 부장검사의 양해를 구한 뒤 대책회의를 마쳤다.

잠시 후 법정에 들어온 김세윤 재판장은 "박 전 대통령의 몸이 좋지 않아 쉬고 있는 상태인데 건강을 해칠 수도 있다"라고 말한 뒤, "심문절차가 조금 남아있기 때문에 원칙적으로는 끝내야 하지만 부득이한 사정으로 더 이상 증인 심문을 진행하기가 어려울 것 같다"고 말했다.

재판장은 이날 증인으로 나온 박헌영과 불구속 상태의 피고인으로 출석한 신동빈 롯데그룹 회장을 다음날 다시 불러, 중단된 증인심문을 진행하기로 하고 재판을 마쳤다.

재판장이 퇴장하자, 대통령을 지지하는 방청객들이 자리에서 일어나 검사석을 향해 "대통령이 죽으면 검사들이 책임질 거야"하며 고함을 질렀다. 공판에 참여했던 9명의 검사들은 앞만 쳐다보며 아무 말을 하지 않았다. 방청석 여기저기에서 "사람이 죽어나가는데 이럴 수가 있느냐", "우리 대통령이 너무 불쌍하다"는 격앙된 소리가 터져 나왔다.

나는 대통령 재판을 취재하면서 피곤에 겨워 법정에서 여러 번 졸았다. 재판장 오른쪽에 앉은 배석판사가 조는 모습도 자주 보았다. 나는 이런 식의 강행군 재판이 계속되면 누군가는 법정에서 쓰러질지도 모른다고 우려했다. 그 우려가 드디어 6월 30일 재판에서 현실화되었다. 그럼에도 김세윤 재판장은 재판강행을 멈추지 않았다.

나는 조갑제닷컴에 「대통령이 죽으면 검사들이 책임질 거야」라는 제목의 기사를 쓴 적이 있다. 이 기사에 대해 김후곤 대검찰청 대변인은 검찰의 입장을 적절히 반영해 달라고 요청했다. "6월 30일 박 전 대통령 건강 문제로 재판 정회 중, 특수1부장은 재판장에게 재판강행을 요청한 사실이 전혀 없으며, 증인 심문을 중단하고 다음 기일에 속행하자는 의견을 제시했다"는 점을 알려달라는 것이다. 나는 검찰 요구를 들어주었다.

특검의 무리한 수사와
일관성 없는 검찰

　대통령 사건의 재판이 1주일에 네 차례씩 강행될 수밖에 없었던 데는 사연이 있다. 수사 결과에 대해 검찰과 특검의 견해가 일치하지 않았기 때문이다.

　검찰이 대통령 사건을 수사하게 된 계기는 「투기자본 감시센터」라는 단체가 2016년 9월 29일, 서울중앙지검에 고발장을 제출했기 때문이다. 이 사건은 서울중앙지검 형사8부에 배당됐고, 한웅재 부장검사가 주임검사를 맡았다.

　그러나 형사8부 인력만으로는 수사를 감당하기 어렵게 되자, 서울중앙지검 특수1부(부장·이원석 검사)가 수사에 투입됐다. 검찰은 국민적 의혹을 해소한다는 차원에서 이영렬 서울중앙지검장을 본부장으로 하는 「제1기 특별수사본부」를 발족시켰다.

석 달 가량 진행된 검찰 수사는 특검법이 통과되면서 특검 손에 넘어갔다. 2016년 12월 1일부터 시작된 특검 수사는 이듬해 2월 28일 종료됐다. 특검 수사를 이어받은 검찰은 「제2기 특별수사본부」를 설치하고, 대통령이 탄핵되자 대통령에게 구속영장을 청구하기에 이르렀다.

그런데 문제가 생겼다. 검찰과 특검의 수사 결과가 완전히 다르게 나왔기 때문이다. 검찰은 1차 수사에서 대통령이 안종범·정호성·최서원과 공모하여 전경련(全經聯) 산하 18개 그룹으로 하여금 미르재단과 K스포츠재단에 설립 출연금 명목으로 774억 원을 강제 모금한 것은 직권남용과 강요죄에 해당한다고 발표하면서, 재단 출연금은 뇌물이 아니라는 이유로 범죄혐의에서 제외했다.

그러나 「박근혜 정부의 최순실 등 민간인에 의한 국정농단 의혹사건」을 규명하기 위해 출범한 특검은 대통령이 이재용 삼성전자 부회장의 경영권 승계작업을 도와준 대가로 뇌물을 받은 것이 국정농단 사건의 본질이라고 발표했다.

동일한 사건에 대해 검찰과 특검의 결론이 다르게 나온, 미묘한 상황에서 김수남 당시 검찰총장 등 검찰 지휘부는 대통령에게 뇌물죄를 적용했다. 검찰이 최초로 수사한 결론을 버리고 특검의 손을 들어준 것은 검찰이 무능함을 자인(自認)한 것이라

할 수 있다.

그렇지만 검찰은 특검 수사가 전형적인 견강부회(牽強附會)임을 감지하고 있었다. 특검이 대통령과 이재용 부회장, 그리고 최서원에 대한 뇌물혐의 입증 증거라며 법원에 제출한 증거서류 중, 절반 이상이 언론에 보도된 각종 추측성 기사였기 때문이다.

이렇게 되자 검찰은 고육지책(苦肉之策)으로 대통령에게 특검이 수사한 뇌물죄와 함께 검찰이 자체적으로 수사한 직권남용 및 강요죄를 동시에 적용했다. 한 사건에 대해 2중, 3중의 차단막을 설치했다. 법원이 특검 수사 결과와 다른 판단, 즉 뇌물죄에 대해 무죄를 선고할 최악의 경우에 대비한 조처였다.

대통령에게 적용된 18개 혐의

검찰은 2017년 4월 17일, 수사결과를 발표했다. 바로 이날, 검찰이 대통령을 기소했기 때문에, 대통령의 범죄혐의를 공개할 수 있었다. 기소 전에 공개하면 「피의 사실 공표죄」에 해당한다.

검찰이 대통령에게 적용한 범죄혐의는 모두 18개에 달했다. 검찰이 자체적으로 붙인 숫자를 근거로 설명하면 이렇다.

첫째, 직권남용과 강요죄 부분이다. ① 재단 출연금 강제 모금(18개 기업이 미르재단과 K스포츠재단에 출연한 총 출연금 774억), ② 현대자동차 그룹 관련(KD코퍼레이션 납품 의뢰와 플레이그라운드 광고 발주), ③ 롯데그룹 관련(K스포츠재단에 70억을 지원했다가 돌려받은 사건), ④ 포스코 관련(펜싱팀 창단 지원), ⑤ KT 관련(임원 선임 관여와 광고비 지원), ⑥ 그랜드코리아레저 관련(장애인 펜싱팀 창단 지원), ⑦ 삼성그룹 관련(동계스포츠 영재센터에 16억2800만 원 지원) 등이 이에 해당한다.

둘째, 강요미수죄 부분이다. ⑧ CJ그룹 관련(이미경 부회장 퇴진 요구)이다.

셋째, ⑨ 공무상 비밀누설죄는 정호성이 최서원 등에게 공용 메일을 보낸 사건이다.

넷째, 제3자 뇌물수수죄 부분이다. ⑩ 롯데그룹 관련(면세점 특허사업자 선정을 위한 70억), ⑪ SK그룹 관련(가이드러너 사업 지원금으로 89억 요구)이 이에 해당한다.

다섯째, 뇌물수수죄 부분이다. 이 혐의는 모두 삼성그룹과 관련돼 있다. ⑫ 정유라 승마지원 관련(이재용의 경영권 승계작업을 도운 대가로 총 213억을 받기로 하고, 그 중 77억9735만 원의 뇌물을 수수한 사건), ⑬ 동계스포츠 영재센터 관련(경영권 승계를 도와달라는 부정한 청탁의 대가로 받은 16억2800만 원은 제3자 뇌물수수), ⑭ 재단 지원 관련(삼성그룹이 미르재단에 출연한 125억 원과 K스포츠재단에 출연한 79억 원 등 합계 204억 원은 제3자 뇌물수수)이 이에 해당한다.

여섯째, 또 다른 직권남용과 강요죄 부분이다. ⑮ 문화예술계 지원배제 관련(블랙리스트 사건), ⑯ 문체부 실장 3명 인사조치 관련(기획조정실장 등 3명 사직), ⑰ 문체부 국장 인사조치 관련(노태강 국장 좌천), ⑱ 하나은행 임직원 인사개입이 이에 해당한다.

이와 같이 검찰이 대통령에게 18개 혐의를 무더기로 적용하는 바람에, 1심 재판을 6개월 안에 끝내야 하는 법원으로서는 재판을 강행하는 수밖에 없었다. 특히 대통령과 이재용 부회장이 직접적으로 연결된 뇌물수수죄와 제3자 뇌물수수죄에 대해 법원과 특검, 그리고 변호인들이 치열하게 다투면서 재판은 길어질 수밖에 없었다.

최서원,
법정에서 통곡하다

　　최서원 피고인이 법정에서 통곡했다. 점심시간이 끝나고 오후 2시10분부터 속개된 재판이 5분가량 진행되던 2017년 9월 12일 오후였다. 오후 재판의 증인은 전 문체부 체육국장 노태강이다.

　　피고인석에 앉아있던 최서원이 왼손을 이마에 대고 고개를 푹 숙인 채 갑자기 "꺼이꺼이"하며 울기 시작했다. 노태강 증인이 출석하기 전이었다. 울음소리는 방청석까지 들릴 정도로 컸다. 최서원을 쳐다보며 난감한 표정을 짓던 김세윤 재판장은 20분간 휴정하겠다고 선언했다. 최서원은 여성 교도관들의 부축을 받으며 법정을 나갔다. 내가 법정에서 지켜본 최서원은 정신력이 엄청나게 강한 편이다.

증인 심문 때는 검찰과 변호인의 심문이 끝나면 맨 마지막에 손을 들고, 재판장의 허락 아래 직접 증인을 심문하기도 했다. 법정에서 유일하게 졸지 않은 사람이 김세윤 재판장과 최서원 피고인 둘뿐이다.

최서원의 정신력에 대해 이경재 변호사는 "1년 동안 갇혀 있으면서 매일 조사를 받거나 재판에 출석하게 되면, 미치는 게 당연한데 최서원은 정신력 하나로 버티고 있다"며 혀를 내둘렀다. 그런 여성이 법정에서 통곡하며 무너졌다.

대통령과 최서원은 피고인석에 나란히 앉지만, 그 중간에 대통령 변호인인 유영하 변호사와 최서원의 변호인인 이경재 변호사가 앉기 때문에 말을 하거나 메모를 주고받는 식의 의사소통은 불가능하다. 대통령은 4개월 동안 함께 재판받으면서 최서원에게 눈길 한 번 주지 않았다. 그런 대통령이 처음으로 최서원 쪽을 쳐다보았다. 표정은 무덤덤했다. 곧바로 시선을 거둔 대통령은 책상 위에 놓인 안경집을 만지작거렸다.

휴정하고 20분 후에 법정에 다시 들어온 최서원은 울음을 그친 상태였다. 하지만 감정을 다 추스르지 못했는지 멍한 상태로 앉았다. 최서원 변호인 측은 울게 된 사연을 이렇게 밝혔다.

"오전 재판에서 공개된 딸 정유라의 법정 녹취록이 최서원에 대한 유죄 증거로 제출되고, 검찰에 협조한 정유라 행위를 문제

삼은 변호인들이 일괄 사퇴 선언을 하자, 딸의 안위가 걱정되다 보니 감정이 격해진 것 같다."

나는 나와 부산고 동기인 오태희 변호사에게 최서원이 통곡한 진짜 사연을 물어보았다. 거기에는 대통령의 따뜻한 마음이 들어 있었다. 오태희 변호사는 최서원과 정유라의 전담 변호인이다.

"대통령과 최서원은 법정 밖에서도 절대 가까이 가지를 못한다. 공범 관계이기 때문이다. 법원 유치시설에서 잠시 대기할 때도 교도관들의 감시 속에 멀리 떨어져 앉는다. 그런데 이날 점심시간에 묘하게도 대통령과 최서원이 이동 중에 스쳐 지나가게 되었다. 수갑을 찬 최서원이 평소처럼 고개를 숙이고 지나가는데, 대통령이 자기 팔로 최서원의 팔 부위를 가볍게 또닥이듯이 건드리며 스쳐 지나갔다고 한다.

자기 때문에 탄핵당하고 구속당한 대통령이므로 자신을 외면하고 원망할 줄 알았기에 감히 쳐다보지도 못했는데, 짧은 순간이었지만 그렇게 따뜻하게 대해주니까 울컥했다고 한다. 법정에 들어와 대통령 옆에 앉으니까 자기도 모르게 감정이 북받쳐 올라 하염없이 눈물이 나오더라는 것이다.

정유라에 대한 걱정 때문이 아니다. 대통령과 최서원이 법정 이동 중에 스쳐 지나간 사실이 공개되면, 호송 교도관들이 문책당할 것을 우려해 정유라 핑계를 댔을 뿐이다."

누구도
원망하지 않은 대통령

잠깐 스쳐지나가면서 최서원을 따뜻하게 대해준 이 모습이 대통령의 인간적인 면모다. 대통령은 재판 과정에서 그 누구도 원망하지 않았다. CJ그룹 회장 손경식과 한화그룹 회장 김승연은 2015년 7월 24일에 있었던 대통령 단독면담과 관련하여, 검찰 수사에서 대통령에게 불리한 진술을 했다. 이럴 경우, 이들을 법정에 증인으로 소환해 진위 여부를 확인하는 게 증인 심문이다.

하지만 대기업 회장의 법정 출석은 쉬운 일이 아니다. 대통령은 자기에게 불리하다는 사실을 알면서도 이들의 검찰 진술에 동의하고, 증인 채택을 하지 않도록 했다. 모든 것을 본인이 감내했다. 대통령은 최서원이 "꺼이꺼이"하며 울게 된 사연을 짐작하고 있었지만 티를 내지 않았다.

재판에 임하는 대통령의 자세는 항상 곧았다. 법정에 들어서는 순간부터 허리를 꼿꼿이 편 자세로 정면을 응시하며 피고인석까지 담담하게 걸어간 다음, 자리에 앉기 전에 재판부를 향해 가볍게 고개 숙여 예를 표했다. 그러면 재판부도 고개 숙여 화답했다.

대통령은 피고인석에 앉으면 맞은편에 위치한 공판관여 검사석을 쳐다보거나 안경집에서 안경을 꺼내 기록을 검토하고 필요한 부분을 메모지에 적었다. 오른쪽의 판사석이나 왼쪽의 최서원은 거의 쳐다보지 않았다. 방청석을 향해서도 눈길 한 번 준 적이 없다. 가끔 고개를 뒤로 젖히고 졸음을 쫓는 모습을 보인 적은 있지만, 재판 내내 곧은 자세를 유지했다. 법정에서 퇴정할 때도 입정할 때와 똑같이 행동했다.

최서원이 법정 밖에서도 대성통곡한 적이 있다고 한다. 2017년 3월 10일, 헌법재판소가 대통령을 탄핵했을 때다. 이날 오전 10시에 시작된 최서원 재판에 최서원의 조카 장시호와 전 문체부 2차관 김종이 검찰 측 증인으로 출석했는데, 장시호에 의하면, "오전 재판이 끝나고 검찰 내 구치감에서 대기할 때, 대통령이 탄핵된 걸 알고 이모가 목 놓아 울었다"는 것이다.

최서원의 변호인 권영광 변호사에게 확인해보았다. "오전 재판이 끝나갈 무렵, 헌법재판소가 대통령 탄핵을 결정했다는 소식을 접하고, 옆에 앉은 최서원에게 필담(筆談)으로 알려주었다. 아무 말 없이 연신 물만 들이켰다. 법정 안에서는 표정 변화가 거의 없었다"고 말했다. 기자들과 방청객을 의식해 눈물을 보이지 않았던 최서원이었지만, 자기만 홀로 있는 공간에서는 마음 놓고 울었던 모양이다.

"대통령님, 힘내세요"

2017년 9월 15일 금요일. 대통령 재판이 시작되고 5개월쯤 지났다. 대통령을 사랑하는 애국 국민들도 지친 모양이다. 법원 주변이 한산했다. 대통령 재판이 열리는 417호 대법정에 들어가려면, 2층 검색대 앞에 줄을 서서 기다려야 하는데 오늘은 대기하는 사람이 별로 없다.

나도 지친 모양인지, 1층에서 2층 사이의 27개 계단과 3층과 4층 사이의 56개 계단을 올라가는 도중에 두 번이나 걸음을 멈춰야 했다. 나도 모르게 입에서 단내가 나왔다.

재판이 시작되고 대통령이 법정에 들어서자, 방청석 여기저기서 "대통령님 힘내세요. 우리가 있습니다"하는 소리가 터져 나왔다. 재판이 열릴 때마다 항상 있는 일이어서 재판장은 제지하지 않앉다. 대통령은 평소처럼 방청석은 쳐다보지 않고 피고인석에 가만히 앉았다.

오늘 재판은 증인심문이 아니고 서증조사였다. 20만 쪽에 이르는 방대한 기록 속에 파묻혀 있는 증거를 찾아내어 법정에서 공개하는 게 서증조사다. 형사재판은 증거에 근거하여 유·무죄를 판단한다. 증거가 될 수 있느냐, 될 수 없느냐 하는 결정권은 오로지 재판부에게 있다.

그동안 대통령에게 불리하게 작용했던 안종범의 업무수첩에 근거한 진술과 김종의 흐릿한 기억에 의존한 진술들이 이날 재판에서 대통령 변호인단과 최서원 변호인단이 제시한 각종 증거들에 의해 그 신빙성이 탄핵됐다.

대통령이 이재용 삼성전자 부회장을 단독 면담하는 자리에서 "삼성이 대한승마협회를 맡아 달라"고 요청한 것은 사실이다. 이 때문에 한화그룹이 맡고 있던 대한승마협회를 삼성이 책임지게 되었다.

문제는 이 자리에서 대통령이 이재용 부회장에게 정유라의 승마지원을 콕 찍어서 부탁했느냐의 여부다. 이에 대해 박원오는 특검 조사에서 "대통령이 이재용에게 그런 식으로 요청했다"고 진술했다.

그러나 최서원의 변호인 오태희 변호사는 이재용 부회장을 비롯하여, 최지성(삼성그룹 미래전략실 실장), 장충기(미래전략실 차장), 박상진(삼성전자 사장 겸 대한승마협회 회장), 황성수(삼성전자 전무 겸 대한승마협회 전무), 김종찬(박원오 후임의 대한승마협회 전무)의 검찰 진술조서와 법정 증언 등을 검토한 결과를 근거로 박원오 진술이 허위라고 탄핵했다.

오태희 변호사가 이런 사실을 뒤늦게 제기한 것은 확인하는데 시간이 걸렸기 때문이다. 사연이 있다. 대통령과 이재용 부회장은 같은 뇌물죄로 기소됐다. 특검 논리라면 대통령은 뇌물을 받은 사람이고 이재용 부회장은 뇌물을 준 사람이다. 실체가 동일한 사건이기 때문에 한 재판부에서 재판해야 전체적인 진실을 파악할 수 있다.

그런데 묘하게도 두 사건은 분리 기소됐다. 이렇게 되면서 대통령 측은 이재용 부회장 측 수사기록이나 재판진행 상황을 확인할 수 없고, 이재용 부회장 측도 사정은 마찬가지다. 이럴 경우, 변호인들은 담당재판부에「문서송부 촉탁」신청을 하고, 그 신청이 받아들여져야 비로소 수사기록을 입수할 수 있다. 그런 절차를 밟아야 하는 탓에 관련자들의 전체적인 진술내용을 파악하는데 시간이 걸렸다.

김종,
박원오의 특검 진술 탄핵

최서원의 변호인(이경재·오태희·최광휴·권영광 변호사 등 4명) 측은 이런 복잡한 절차를 거쳐 이재용 부회장 사건과 관련된 기록 일체를 입수했다.

이날 재판에서 오태희·권영광 두 변호사는 김종과 박원오의 특검 진술 중에서 사실이 아닌 부분을 제기하고 탄핵했다.

첫째, 오태희 변호사는 "황성수 삼성전자 전무는 법정 증언에서 대통령이 이재용 부회장에게 승마협회를 맡아달라고 하면서 당부한 말은, 올림픽을 준비해 달라는 것이라고 진술했다"는 사실을 공개했다. 황성수는 이런 사실을 특검에서 이미 진술했으나, 특검이 황성수 진술을 배척하고 있다는 사실도 공개됐다.

이런 내용은 대통령 사건 재판부로서는 알 수가 없다. 이재용 부회장 사건 기록을 갖고 있지 않기 때문이다. 최지성 실장이나 장충기 차장 등 이재용 부회장 사건 관련자들은 대통령 사건 재판에 증인으로 출석한 적은 있으나, 진술을 거부했다. 혹시라도 자기들 재판에 영향을 줄까봐 우려했기 때문이다.

둘째, 오태희 변호사는 "황성수 증언에 의하면, 살시도라는 말의 소유권과 관련해 최서원이 박원오에게 화를 낸 이유는 정유라가 삼성 소유의 말을 탔다는 사실이 알려지면 오해받을 소지가 있어서 걱정해서 한 말인데, 박원오는 특검 조사에서 다르게 진술했다. '대통령이 이재용에게 말을 사주라고 했지, 빌려주라고 한 게 아니다'라고 최서원이 말했다는 것은 박원오가 꾸며낸 진술이라는 사실이 황성수 증언을 통해 확인됐다"고 주장했다.

셋째, 오태희 변호사는 삼성전자 미래전략실 차장 장충기의 증언을 근거로 "대통령이 에티오피아 순방 때 헤드테이블에 앉은 박상진 삼성전자 사장에게 고맙다고 인사했다는 SBS 보도 내용도 박원오가 지어낸 얘기인 것으로 확인되었고, 대한승마협회 전무 황성수의 증언은 박원오 진술과 일치하지 않은 점이 많다"고 주장했다.

넷째, 김종의 진술 부분이다. 김종은 특검 조사에서 "2015년 1월 8일 오전 11시경, 청와대에서 당시 문체부장관 김종덕과 함께 대통령을 처음 독대했다. 이 자리에서 대통령으로부터 '정유라의 승마를 지원해 주라'는 지시를 받았다. 이날 점심을 서울 플라자호텔에서 임대기 삼성전자 사장과 박상진 대한승마협회 회장과 같이 먹었는데, 이 자리에서 대통령의 지시를 알려주었다"고 진술했다.

그런데 검찰이 김종과 함께 대통령을 만난 김종덕 장관의 업무수첩을 확인해보니, 대통령 지시사항은 적혀있는데, 정유라를 지원해 주라는 부분은 기재돼 있지 않았다. 이 부분이 쟁점이 되자, 김종덕은 법정 증언에서 "대통령으로부터 그런 지시를 받았는지 안 받았는지 기억나지 않는다"고 애매하게 진술했다.

정유라를 지원해 주라는 대통령 지시와 관련된 김종의 진술은 주장만 있지 업무수첩 같은 물증이 없다. 차관급 공무원이 청와대에서 대통령과 독대하는 자리에 수첩을 가지고 가지 않았다는 것이다. 김종은 나중에 "업무수첩을 갖고 가지 않아, 대통령의 지시사항을 A4 용지에 노란색 형광펜으로 받아 적었는데, 그 종이를 택시 속에서 분실했다"며 진술을 번복했다.

권영광 변호사는 이런 사실들을 공개하고, "임대기 삼성전자 사장의 법인카드 사용내역을 확인했더니, 김종이 주장한 2015년 1월 8일에는 서울 플라자호텔에서 점심을 먹은 기록이 없다"며 김종 진술이 사실이 아님을 간접적으로 입증했다.

"세계승마협회 홈페이지에 진실이 있다"

권영광 변호사는 "김종은 법정 증언을 하기 전에 특검 사무실에 들렀다는 사실이 확인되었다"며, 따라서 김종의 법정 증언은 특검과 사전에 말을 맞춘 것이어서 신뢰성이 없다고 탄핵했다.

권영광 변호사는 "결혼식도 올리지 않은 정유라가 출산한 날이 2015년 5월 8일이다. 이 사실이 창피스러웠기 때문에 최서원은 정유라가 타고 다닌 말 4마리를 몽땅 배에 싣고 독일로 갔다. 그런 상황에서 최서원이 어떻게 대통령에게 정유라에 대한 승마지원을 부탁할 수 있겠느냐"며 「합리적 의심」을 제기하고, 재판부가 상식선에서 판단해 달라고 요청했다.

미승빌딩에 살던 정유라를 새벽에 호텔로 유인한 뒤, 법정에 증인으로 세운 특검의 「보쌈 증언」 위법성도 이날 재판에서 거론됐다. 이와 함께 이재용 부회장 재판에 증인으로 출석한 정유라의 법정 녹취록이 공개됐다. 대부분의 언론은 정유라의 법정 증언이 최서원에게 불리한 내용이라고 보도했지만, 정유라는 자기가 아는 사실들을 진술했기 때문에 최서원의 기존 진술과 거의 다르지 않다는 점이 법정 녹취록을 통해 확인됐다. 오히려 최서원의 진술에 일관성이 있다는 사실을 입증하는 역할을 했다.

서증조사가 끝나갈 무렵, 최서원이 피고인석에서 마이크를 잡았다. 최서원은 재판장에게 "말 구입과 관련해 알고 있는 내용들을 말할 기회를 달라"고 요청했다. 재판장이 허락했다.

"살시도는 박원오 소개로 하셀만에게서 샀습니다. 저는 살시도 구입 때는 관여하지 않았고, 나중에 박원오가 말 값을 부풀려서 이권을 챙겼다는 사실을 알고 박원오를 멀리하게 되었습니다. 세계승마협회(FEI) 홈페이지에 들어가면 말 이름과 말 값, 구매자 등이 다 나옵니다. 특검 검사들이 박원오 말만 믿지 말고, 세계승마협회 홈페이지를 검색하면 다 확인할 수 있습니다."

나는 김세윤 재판장이 최서원의 주장을 열심히 기록하는 모습을 보았다. 재판은 오후 6시15분에 끝났다. 대통령이 퇴장하려 하자, 법정에서는 "대통령님, 힘내세요. 사랑합니다", "당신은 대한민국의 희망입니다" "재판장님, 잘 부탁드립니다", "최서원씨 힘내세요"하는 소리가 울려 퍼졌다.

김재수 장관 등
재판 방청

    2주 후면 겨레의 명절 추석이다. 2017년 추석은 9월 30일부터 10월 9일까지 장장 10일 간이다. 수용자들에게 있어서 명절은 몹시 힘들고 견디기 어려운 고역(苦役)의 시간이다. 10일 동안 감방에 갇혀, 낮에는 법무부 교정본부에서 틀어주는 TV를 보거나 벽만 쳐다보며 앉은뱅이처럼 지내야 한다.

    법무부 교정본부에 확인해보니, 추석 연휴 기간에는 오전 9시부터 오후 9시까지 TV시청이 가능했다. 면회는 가족에 한해 세 차례 허용되었는데 면회시간은 10분이었다. 변호사 접견은 불허됐고, 운동시간은 연휴 기간 중 두 번 주어진다고 했다. 추석 당일의 아침식사는 모닝 빵과 수프, 양배추 샐러드와 멸균 우유였고, 점심시간에 삶은 옥수수와 맛 밤이 추석 특식으로 제공됐다고 한다.

대통령이 구속된 날은 2017년 3월 31일인데, 검찰이 법원에 「공소 제기」한 날은 그보다 보름쯤 후인 4월 17일이다. 공소 제기는 검사가 법원에 정식재판을 청구하는 것으로, 법원은 범죄혐의를 일목요연하게 정리한 공소장을 근거로 재판하고 판단한다.

그렇다고 법원이 재판을 무한정 끌 수는 없다. 헌법 제27조 3항에는 「모든 국민은 신속한 재판을 받을 권리를 가진다. 형사피고인은 상당한 이유가 없는 한 지체 없이 공개재판을 받을 권리를 가진다」고 규정돼 있다. 형사소송법 제92조(구속기간과 갱신)에는 구속된 피고인에 대한 구속기간의 갱신에 제한을 두고 있고, 법원의 구속기간은 공소 제기 일부터 시작된다.

법원이 1심 단계에서 대통령을 구속할 수 있는 시한은 공소가 제기된 4월 17일부터 6개월 후인 10월 16일 자정까지다. 그때까지 재판이 끝나지 않으면 구속영장의 효력이 상실돼 대통령은 아무 조건 없이 석방된다. 대통령이 3월 31일부터 4월 16일까지 서울구치소에 「구금」돼 있던 기간은, 형이 확정되고 나서 정산 처리한다.

이런 점에서 2017년 10월 10일, 화요일에 열린 재판은 매우 중요했다. 박근혜 정부에서 마지막까지 대통령을 보좌한 국무위원과 청와대 비서진 중 상당수가 이날 법정에 나왔다. 한광옥(비서실장), 김재수(농림부 장관), 허원재(정무수석), 조대환(민정수석), 배성례(홍보수석), 천영식(홍보기획비서관) 등의 모습이 보였다.

구속영장 남발
가능성 지적

　김세윤 재판장은 이날 오후 3시10분부터 추가 구속영장 발부에 대한 청문(聽聞)을 시작했다. 먼저, 재판장이 발언했다.
　"심리할 내용이 방대하다. 1주일에 네 번씩 쉬지 않고 재판했다. 심리하는데 많은 시간이 걸렸다. 한 인간의 인신을 구속하는 형사재판은 헌법재판소의 탄핵심판과는 재판 절차가 다르다. 검찰이 제출한 기록이 10만 쪽이 넘고, 검찰이 신청한 증인이 300명이 넘는다. 앞으로 증인을 줄여 나가야 심리 기간이 단축될 수 있다. 검찰과 변호인이 협조해 달라."
　노골적으로 언급하지는 않았지만 심리지연의 책임이 검찰에 있다는 점을 재판장이 암시했다. 재판장은 이어 도태우 변호사가 이날 제출한 의견서에 대해 언급했다. 도태우 변호사는 대법원 판례를 찾아내, 추가 영장발부는 위법하므로 검찰의 요청을 받아들여서는 안 된다는 취지의 의견서를 제출했다.

문제의 판례는 대법원이 1986년 12월 9일에 선고한 사건이다(사건번호·86도1875 판결). 이준승 대법관이 주심 재판관이고, 오성환·이병후·윤관 대법관이 관여했다. 도태우 변호사가 의견서에서 주장한 취지는 이렇다.

「검찰은 피고인에 대하여 구속영장 청구서에 기재하지 않은 일부 공소사실을 근거로 구속기간 연장을 요청하였습니다. 하나의 공소장에 기재된 공소사실 중, 구속영장이 발부된 부분과 발부되지 않은 부분이 나뉘어져 있을 때, 발부되지 않은 나머지 부분을 근거로 한 구속기간 연장이 적법한지가 문제가 된다고 하겠습니다.

대법원 판례에 의하면, "수개의 범죄사실로 공소 제기된 피고인이 그 중 일부의 범죄사실만으로 구속영장이 발부되어 구금되어 있었고, 법원이 그 수개의 범죄사실을 병합 심리한 끝에 피고인에게 구속영장이 발부된 일부 범죄사실에 관한 죄의 형과 나머지 범죄사실에 관한 죄의 형으로 나누어 2개의 형을 선고할 경우, 위와 같은 경우에는 일부 범죄사실에 의한 구금의 효과는 피고인의 신병에 관한 한 나머지 범죄사실에도 미친다는 것"입니다. 그러므로 추가 구속영장발부는 위법이라는 것이 대법원의 판례입니다.」

도태우 변호사의 의견서 취지는 "법원이 이런 방식으로 구속영장을 발부하여 구속기간을 연장하게 되면, 수사기관이 자의로 구속영장 청구 시, 숨겨놓은 범죄사실을 이용한 별건(別件) 구속영장이 남발돼, 형사소송법이 정한 구속기간은 사실상 무의미하게 되는 결과를 초래한다"는 것으로 매우 설득력이 있었다.

굶주린 사자 속에
던져진 대통령

김세윤 재판장은 검찰 측에 구속의 필요성과 관련된 의견을 개진하라고 요청했다. 공판관여 검사가 일어나 "피고인은 검찰과 특검, 헌법재판소 법정에 출석하지 않았다. 이 재판에도 건강을 이유로 3회 불출석했다. 향후 재판에 불출석할 가능성이 높고 증거인멸 우려가 있다"고 말했다.

이에 유영하 변호사는 "특검과 검찰 주장대로 차고 넘친다는 증거가 있지 않느냐. 증거인멸은 있을 수도 없고 도주우려도 없다"고 반박했다. 유영하 변호사는 열변을 토했다.

"대통령은 굶주린 사자가 우글대는 콜로세움 경기장에 홀로 남겨져 피를 흘리며 군중에 둘러싸여 있다고 해도 과언이 아니다. 광장의 순간적인 분노가 인민재판을 초래한다는 것은 역사가 증명하고 있다. 이 법정이야말로 광장의 광기(狂氣)를 막아낼 마지막 장소다.

재판이 정권교체나 사회 분위기, 언론 보도에 영향을 받아서는 안 된다. 대통령은 생명보다 소중한 명예와 삶 모두를 잃었고, 탄핵으로 이미 정치적 사형 선고를 받은 만큼 추가 구속영장을 발부해달라는 검찰 요청을 기각해 달라."

유영하 변호사는 끝내 눈물을 보였다. 재판장은 정면을 쳐다보며 유영하 변호사 발언을 경청했다.

재판장은 "증거인멸과 도주의 우려가 영장발부의 기준이 될 것"이라는 원론적 답변을 한 뒤, "재판부가 이번 주 안에 합의해서 추가 영장발부 여부를 결론내리겠다"고 말했다.

재판장이 대통령을 쳐다보며 "할 말이 있느냐"고 물었다. 대통령은 고개를 가로저으며 할 말이 없다고 표시했다. 추가 구속영장 발부에 대한 청문은 오후 3시45분에 종결됐다.

다음날인 수요일은 원래 재판이 없는 날이다. 목요일 증인 심문은 검찰과 변호인의 합의 아래 취소되었다. 그러므로 이틀을 쉬고, 금요일인 10월 13일이 대통령 석방 여부가 판가름 나는 운명의 날이 되었다.

13일의 금요일은
역시 불길한 날

2017년 10월 13일은 금요일이었다. 이날 재판은 예정대로 오전 10시에 열렸다. 오전 증인은 박민권 전 문체부 1차관이다. 그는 문체부가 좌파 성향의 문화예술계 종사자들에게 예산지원을 배제한, 이른바 「블랙리스트 사건」의 증인이다. 증인 박민권에 대한 신문은 점심시간을 건너뛰고 낮 1시2분에 끝났다.

재판부는 오후 4시로 예정된 홍남기 증인의 증인 심문이 취소되었음을 고지했다. 박근혜 정부에서 국무총리 조정실장을 했던 홍남기는 청와대 캐비닛 안에서 무더기로 발견된 문건들의 입수 과정과 그 문건의 성격에 대해 증언할 증인이다. 그러나 재판부 입장에서는 추가 영장발부 건으로 오후 재판을 진행하기 힘들었다.

10월 14일과 15일은 법원이 쉬는 토요일, 일요일이고, 월요일인 10월 16일 자정이면 대통령 구속영장은 효력을 상실한다. 따라서 법원이 오늘 안에 구속영장 발부에 대한 결론을 내리지 않으면 대통령은 석방이다. 대통령 변호인단은 물론이고, 전 언론이 재판부 결정을 숨죽이고 기다렸다.

오후 5시5분경 언론에 속보(速報)가 떴다. 김세윤 재판장이 "증거인멸의 우려가 있어 구속의 사유와 필요성, 상당성이 인정된다"며 대통령에게 추가로 구속영장을 발부했다는 기사다.

나는 대통령의 변호인인 채명성 변호사에게 추가 영장발부 사실을 언제 통보받았는지를 물어보았다. 채명성 변호사 대답을 들으니 기가 막혔다.

"우리 변호인단은 오전 재판이 끝난 직후부터 법원에서 전화 오기만을 기다리고 있었다. 피를 말리는 긴장된 시간이었다. 그런데 느닷없이 언론에 영장발부 기사가 떴다는 연락이 왔다. 우리는 깜짝 놀랐다. 법원이 대통령 변호인단을 제치고 외부에 먼저 공개했기 때문이다. 속보를 확인하고 1~2분쯤 지나자 서울중앙지법 형사22부 소속 법원 공무원으로부터 영장발부 사실을 전화로 통보받았다." 마침내 법원마저도 언론을 통한 여론몰이의 한 가운데에 섰음을 나는 감지했다.

변호사가 지켜본
대통령의 인간미

채명성 변호사는 7명으로 구성된 대통령 변호인단의 일원이다. 그는 서울대 법대를 졸업하고 법무부와 검찰에서 3년가량 공익법무관 생활을 한 뒤, 2010년에 법무법인 「화우」의 변호사가 됐다. 화우는 국내 10대 로펌 중 하나로 꼽힌다.

채명성 변호사는 그런 로펌에서 잘 나가는 변호사였다. 그는 든든한 직장을 버리고 2016년 탄핵정국 때, 대통령 변호인단에 합류했다. 그의 나이 서른여덟이었다. 나는 그 이유가 궁금했다. 채명성 변호사의 대답은 간단명료했다.

"우리 대한민국을 잘살게 하고, 대한민국 국민들을 가난과 굶주림에서 해방시켜준 분이 박정희 대통령입니다. 대한민국의 도움이 있었기에 성공할 수 있었던 제가 국가적 위기를 외면하는 것은 사람의 도리가 아닙니다."

30대 젊은이가 이렇게 당당하게 말하니 내가 머쓱해졌다. 당시 그는 대한변호사협회 법제이사를 맡고 있었고, 「한반도 인권과 통일을 위한 변호사모임」(약칭·한변) 창립에 주도적 역할을 했다. 채명성 변호사는 한변에서 사무총장과 공동대표를 역임했다.

채명성 변호사는 대통령 변호인단에 합류하기로 결심한 후, 굉장히 시달렸다고 했다.

"로펌에 이야기했더니 절대 가지 말라고 했다. 변협도 마찬가지였다. 주위에서는 모두가 '왜 침몰하는 배에 타려하느냐'고 펄쩍 뛰었다. 욕 많이 먹었다. 전화나 SNS로 비난도 쏟아졌다. '나이도 어린 게 싹수가 노랗다'라고 하지 않나, '돈 얼마나 받아먹었느냐'는 말도 있었다. '모교 망신 다 시킨다'는 소리도 들었다. 온 세상이 나를 향해 달려드는 것 같았다.

기자들의 전화도 쉴 새 없이 이어졌다. 처음엔 외부와 연락을 끊고 사무실도 없이 혼자서 서류에 파묻혀 지냈다. 당시 촛불집회 등으로 두렵기도 했다. 집사람은 테러 걱정까지 했다. 아이들 유치원과 학교에는 얼굴도 내밀지 말라고 신신당부했다. 하지만 대통령을 일방적으로 매도하는 분위기가 부당하다고 생각했고, 양심에도 걸렸다."

변호인으로서 지켜본 대통령의 인간미에 대해 채명성 변호사는 이렇게 평했다.

"말씀도 잘 하시고 글도 잘 쓰시는 분이다. 탄핵 때 처음 청와대 들어가 대통령께서 말씀하시는 걸 보고 정말 놀랐다. 탄핵 대리인단들을 앞혀놓고 본인의 생각과 법리적으로 궁금한 것들을 쭉 말씀하시는데 논리 정연했다. 자존심이 강하고 차분한 분이셨다. 배려심도 많았다. 누구에게 하대(下待)하는 모습을 보지 못했다. 형사재판 내내, 재판 시작과 끝에는 항상 변호인들에게 먼저 인사를 건네셨다.

다만 낯을 가리시는 것 같았다. 처음엔 가까이 가기가 어려웠다. 변호인들도 안면트기가 힘들었다. 그러나 일단 안면이 트이면 먼저 인사하고, 말 붙이고 농담도 하신다. 조금만 친해지면 잘 해주고 상냥하시다. 6개월이 넘는 구속기간 중에 변호인을 제외하고는 누구와도 면회하지 않았다. 가족과 정치인, 지지자들의 면회 신청이 쌓여 있었지만, 수의(囚衣) 입은 자신의 모습을 보여주지 않으려 하신 것 같다."

"대통령을
이렇게까지 엮을 수는 없다"

채명성 변호사는 대통령의 업적에 대해서는 이렇게 말했다.

"나는 북한 인권과 통일문제에 관심이 많았고 관련 활동도 나름대로 열심히 했다. 대통령께서는 다른 건 몰라도 이 분야는 진정성 있게 잘 한다고 생각해 왔다. 북한인권법 통과에 대통령이 음으로 양으로 힘을 많이 쓴 걸로 알고 있다. 탈북자 문제에도 각별한 관심을 갖고 있다는 걸 많이 보고 들었다.

이런 부분까지 통째로 도매금으로 넘어가는 건 막아야하지 않겠냐고 생각했다. 제일 극복하기 어려운 문제가 최서원의 꼭두각시라는 프레임이었다. 최서원 사건이 터지면서 대통령에 대한 언론의 폄훼가 너무 심했다. 마치 아무것도 못하는 사람처럼 만들어 놓았다. 나아가 최서원이 받은 돈은, 곧 대통령이 받은 것이라고 연결지었다. 처음엔 언론이 이런 프레임을 만들었고, 검찰과 헌법재판소가 따라가고 지금은 법원도 따라가고 있다고 생각한다.

이게 말이 되지 않는다. 한 푼도 받지 않은 대통령을 이렇게까지 엮을 수는 없다. 대통령은 결벽증적일 정도로 돈 문제에 철저한 분인데, 이런 일에 휘말린 것 자체가 아이러니하게 느껴진다. 시간이 지나면 세상이 진실을 볼 수 있을 것이라 믿는다."

채명성 변호사는 1주일에 네 차례씩 진행된 강행군 재판에 대해 불만이 많았다.

"변호인이 7명이었다. 처음에는 전원이 재판에 나가는 걸 원칙으로 했지만 주(週) 4일 재판으로 불가능해졌다. 모두 재판정에 나가면 다음 재판을 준비할 수 없었다. 검찰은 이미 조사해놓은 걸 법정에 드러내는 수준이지만, 변호인은 검찰의 조사 내용을 일일이 따지고 반박해야 하므로 증인마다 일정 정도의 시간은 반드시 필요한데, 그 시간을 제대로 확보할 수 없었다.

하는 수없이 두세 명씩 조를 짜서 재판에 임했다. 오늘 재판을 봐야 다음 재판을 제대로 준비할 수 있는데 그걸 포기했다. 오늘 재판은 세 명이 나가고, 나머지는 사무실에서 내일 재판을 준비하고, 법정에서 나온 중요한 사항은 다음 재판 팀에 전달만 해주는 식으로 대처했다.

주 4일 재판은 진짜 힘들었다. 잠도 제대로 못 잤다. 맨날 새

벽까지 일하고 주말에도 쉬어본 적이 없다. 탄핵 때는 헌법재판소에서 7인 재판부가 결정을 내리게 될 것을 우려해서 몰아쳤는데, 형사재판에서는 할 것이 많다고 또 몰아쳤다. 이래서야 실체적 진실을 제대로 밝힐 수 없다.

주 4회 재판을 진행하다 보니 대통령도 체력이 너무 떨어져 힘들어했다. 재판 초기에는 그래도 잘 버텼는데 7월을 넘어가면서 너무 힘들어하셔서 많이 안타까웠다. 추가 영장이 발부된 걸 보고, 이번 재판은 이미 방향이 정해져 있다고 판단할 수밖에 없다. 그 전날 청와대에서 세월호 문건을 발표했는데, 의도적인 것 같다. 이런 상황에서 재판에 연연하는 것 자체가 의미가 없다고 생각한다."

SK그룹 89억 뇌물요구 사건의 진실

　김세윤 재판장이 추가 구속영장 발부사유로 꼽은 게 「SK그룹 89억 뇌물요구」 사건이다. 이 사건은 탄핵정국 당시에 이미 대부분의 언론에 보도됐다. 대통령 사건 수사기록에도 SK그룹 뇌물요구 사건과 관련해, 안종범·정현식(K스포츠재단 사무총장)·노승일·박헌영의 검찰 조서와 고영태 진술조서 등이 첨부돼 있다. 검찰에서 석 달, 특검에서 석 달 등 모두 6개월에 걸쳐 관련자들에 대한 수사는 사실상 끝났다.

　이영렬 당시 서울중앙지검장은 수사결과를 발표하는 자리 (2017. 4. 17.)에서 SK그룹 뇌물요구 사건을 대통령 범죄혐의 가운데 「순번 ⑪번」에 표시했고, 대통령 공소장에 이 사건을 포함시켰다.

그런 검찰이 막상 구속영장을 청구할 때는 이 사건만 쏙 빼버렸다. 대통령 1심 재판이 6개월 안에 끝나지 못할 것이라고 이미 예측한 검찰은 이 사건을 추가 구속영장 발부를 위한 「히든카드」로 남겨놓고 있었다. 이를 감지한 대통령 변호인단의 도태우 변호사가 대법원 판례를 근거로 위법성을 지적했다.

SK그룹 89억 뇌물요구 사건은 2016년 2월경 최태원 SK그룹 회장이 대통령과 단독 면담을 마치고 청와대를 떠날 때, 따라 나온 안종범에게서 서류봉투 하나를 받으면서 비롯됐다. 이 서류봉투는 대통령이 직접 준 것도 아니고, 대통령이 있는 자리에서 안종범으로부터 받은 것도 아니다. 이런 사실은 최태원 회장의 검찰 조서에 기록돼 있다.

최태원 회장은 이 서류봉투를 그룹 부회장 김영태에게 주었고, 김영태 부회장은 박영춘 전무에게 처리하라고 지시했다. 서류봉투 속에는 K스포츠재단 사무총장 정현식의 명함과 함께 더블루K 소개 자료, 더블루K에서 추진한다는 가이드러너 연구용역 제안서, 가이드러너 전문학교 설립 기획 문건, 펜싱·배드민턴·테니스 유망주들을 발굴해 해외에서 훈련시킨다는 문건들이 들어있었다.

박영춘 전무는 행정고시 출신으로 경제기획원 국제금융국과 금융감독위원회 구조개혁단 등에서 근무한 베테랑 공무원이다. 미국에서 시작된 금융위기가 전 세계를 강타하던 2009년에는 청와대에 설치된 비상경제상황실에서 금융구조조정팀장으로 활동했다. 그 후 SK그룹으로 옮겨, 공직생활을 기반으로 대관(對官) 업무를 담당했다.

박영춘 전무는 K스포츠재단에서 보낸 자금요청 자료가 매우 부실하다는 사실을 파악했다. 하지만 최태원 회장의 지시여서 정현식과 미팅 날짜를 잡았다. 정현식은 박헌영을 데리고 SK그룹 본사를 찾아왔다. 미팅이 시작되자, 정현식은 사무총장임에도 과장인 박헌영에게 설명을 떠넘겼다. 사업제안서 작성자가 박헌영이기 때문이다.

박헌영은 "가이드러너 사업 연구용역비 4억 원을 더블루K에 입금해 달라. 가이드러너 양성학교 설립비로 36억 원을 지원해 달라. 펜싱·배드민턴·테니스 등 3개 종목의 해외 전지 훈련비가 각각 100만 유로씩 들므로 총 300만 유로(우리 돈으로 약 40억)를 SK 해외법인에서 독일에 있는 비덱스포츠로 바로 송금해 달라"고 요구했다.

박영춘 전무는 "갖고 온 자료가 너무나 부실하고, 자금 지원을 받겠다는 주체가 불분명하다. 특히 해외 전지 훈련비를 SK 해외법인에서 독일 비덱사로 바로 송금하는 것은 불법이므로 협상 대상이 아니다"라고 거절한 뒤, "사업계획서를 보완해서 다시 오라"고 요구했다.

박영춘 전무의
지혜로운 처신

박영춘 전무는 김영태 부회장에게 미팅 결과를 설명했다. 김영태 부회장은 "더블루K와 비덱이 어떠한 회사인지 철저히 따져보고 뒤에 누가 있는지를 확인해 보라"고 지시했다. 박영춘 전무는 박헌영을 빼고 정현식과 둘이서 만났다.

청와대 근무경험이 있는 박영춘 전무가 "청와대 뜻이냐? 대통령 뜻이 맞느냐?"고 확인을 시도하자, 정현식은 즉답을 피해버렸다. 얼마 후, 정현식은 박영춘 전무에게 전화 걸어 "없었던 일로 하자"며 포기의사를 비쳤다. 이것이 SK그룹 89억 뇌물요구 사건의 실체다.

이에 대해 안종범은 검찰 조사에서 "대통령이 K스포츠재단 관련 자료를 SK그룹에 전달하라고 지시했고, 89억 자금지원이 중단된 것은 대통령이 내 건의에 따랐기 때문"이라고 진술했다. 반면, 대통령은 검찰 조사에서 "안종범에게 SK그룹에 자료를 주라든가, 자금지원을 중단하라는 지시를 내린 적이 없다"고 부인했다.

검찰 공소장에는 대통령이 최태원 회장에게 가이드러너 사업에 대한 지원을 요구했다고 되어 있고, 대부분의 언론에 이런 식의 내용이 보도되었다. 그러나 박헌영이 박영춘 전무에게 가장 큰 금액으로 요구한 것은 가이드러너 사업이 아니라, 펜싱·배드민턴·테니스 등 3개 종목의 해외 전지 훈련비 300만 유로다. 펜싱은 펜싱 선수 출신인 고영태의 주 종목이고, 배드민턴은 배드민턴 선수 출신인 노승일 전문 분야다.

나는 이 사건에 관련된 SK그룹 최태원 회장과 김영태 부회장, 그리고 이형희 SK텔레콤 부사장과 박영춘 전무의 검찰 조서와 법정 녹취록을 통해 사실관계를 확인했다. 박영춘 전무는 검찰에서 네 차례나 조사를 받았지만 진술에 일관성이 있었고, 법정에서의 증언도 흔들림이 없었다.

결론적으로 SK그룹 89억 뇌물요구 사건은 대통령과 전혀 무관하며, 박영춘 전무의 강직한 자세와 지혜로운 처신에 의해 미수에 그친 사건이다.

박헌영은 롯데그룹의 70억 뇌물사건에도 관여했다. 롯데그룹은 K스포츠재단의 자금요청에 따라 70억을 입금시켰다가, 입금

직후 바로 전액을 되돌려 받았다.

반환 이유에 대해 박헌영은 검찰 조사에서 "경기도 하남시에 위치한 대한체육회 소유 부지를 매수하려 했는데, 대한체육회가 국민생활체육회와의 통합작업 때문에 매각을 못한다고 했다. 연말까지 매각 협의가 어려워 급히 롯데그룹에 70억을 돌려주었다"고 진술했다.

이때 검사가 박헌영에게 "진술인은 대한체육회 부지 매입 문제를 누구와 협의했느냐"라고 물었다. 박헌영은 "담당자는 기억나지 않는다"고 대답했다. 박헌영이 작성한 사업기획안에 의하면, 대한체육회 부지는 평당 공시지가가 308만 원이고, K스포츠재단에서 확보하겠다는 부지는 1628평이다.

그렇다면 거의 50억 원이 드는 큰 사업인데, 담당자 박헌영은 50억짜리 거래를 대한체육회의 누구와 상의했는지 기억나지 않는다고 진술했다. 상식적으로 이해하기 어려운 대답이다. 하지만 검사는 박헌영을 더 이상 추궁하지 않았다. 대통령 사건은 대체적으로 이렇게 수사가 진행되었다.

"모든 책임은
저에게 묻고…"

전혀 관여하지 않은 사건을 이유로 법원이 추가 영장을 발부하자, 참고 참았던 대통령도 마침내 분노했다. 대통령은 추가 영장이 발부되고 난 다음, 처음 열린 재판에서 재판거부라는 「폭탄선언」을 했다.

2017년 10월 16일, 월요일 오전 10시5분, 417호 대법정에서다. 이날 자정이 지나면 추가 구속영장이 집행돼 대통령은 또다시 감방과 법정을 주 4회 오가는 혹독한 강행군을 감내해야 한다.

대통령은 이날 아래위 짙은 군청색 옷을 입고 법정에 출석했다. 잘 끼지 않던 안경도 끼고 입정했다. 재판장이 재판을 시작하려하자, 유영하 변호사가 손을 들고 일어났다. "피고인께서 하실 말씀이 있다고 합니다. 그 말씀을 듣고 나서 재판을 시작해 주시기

바랍니다."

대통령은 준비해온 메모를 보면서 읽기 시작했다.

"구속되어 주 4회씩 재판을 받은 지난 6개월은 참담하고 비참한 시간들이었습니다. 한 사람에 대한 믿음이 상상조차 하지 못한 배신으로 되돌아왔고, 이로 인해 저는 모든 명예와 삶을 잃었습니다.

무엇보다 저를 믿고 국가를 위해 헌신하시던 공직자들과 국가 경제를 위해 노력하시던 기업인들이 피고인으로 전락해 재판받는 걸 지켜보는 것은 참기 힘든 고통이었습니다. 하지만 염려해주시는 분들께 송구한 마음으로 공정한 재판을 통해 진실을 밝히고자 하는 마음으로 담담히 견뎌왔습니다.

사사로운 인연을 위해서 대통령 권한을 남용한 사실이 없다는 진실은 반드시 밝혀진다는 믿음과 법이 정한 절차를 지켜야 한다는 생각에 심신의 고통을 인내했습니다. 저는 롯데나 SK뿐 아니라 재임 기간 그 누구로부터도 부정한 청탁을 받거나 들어준 사실이 없습니다. 재판 과정에서도 해당 의혹은 사실이 아님이 충분히 밝혀졌다고 생각합니다.

오늘은 저에 대한 구속기한이 끝나는 날이었으나 재판부는 검찰의 요청을 받아들여 지난 13일 추가 구속영장을 발부하였습니다. 하지만 검찰이 6개월 동안 수사하고, 법원은 다시 6개월 동안 재판을 했는데 다시 구속수사가 필요하다는 결정을 저로서는 받아들이기 어려웠습니다. 변호인들은 물론 저 역시, 무력감을 느끼지 않을 수 없었습니다. 그리고 오늘 변호인단은 사임의 의사를 전해왔습니다.

이제 정치적 외풍과 여론의 압력에도 오직 헌법과 양심에 따른 재판을 할 것이라는 재판부에 대한 믿음이 더는 의미가 없다는 결론에 이르렀습니다. 향후 재판은 재판부의 뜻에 맡기겠습니다. 더 어렵고 힘든 과정을 겪어야 할지도 모르겠습니다. 하지만 포기하지 않겠습니다. 저를 믿고 지지해주시는 분들이 있고 언젠가는 반드시 진실이 밝혀질 것이라 믿기 때문입니다.

끝으로 법치의 이름을 빌린 정치보복은 저에게서 마침표가 찍어졌으면 합니다. 이 사건의 역사적 멍에와 책임은 제가 지고 가겠습니다. 모든 책임은 저에게 묻고 저로 인해 법정에 선 공직자와 기업인에겐 관용이 있길 바랍니다."

대통령의 발언은 오전 10시10분에 끝났다. 법정 안의 모두가 멘탈이 붕괴된 상태였다. 오직 기자석만 난리였다. 노트북을 두드리는 "타다다닥"소리가 법정을 진동했다. 유영하 변호사가 휴정을 요청했다.

김세윤 재판장은 "10시30분까지 휴정한다"고 고지했다. 대통령은 재판부나 방청석을 향해 눈길 한 번 보내지 않고 법정을 나갔다. 방청석에서는 "힘내세요. 건강하세요"하는 고함소리가 나왔다. 나는 대통령의 발언 강도가 이렇게 셀 줄은 몰랐다.

10시30분 정각에 개정됐다. 대통령이 다시 법정에 들어왔다. 대통령 변호인단은 전원 사임했기 때문에 유영하 변호사만 남았다. 유영하 변호사는 "추가 영장발부는 그 어떤 이유로도 합리화될 수 없다. 사법 역사상 가장 치욕의 날이라고 역사는 기록할 것이다. 살기(殺氣)가 가득한 이 법정에 피고인 홀로 두고 떠난다"며 법정을 나가려고 했다.

김세윤 재판장은 유영하 변호사에게 "자리에 앉아 달라"고 요청하며 입을 열었다. "영장 재발부에 외부 압력은 없었다. 변호인이 없으면 공판 자체를 진행할 수 없다. 그 피해는 피고인에게 고스란히 돌아간다. 변호인 사임 여부는 재고해 달라. 내일 재판은 하지 않겠다."

그 순간 방청석에서 한 여성이 일어나 "판사님, 저를 사형시켜 주십시오"하고 외쳤다. 한 남성은 "끝까지 투쟁하겠다"고 고함질렀다. "아이고"하는 곡소리를 내는 방청객도 있었다. 이를 시작으로 법정에 곡소리가 진동했다. 마치 장례식장에 온 느낌이었다. 대통령은 재판부를 향해 가볍게 목례한 뒤 법정을 떠났다. 그날 이후, 나는 법정에서 더 이상 대통령의 모습을 볼 수 없었다.

혼자서 판결문을 낭독하는 판사

대통령의 1심 선고일은 2018년 4월 6일 오후 2시10분이었다. 김세윤 재판장은 대통령 1심 선고를 생중계하겠다고 사전에 예고했다. 공중파나 종편의 카메라는 법정에 들이지 않는 대신에 법원 카메라 4대가 법정에서 촬영한 영상을 방송사에 송출하겠다는 것이다.

대통령은 생중계를 원치 않는다는 서면답변서를 재판부에 제출했다. 대통령의 거부에도 불구하고, 김세윤 재판장은 "공공의 이익을 고려하여 생중계하기로 결정했다"고 밝혔다.

공공의 이익보다 우선시 되어야 하는 것이 한 인간의 인권(人權)존중이다. 대통령 재판은 1심이 끝나도 2심과 3심이 남아있다. 형이 확정되지 않은 사건은 헌법 정신에 따라 무죄로 추정한다. 김세운 재판장의 생중계 결정에 한 법조인은 이렇게 비판했다.

"박근혜 대통령에 대한 1심 선고는 전 세계가 주목하는 뉴스다. 생중계 장면은 전 세계 언론을 통해 방영될 세기적인 뉴스다. 그런데 정작 주인공인 박근혜 대통령의 모습은 법정에서 보이지 않고, 혼자서 주문을 낭독하는 판사와 이를 경청하는 검사들의 모습만 비친다면, 대한민국은 법치주의 국가가 아닌 독재국가로 세계적인 웃음거리가 될 것이다. 대한민국의 국격(國格)을 위해서라도 1심 재판부의 생중계 결정은 당장 중지돼야 한다."

김세윤 재판장은 서울중앙지방법원 417호 법정에서 오후 2시 15분부터 오후 3시53분까지, 약 98분에 걸쳐 1심 판결 이유와 판결 주문을 낭독했다. 1심 판결문은 모두 607쪽이어서, 상당한 부분을 빼고 읽어나갔다. 1심 재판부는 대통령에게 징역 24년과 벌금 180억 원을 부가했다.

전경련(全經聯) 산하 18개 기업이 미르재단과 K스포츠재단에 출연한 774억 원과 관련해, 직권남용과 강요죄가 인정돼 유죄가 선고되었고, 삼성그룹이 미르재단에 출연한 125억 원과 K스포츠재단에 출연한 79억 원 등 합계 204억 원(제3자 뇌물수수)에 대해서는 무죄가 선고되었다.

재단 출연금은 뇌물이 아니라는 당초 검찰의 입장에 법원이 손을 들어주었다. 승마 지원과 관련된 뇌물수수액은 특검이 적용한 213억 원에서 77억9735만 원으로 줄었다. 직권남용죄와 강요죄가 동시에 적용된 사건의 경우, 직권남용은 대부분 무죄가 선고되었고, 강요죄 경우에는 일부 유죄가 선고됐다. 예컨대 하나은행 본부장 인사 개입사건은 직권남용죄에 대해서는 무죄, 강요죄만 유죄로 인정됐다.

법조인이
나를 돕기 시작하다

　박근혜 대통령의 항소심 첫 재판이 2018년 6월 22일 오전 10시, 서울고등법원 403호 법정에서 열렸다. 재판거부 선언을 한 대통령은 법정에 출석하지 않았다. 대신 3명의 국선 전담변호인이 출석했다. 권태섭·김효선·김지예 변호사다. 법정 안은 기자 5명에 방청객 7명이 전부여서 한산했다.

　그러나 재판 분위기는 의외로 뜨거웠다. 김문석 재판장이 공판관여 검사인 배문기 검사 질문에 아주 「의미 있는」 답변을 내놓았기 때문이다. 배문기 검사는 이렇게 물었다.

　"박근혜 피고인은 항소포기 의사를 밝혔다. 1심을 인정하고 항소를 하지 않았다. 때문에 국선 전담변호인들이 무죄를 주장하는 것은 잘못되었다고 생각한다. 이에 대한 재판부의 입장을 알고 싶다."

김문석 재판장은 그런 질문을 예상하고 있었다는 듯이 단호하게 말했다. "공범이 있을 경우에 공범에게 무죄가 선고되면, 피고인이 항소를 하지 않았더라도 재판부가 직권으로 원심을 파기할 수 있는 사유가 된다. 이것은 재판부의 의무사항이다."

대통령의 공범은 최서원 피고인이다. 최서원에게 무죄가 선고되면, 항소를 하지 않은 대통령에게도 직권으로 원심을 파기할 수 있다는 이야기고 그것도 재판부의 의무사항이라는 것이다. 대통령 사건과 최서원 사건은 병합해서 심리하지는 않지만 두 사건의 재판장은 모두 김문석 판사다.

나는 처음엔 형사소송법에 규정된 「직권탐지주의」 정도로 하찮게 여겼다. 법원이 직권으로 증거를 수집, 조사하여 원심을 파기할 수 있도록 하는 법적 장치가 직권 탐지주의인데, 강제규정이 아니고 임의규정이어서 기대를 하지 않았던 것이다.

그러나 그게 아니었다. 그 보다도 훨씬 폭발력이 강한 조항이 있었다. 이런 고급정보를 나에게 알려준 사람은 다소 특이한 경력의 변호사다. 그는 사법연수원 졸업 후, 검사로 임용돼 5년간 근무하고, 그 후 판사로 자리를 옮겨 14년을 재직한 다음에 변호사가 된 사람이다.

그는 나에게 「형사소송법 제364조의 2」를 읽어보라고 했다.

법조문을 찾아서 읽었지만 내 머리로는 쉽게 이해하기 어려웠다. 그래서 그 변호사에게 알기 쉽게 설명한 자료가 있으면 보내달라고 부탁했다. 그는 밤 11시가 넘은 시각인데도 이메일을 보내주었다.

형사소송법 제364조의 2는 「공동 피고인」을 위한 파기규정이다. 「피고인을 위하여 원심 판결을 파기하는 경우에, 파기의 이유가 항소한 공동 피고인에게 공통되는 때에는, 그 공동 피고인에게 대하여도 원심 판결을 파기하여야 한다」는 것이다.

그러니까 대통령은 항소하지 아니하고, 검사만 항소한 경우라도 원심의 공동 피고인인 최서원 피고인에게 원심 파기사유가 있으면, 항소포기 의사를 밝힌 대통령에게도 파기사유가 공통으로 적용된다는 의미다. 최서원 피고인이 항소심에서 잘 싸워준다면 대통령에게도 희망이 있다는 의미다.

뿐만 아니라 형사소송법 제364조의 2는 「할 수 있다」라는 임의규정이 아니라, 무조건 「하여야 한다」는 강제규정이다. 김문석 재판장이 재판부 의무사항이라고 표현한 의미를 드디어 알았다.

신동빈 회장
"대통령은 청렴한 분"

기쁜 소식은 또 있었다. 신동빈 롯데그룹 회장이 법정에서 대통령에게 아주 우호적인 발언을 했다. 최서원 재판에 증인으로 출석한 신동빈 회장이 부정한 청탁과 대가성 여부를 추궁하는 검찰과 특검의 매서운 심문에 당당하게 맞섰다.

신동빈 회장은 1심에서 징역 2년6월을 선고받고, 법정 구속되었으나 조금도 위축된 모습이 아니었다.

신동빈 회장은 "박근혜 대통령처럼 청렴하고 정직한 분이 대한민국에 누가 있느냐? 그런 분 앞에서 내가 어떻게 감히 청탁을 할 수 있겠느냐"고 반문하고, "내가 평창 동계올림픽 스키 종목에 100억 원 등 모두 500억 원을 지원했는데, 그 500억 원은 아무런 조건 없이 지원한 돈"이라며 부정한 청탁이나 대가성이 없음을 강조했다.

검찰이 안종범 진술을 근거로 추궁하자 신동빈 회장은 "안종범이 무슨 이야기를 하는지 도저히 이해를 못 하겠다"고 반박했다. 이경재 변호사는 "신동빈 회장이 박근혜 대통령을 강력히 변호했다. 마치 박근혜 대통령의 변호인 같았다"며 "아주 의미 있는 재판"이라고 말했다.

최서원 피고인의 항소심 재판에서 이경재 변호사는 TV조선 사회부장 이진동 기자가 쓴 책 「이렇게 시작되었다」를 증거로 제출했다. 이경재 변호사는 언론에 보도된 「국정농단 사건」을 「대국민 기만사건」이라며 성격을 다르게 규정했다.

이진동과 윤석열 특검 수사팀장이 잘못된 선입견을 갖고, 기획폭로와 기획수사를 한 것이 「대국민 기만사건」의 본질이라는 것이고, 이진동이 쓴 책이 그 증거라고 주장했다.

뇌물죄와
제3자 뇌물죄의 차이

　법률신문에 실린 백창원 변호사의 판례해석도 증거자료로 제출됐다. 법률신문은 대부분의 법조인이 구독하는 신문이다. 서울중앙지방법원 판사 출신인 백창원 변호사는 법률신문 기고를 통해, 김세윤 판사의 1심 판결문을 비판했다. 기고문의 취지는 이렇다.

　「우리 형법은 뇌물의 귀속 주체에 따라, 뇌물수수죄와 제3자 뇌물수수죄를 구별하고 있다. 이 사건의 사실관계를 보더라도, 승마 지원을 통한 뇌물의 귀속 주체는 공무원인 박근혜 대통령이 아니라, 비신분범(공무원이 아닌 사람)인 최서원의 딸 정유라임을 알 수 있다.

　그렇다면 우리 형법이 뇌물의 귀속 주체에 따라 범죄의 구성

요건을 다르게 한다는 점을 고려할 때, 제3자 뇌물수수죄가 의율(적용)되어야 하고, 그 다음으로 박근혜 대통령이 위 죄의 공동 정범에 해당되는지 여부를 따져야 함이 옳다.

그럼에도 김세윤 판사의 판결은 해당 사안이 어느 범죄 구성요건에 해당되는지를 검토하기도 전에, 박근혜 대통령과 최서원은 공동 정범이므로 최서원이 받은 뇌물도 박근혜 대통령이 받은 뇌물로 동일하게 볼 수 있다는 논리로 구성하고 있다.

공무원도 아닌 공동 정범에게 뇌물을 보내는 것까지 공무원 자신에게 귀속된다고 보는 것은 제3자 뇌물수수죄를 규정한 본래의 취지에도 어긋나며, 지나친 논리비약이다.」

최서원 피고인에 대한 항소심 결심공판은 2018년 6월 15일에 열렸다. 항소심은 석 달 열흘 만에 끝났다. 최서원은 결심공판에서 피고인 최후진술을 했다. 피고인의 입장을 법정에서 밝힐 수 있는 마지막 기회다. 최서원은 동부구치소에서 써 온 진술서를 읽었다.

"저는 비선 실세가 아닙니다. 박근혜 대통령을 이용하여 사익(私益)을 취하려고 생각한 적이 없습니다. 삼성이 정유라에 대해 승마지원을 하려고 했다는 것은 사전에 알지 못했고, 정유라가 승마지원 대상에 포함된 것이라고 해서 참여했을 뿐입니다.

국회에서「공주 승마」문제가 터져 주목을 받고 있는 상황에서, 어떻게 대통령에게 청탁할 염치가 있었겠습니까? 이 사건은 제 아버지 최태민을 이용하여 박근혜 대통령을 죽이고, 정치 생명까지 끊으려고 기획한 것입니다. 만약 나에게 다음 생(生)이 있다면, 딸과 아버지로서 잘 살고 싶습니다."

최후 진술에 10분이 걸렸다. 최서원은 자기에게「최태민 목사의 딸」이라는 멍에를 씌운 아버지의 과거 행적을 비난하고 부정한 게 아니라, 6·25 전쟁 후 먹고 살기가 어려웠던 시절에 가족을 보살핀 아버지에 대한 연민을 토로했다.

"만약 나에게 다음 생이 있다면, 딸과 아버지로서 잘 살고 싶다"는 최서원의 마지막 멘트가 인상적이었다.

탄원서 보내기 운동 시작하다

　대통령 항소심 재판에서 약간의 분위기 변화를 감지한 나는 새로운 「전략」이 필요함을 느꼈다. 대통령 사건의 진실은 사건 기록 속에 있는데, 그 기록이 워낙 방대하기 때문에 찾기가 힘들고, 설령 진실을 끄집어낸다 하더라도 이미 언론을 통해 각인된 이미지를 지우기가 쉽지 않다고 느꼈기 때문이다. 그래서 진실을 알리는 작업과 함께 법원의 마음을 움직여 보기로 했다.

　판사는 재판권을 행사하는 판관(判官)이다. 검찰과 언론이 뭐라고 주장해도 판사가 작성한 판결문을 이기지 못한다. 대한민국 판사들은 한 달에 평균 200여 건의 사건을 판단하고 심판한다. 한 판사에 의해 사건 관련자 수백 명의 운명이 좌우된다. 판사 눈에 진실이 보여야 사건의 실체를 밝힐 수 있다.

나는 감옥에 수감돼 있을 때, 어느 억울한 피고인을 위해 탄원서를 써 준 일이 있다. 내가 쓴 탄원서로 그 피고인은 석방되었다. 나는 그 피고인이 가장 억울해 하는 것이 무엇인지를 들었고, 그의 기록 속에서 그 증거를 찾아낸 후, 그 증거의 중요성을 인간적으로 호소하는 탄원서를 썼을 뿐이다.

나는 이런 방법을 대통령 사건에 적용하기로 했다. 대통령 사건의 항소심 재판부에 대통령의 불구속재판과 무죄 석방을 탄원하는 인간적인 호소문을 보내자고 제안했다.

나는 내가 운영하는 유튜브 방송 「거짓과 진실」을 통해 시청자들에게 호소했다. 탄원서 보내기 운동은 2018년 6월 18일, 「거짓과 진실」 방송에서 시작되었다. 반응은 나쁘지 않았다. 그 다음날인 6월 19일에 11통의 탄원서가 법원에 제출됐고, 6월 20일에 17통, 6월 21일 16통, 6월 22일 15통, 6월 25일 29통, 6월 26일에는 56통이 접수됐다. 탄원서 보낼 곳 주소와 어떻게 써야 하는지를 문의하는 시청자들의 전화가 늘어났다. 나는 탄원서 작성 요령을 알려주었다.

"보낼 주소는 서울 서초구 서초중앙로 157 서울고등법원입니다. 대통령이 수감된 서울구치소가 아닙니다. 수신인 이름에는 「제4 형사부 귀중」이라 표시하십시오. 편지지나 A4 용지 맨 위에, 큰 글씨로 탄원서라 쓰고, 그 다음에 대통령 사건번호(2018

노1087)를 적은 다음, 줄을 바꿔,「존경하는 재판장님」이라 쓴 뒤, 시청자 여러분들의 마음의 소리를 써내려 가면 됩니다. 마음이 담긴 글이 판사들의 마음을 움직이게 합니다. 손으로 직접 쓴 탄원서라야 효과가 있습니다. 가능한 A4 용지 두 장을 넘기지 마십시오. 양이 길면 판사들이 읽는데 부담감을 느낍니다."

탄원서 보내기 운동에 동참한 사람들은 거의가 예순이 넘었다. 아흔 두 살의 할아버지도 있었다. 이 분들은 중학교와 고등학교에 다닐 때 월남전에 파병된 군인들과 일선 국군장병들에게 위문편지를 써본 경험이 있다. 이 분들이 나에게 감수를 부탁하며 보낸 탄원서에는 그 분들의 풍부한 인생경험이 녹아있었다. 손 볼 곳이 없었다. 사연도 다 달랐다. 그 속에는 대한민국을 사랑하고, 박근혜 대통령을 지키겠다는 마음 하나가 들어있을 뿐이었다.

나는 이경재 변호사에게 탄원서 보내기 운동을 설명하고, 효과가 있을 것인지를 물었다. 이경재 변호사는 "재판부가 선고를 앞두고 가장 신경쓰는 부분이 여론이다. 애국 국민들이 자필로 쓴 탄원서가 벌써 420통이 넘었다면 재판부도 결코 국민의 소리를 무시할 수 없을 것이다.

박근혜 대통령 탄핵은
대한민국 탄핵

나는 여든두 살의 할머니가 보낸 탄원서를 읽으면서 「박근혜 대통령 탄핵」의 진정한 의미에 눈을 뜨게 되었다. 할머니는 탄원서 첫 부분에 자기 신상을 밝혔다.

"1937년 모월 모일 생입니다. 아홉 살 때 해방을 맞이했고, 열네 살 때 6·25 전쟁을 겪었습니다. 그 후 어렵고 힘든 시절을 잘 견뎌내고 아무런 근심 걱정 없이 노후를 보낼 생각에, 여가 선용을 하던 차에 난데없이 박근혜 대통령 탄핵을 맞이하게 되었습니다.

저도 처음엔 언론의 허위기사에 속아서 박근혜 대통령에 대한 원망과 실망이 눈덩이처럼 쌓여갔습니다. 그러나 얼마 가지 않아 차츰 진실을 알게 되었으며, 무자비한 박영수 특별검사의 횡포에 경악하였습니다.

저는 2016년 10월부터 생활에 큰 변화가 일어났습니다. 눈을 뜨자마자 하는 일이, 휴대폰을 손에 드는 것이었습니다. 오늘은 혹시 좋은 소식이 있을까? 박근혜 대통령에 대한 재판이 어떻게 진행되고 있을까? 노심초사하면서 하루 종일 휴대폰을 손에서 놓을 수가 없었습니다. 휴대폰을 손에서 놓지 못하는 바람에 눈이 짓물러 버렸습니다."

이 할머니는 탄원서에서 박근혜 대통령이 탄핵된 이유를 이렇게 분석했다.

"그 전의 대통령들은 측근 정치인들을 챙기고, 기자들도 챙기고 기업, 사법부, 입법부 모두를 챙겼지만, 박근혜 대통령은 그런 대통령들과는 달랐습니다. 오직 나라를 위해 열심히 일하면 모든 사람들이 따라올 줄 알았습니다.

그런데, 대한민국의 100년 후를 내다보고 시작한 공무원연금 개혁이 오히려 수많은 공무원들을 적(敵)으로 만들었고, 뒤이어 군인연금, 사학연금을 개혁하려 했으니 적이 많을 수밖에 없었습니다.

박근혜 대통령은 통진당 해산, 전교조의 법외 노조화, 국정교과서 발행, 노동개혁 등등 많은 일을 함으로써 많은 적들이 생겼고, 그 수많은 적들이 탄핵의 주범이고 동조한 세력들입니다.

박근혜 대통령 탄핵은 대한민국 탄핵입니다."

"박근혜 대통령 탄핵은 대한민국 탄핵"이라는 이 표현을 보는 순간, 나도 깨달았다. 역시 연륜(年輪)이란 것은 무시할 수 없다. 박근혜 대통령 탄핵은 그 할머니가 지적한 대로, 현직 대통령인 박근혜 대통령 개인을 책망한 게 아니라, 대한민국을 부정하는 세력들이 대한민국을 처벌하고 파면한 것과 같은 행위로 보는 것이 정확할 것이다.

박근혜 대통령의 잘잘못을 따지겠다는 것이 아니라, 자유 대한민국의 체제와 존립 기반, 그리고 그 가치와 자존심을 짓밟는 행위와 다름없다. 우리나라는 1945년 일제 치하에서 광복이 된 후, 1950년에서 1970년 사이에 그 지독한 가난을 극복하여 개발도상국으로 발돋움했다.

1998년의 외환위기를 슬기롭게 극복하여, 삼성·LG 등 글로벌 기업을 탄생시켰고, K팝으로 지칭되는 대한민국의 한류 문화에 전 세계가 환호했다.

대한민국이 북한 김정은 체제를 흡수·통일하고, 자유 민주주의국가로 한 단계 더 발전하고 번성하려면, 박근혜 대통령 탄핵의 본질부터 정리해야 하며, 그 출발점이 박근혜 대통령 사건에 대한 재수사라는 게 내 판단이다.

"여자들은 나이 들면 안 아픈 데가…"

나는 올해 72세라고 밝힌 한 할머니가 보낸 탄원서를 읽으며, 가슴이 쓰렸다. 사연은 이랬다.

"존경하는 재판장님, 저는 72세에 혼자 사는 여인입니다. 어머니를 모시고 살았습니다. 아니, 어머니가 저를 데리고 살았다는 표현이 맞겠습니다. 8년 전, 그 어머니를 보내드리고 나서 얼마나 후회가 되었는지 모릅니다.

남자들도 마찬가지겠지만, 여자들은 나이가 들면 여기저기 안 아픈 데가 없습니다. 자다가 여기저기 옮겨 다닙니다. 몸이 안 편해서요. "우리 어머니도 이렇게 괴로우셨겠구나" "내가 늙어 보고 어머니를 모셨으면 좀 잘 모셨을 텐데"하는 후회가 항상 마음을 짓누릅니다.

존경하는 재판장님, 재판장님도 어머니가 계실 테고, 그리고 아내도 나이 들어 갈 것입니다. 그 어머니가, 아내가 좁은 감방에 계신다고 생각해 보십시오. 제발 우리 박근혜 대통령님 석방시켜 주십시오. 그래서 이것저것 치료도 받고 몸을 추스를 수 있게 해 주십시오. 그러면서 재판은 받으실 수 있지 않습니까?

제발 부탁드립니다. 사람은 누구나 늙어갑니다. 후일에 내가 과연 뭘 잘했는지, 뿌듯한 기억 하나를 남길 수 있게 되기를 빕니다."

1941년생으로 올해 78세의 노인이라고 신분을 밝힌 분은 탄원서에 이렇게 썼다.

"박근혜 대통령은 병약한 한 여인으로, 부모도 남편도 자식도 없는, 외롭다면 천하에 가장 외로운 여성입니다. 정직하고 의로운 애국 국민을 부모형제같이 의지하고, 대한민국과 결혼했다는 심정으로 희생하며, 오로지 세계 속의 나라로, 대한민국이 잘 되기를 소망하며 살아온 분입니다.

이런 분을 이 나라가 이렇게 대접해도 되는 것입니까? 사법부가 이렇게 가혹하게 해도 되는 것입니까? 이 나라 국민의 한 사람으로 통탄함과 분통을 느끼게 합니다.

저는 그렇게 생각합니다. 재판관님들의 이 재판은 대한민국이 흥(興)하느냐 쇠(衰)하느냐 하는 기로의 재판으로, 천우신조의 운을 받을 수 있는 국운상승의 길을 갈 것이냐, 아니면 국민적 국가적 쇠망(衰亡)의 길을 갈 것이냐를 결판내는 재판이라고 생각합니다.

이 나라를 사랑하시고, 정의를 사랑하시는 판사님들의 정직한 판결로 역사에 기록되는 순교자적 정의를 세우는 이정표적 판결을 내려주시기를 간절히 부탁드립니다."

미국 캘리포니아 라크레센타에 거주하는 한 교민이 나에게 탄원서 감수를 부탁했다. 그는 박정희 대통령이 서거한 1979년의 10·26 사태와 이어 벌어진 12·12 사태 및 1980년 광주 5·18. 사태 당시 군 복무 중이었고, 1980년에 만기 제대한 후, 가족이 사는 캘리포니아에 정착했다고 한다. 나도 1980년 7월에 육군 병장으로 만기 전역했기 때문에 그 시절을 잘 안다.

그는 항공 분야에서 근무하는데, 법을 전공하지는 않았지만 캘리포니아 지역 사회에서 여러 차례 배심원으로 선택되어 형사재판과 민사재판에 참여했다고 한다. 배심원으로 선택되면 판사가 지침을 주는데, 그때 지시받은 5가지 지침을 박근혜 대통령 구명을 위한 탄원서에 적어 놓았다. 소개하면 이렇다.

「① 증명과 증거는 합리적 의심을 능가해야 한다. 합리적 의심이 들면 무죄다, ② 유죄가 확정되기 전까지 모든 피고인은 무죄다, ③ 범죄 입증의 책임은 검사에게 있다, ④ 배심원의 의무는 공정하고 편파적이지 않아야 한다, ⑤ 증거가 조작되었을 경우에는 재판 자체가 성립하지 않는다. 오히려 형법으로 처벌한다.」

미국은 판사가 형사사건 배심원들에게 교육하는 지침이 이렇다는 것이다.

그는 탄원서 서두에 미국 사례를 소개한 후, 죄가 확정되기도 전에 박근혜 대통령을 감옥에 가두는 것은 잘못이며, 박근혜 대통령의 혐의가 뇌물이라고 하는데 증언만 있지 뇌물의 증거가 없기 때문에 미국 재판의 경우처럼 확고한 증거들을 적시한 다음에 사건의 본질을 살펴봐 달라고 탄원했다.

조선일보에서
탄원서 운동 보도하다

문재인 정부에서 권력서열 5위 안에 드는 권력자와 같은 집안의 어른이라는 분도 탄원서를 제출했다. 그 분은 탄원서를 제출하게 된 사연과 함께 탄원서 전문을 이메일로 보내주었다. 사연은 이렇다.

「거짓과 선동이 난무하는 작금의 상황에서, 아무 것도 할 수 없는 내 자신의 미력하고 초라한 처지에 분노하다 우 기자의 제안에 따라 2018년 7월 11일부로 탄원서를 발송하게 되었다. 사건의 진실을 규명하기 위해 사실과 논리적인 근거로 계몽방송을 해주는 모습에 감사하는 마음이다. 역사는 반드시 양심과 진실의 편이 되고야 말 것이다.」

시청자 한 사람은 "진실은 호주머니 속에 든 송곳과 같아서 아무리 숨기고 덮으려 해도 삐져나올 수밖에 없다는 말처럼 진실은 반드시 밝혀진다는 믿음을 가지고 있다. 다만 시간이 걸릴 뿐이다"라는 내용의 탄원서를 보내왔다.

박근혜 대통령의 성심여중 1년 후배라고 신분을 밝힌 시청자는 손으로 직접 쓴 탄원서를 국제우편으로 보내 왔다. 보낸 주소는 미국 하와이였다. 그녀는 탄원서에서 학창 시절에 본 박근혜 대통령 모습을 적었다.

"박근혜 대통령은 중·고 시절에 얼마나 교복을 오래 입었으면, 반들반들하고 소매의 실밥은 풀려있었습니다. 그렇게 소박하고 욕심 없이 살아온 분이 박근혜 대통령입니다."

탄원서는 2018년 7월 16일에 960통을 넘어섰고, 7월 19일에 1200통을 돌파했다. 탄원서가 1천통을 넘어서자, 조선일보는 7월 19일자 신문에서 "박근혜 대통령 2심을 앞두고 탄원서 1천통 넘어"라는 제목의 기사를 보도하면서, 2심에서 천통이 넘는 탄원서가 제출된 것은 드문 일이라고 평가했다.

2018년 8월 17일 기준으로 1600통의 탄원서가 법원에 제출됐다. 이 탄원서는 대통령의 항소심 사건 기록에 첨부됐기 때문에 역사적 기록으로 보존된다. 먼 훗날 우리의 후손들이 박근혜 대통령 탄핵 사건을 연구하고 기록할 때, 이 탄원서는 이 시대를 살아온 선조들의 비폭력 저항운동으로 평가될 것이다.

특검,
탄원서에 의견서로 맞불

탄원서 보내기 운동이 탄력을 받게 되자, 박영수 특검이 긴장했다. 특검은 탄원서 보내기 운동을 무력화시키기 위해, 재판부를 압박하는 의견서를 이틀에 한 번꼴로 제출했다. 탄원서가 960통을 넘어선 날, 특검은 15번째의 항소심 의견서를 제출했고, 탄원서가 1천통을 돌파하자 16번째 의견서를 제출했다. 1200통을 넘어서자 특검은 17번째 의견서와 참고자료를 제출했다.

대통령 항소심 사건에서 특검의 반격도 만만치 않았다. 박영수 특검팀은 항소심에 승부를 걸었다. 그럴 수밖에 없었다. 특검은 국정농단 의혹사건은 대통령이 이재용 삼성전자 부회장의 경영권 승계작업을 도와준 대가로 뇌물을 받았다고 예단했다.

특검 논리라면, 대통령이 받은 뇌물 총액은 298억2585만 원이다. 삼성그룹이 미르재단과 K스포츠재단에 출연한 204억 원과 정유라 승마 지원금 77억9735만 원, 그리고 영재센터 지원금 16억2800만 원을 합친 액수다.

그러나 1심 판결문은 뇌물액수 면에서 사실상 특검의 완패(完敗)라고 할 수 있다. 뇌물액수가 가장 큰, 재단 출연금 204억 원에 대해 무죄가 선고됐기 때문이다. 나머지 94억2585만 원에 한해 유죄를 인정해, 특검의 체면을 그런대로 세워주기는 했지만, 백창원 변호사의 주장대로 뇌물수수죄와 제3자 뇌물수수죄를 명확하게 판단하지 않았다. 그러므로 항소심이 어떻게 판단할지 장담하기 어려웠다.

특히 1심에서 무죄가 선고된 삼성그룹의 양 재단 출연금 204억 원이 2심에서 마저 무죄가 확정되고, 나아가 승마와 영재센터 지원금마저 무죄가 되면, 특검 수사가 잘못되었다는 비난을 면할 수 없기 때문이다.

특검은 재단 출연금도 뇌물이라는 학계의 소수 학설을 의견서로 제출하는 한편, 국민들 사이에서 거의 조롱거리에 가까웠던 「묵시적 청탁」을 완화하기 위해 「기발한 논리」를 개발했다. 이 논리는 특검이 제출한 항소심 의견서 15번에 나온다. 의견서 맨 앞장을 인용하면 이렇다.

「사건의 객관적 실체를 이해하는 데 있어, 그 사건의 상황에 맞는 관점을 정립하고, 그에 따른 적합한 기준을 세우는 일이 우선되어야 합니다.

이 사건 범행의 한쪽 당사자는 제왕적 대통령제하의 박근혜 대통령입니다. 특히 박근혜 대통령은 서슬 퍼런 유신체제에서 5년이 넘도록 퍼스트레이디 역할을 경험했던 사람입니다. 이 사건 범행의 또 다른 당사자는 삼성공화국의 황태자라 불리는 이재용입니다.

이 사건은 그러한 박근혜, 이재용 두 사람이 만나, 검은 거래를 한 사건입니다. 두 사람 간의 만남에서 검은 거래와 관련하여 이러쿵저러쿵 긴 말이 오간다고 볼 수는 없습니다. 박근혜 대통령이나 이재용 모두 달변가가 아니고, 달변가일 필요도 없습니다.」

특검은 「묵시적 청탁」이라는 직접적 표현보다는 대통령과 이재용 부회장 두 사람이 모두 달변가가 아니라는 점을 부각시켜, 두 사람 간의 「검은 거래」는 말이 필요치 않은 묵시적 청탁이었음을 은연중에 강조했다.

법정에서
악마의 미소를 보았다

대통령 항소심 결심 공판은 2018년 7월 20일 오전 10시, 서울고등법원 제403호 법정에서 열렸다. 이날 법정에는 모처럼 15명의 기자가 참관했다. 34석의 방청석도 가득 찼다.

김민형 검사는 구형에서 "1심에서 무죄가 난 부분을 모두 유죄로 선고해 달라. 삼성 승마 뇌물과 관련해 최서원 피고인이 32억 원에 해당하는 살시도, 비타나, 라우싱 등 명마 3마리를 받았으니 뇌물이 맞다. 박근혜 피고인에게 징역 30년에 벌금 1185억 원을 선고해 달라"고 말했다.

구형 이유가 1심 때와 똑같고 아주 간단했다. 대통령이 직접 받은 뇌물이 없으므로 검찰은 추징금을 구형하지 못했다. 국선변호인 3명은 돌아가며 검찰 주장을 반박했다.

안종범이 검찰과 특검에서 여러 차례 진술을 번복했고, 특검 조사 때는 특검에서 회유받은 적이 있다고 실토했으므로 진실성이 없다는 것, 특히 안종범 업무수첩에 대해서는 이재용 부회장 항소심에서 증거능력이 없다고 판단했으므로 이를 참작해 달라고 주장했다.

삼성그룹이 박근혜 대통령에게 명시적으로 청탁한 내용이 이재용 부회장을 그룹 후계자로 만들어 위상을 강화하겠다는 것인데, 그것은 증거도 없이 박영수 특검이 만들어 낸 말에 불과하다고 강하게 비판했다. 국선 전담변호인들은 최후 변론 말미에서 "부디 선입견을 갖지 말고, 오직 증거에 의해서 유무죄를 판단해 달라"고 요청했다.

박근혜 대통령 항소심 선고는 2018년 8월 24일, 서울중앙지방법원 312호 법정에서 열렸다. 417호 대법정보다는 규모가 작지만 100명 정도 입정이 가능하다. 불의의 사태에 대비, 경비가 철저했다. 1층과 2층에서 신분확인과 소지품 검사가 끝났지만, 3층 법정에 들어가기 전에 다시 한 번 신원확인 절차가 진행됐다.

선고 시각은 오전 10시였다. 그런데 김문석 재판장이 재판 시작 2분 전인 오전 9시58분에 법정에 들어왔다. 김문석 재판장은 방청석을 쳐다보며 엷은 미소를 지어보였다. 평소 재판 때는 다소 창백한 인상이었으나, 이날은 얼굴에 약간의 홍조(紅潮)가

비쳤다. 딱히 짚이는 것은 없지만 뭔가 이상하다는 느낌이 왔다.

재판장 자리에 앉은 김문석 판사는 "시작하려면 2분이 남았으므로 2분 후에 선고를 시작하겠다"고 뜸을 들였다. 대통령의 항소심 판결문은 342쪽이다. 1심 판결문(607쪽)의 반 분량이다.

김문석 재판장은 대통령에게 징역 25년에 벌금 200억을 선고했다. 1심과 비교하면 형량이 1년 늘고, 벌금액이 180억에서 200억으로 20억이 늘었다. 범죄수익금이 없으므로 추징금 선고는 없었다.

김문석 재판장은 그러나 안종범에게는 관대했다. 안종범은 1심에서 징역 6년에 벌금 1억이 선고되었고, 범죄수익금 4200만 원은 추징금으로 부과됐다. 안종범이 뇌물로 받은 보테가 핸드백 1점과 루이비통 가방 1점은 몰수 판결을 받았다.

그러나 안종범은 2심에서 징역 5년에 벌금 6천만 원이 선고됐다. 형량은 1년이 줄고, 벌금액도 줄고, 추징금 액수도 4200만 원에서 1990만 원으로 줄었다. 벌금액이 줄면서 노역장 유치 기간도 짧아졌다.

김세윤 판사는 1심에서 "안종범이 벌금 1억을 내지 않으면 1년간 노역장에 유치한다"라고 선고했는데, 김문석 판사는 2심에서 "벌금 6천만 원을 납부하지 않으면 하루 일당을 20만 원으로 계산해 300일을 노역장에 유치한다"고 선고했다. 300일이면 1

Ⅲ. 재판과 감옥생활

년에서 60일이 빠지므로 노역장 유치 기간도 줄여주었다. 다만, 안종범이 뇌물로 받은 보테가 핸드백 1점과 루이비통 가방 1점을 몰수한다 라는 판결은 1심과 같았다.

김문석 판사가 유독 안종범에게 이런 관용을 베푼 이유는 판결문에 이렇게 적시돼 있다. "피고인의 진술이 이 사건 실체파악에 상당한 도움이 되었다"는 것이다. 나는 김문석 판사의 이 같은 판단에 얼이 빠졌다. 내 눈에 헛것이 보였다. 혀를 쏙 내밀고 나를 약 올리는 악마의 모습이었다.

대법원에
직권파기 의견서 제출

김문석 판사는 대한민국을 사랑하는 애국 국민들이 재판부에 제출한 1600통의 탄원서에 대해서는 한 마디도 언급하지 않았다. 대개의 경우, 판사들은 양형 부분에서 한 줄이라도 탄원서 제출을 언급하는데, 그런 게 아예 없었다.

김문석 판사에게 일말의 희망을 걸었던 내가 바보였다. 나는 탄원서를 제출한 많은 시청자들로부터 항의 전화를 받았다. "죄송합니다" 외에는 할 말이 없었다.

대통령 사건은 2018년 9월 12일 대법원에 접수됐다. 대통령은 상고의사를 밝히지 않았지만, 검찰이 항소심에서 무죄가 된 부분에 대해 상고했기 때문이다. 마지막 남은 저항 수단은 대법원에 "진실을 밝혀 달라"고 호소하는 방법뿐이다.

그래서 대법원에 「직권파기를 위한 의견서」를 제출하기로 마음먹었다. 「의견서」는 형사사건에서 피고인의 변호사가 법원에 제출하는 서류다. 나는 변호사가 아니므로 의견서를 제출할 자격이 없다. 그러나 「진정서」나 「탄원서」보다는 「의견서」가 더 힘 있어 보이는 양식이기에 이렇게 하기로 결심했다.

대법원에서 재판을 담당하는 대법관은 13명이다. 대법관들에게 대통령 사건의 진실을 호소하는 방법은 하나뿐이다. 검찰 조서와 법원 녹취록에 기재된 객관적 증거들을 근거로, 대통령 사건의 전체 내용을 알기 쉽게 설명해야 한다.

내가 갖고 있는 유일한 무기는 발로 뛰어 현장을 확인한 취재내용과 「사건 기록」이다. 나는 대통령 사건의 기록을 모두 갖고 있다. 이재용 부회장 사건의 기록은 오태희 변호사를 통해 입수했다. 재판 과정에서 있었던 검찰과 변호인 간의 공방은 법정에서 취재했다. 검찰과 특검, 그리고 변호인이 제출한 의견서도 상당 부분 갖고 있다.

나에게 큰 도움이 된 자료가 하나 더 있다. 대통령 사건에 직·간접적으로 관련된 사람들이 후일담 형식으로 출간한 쓴 책이다. TV조선 이진동 기자(이렇게 시작되었다), 한겨레신문 특별취재반(최순실 게이트), 더불어민주당 안민석 의원(끝나지 않은 전쟁), K스포츠재단 사업부장 노승일(노승일의 정조준)의 책이다. 이들은 책에서 사건 진행 당시에 있었던 자기들의 역할을 자랑삼아 공개했는데, 사건의 실체 파악에 큰 도움이 되었다.

나는 대통령 사건의 전체 모습을 한 눈에 조망할 수 있는 「직권파기를 위한 의견서-서(緒)」를 2018년 10월 15일 대법원에 제출했다. 제목에 붙인 서(緒)는 「실마리」라는 뜻이다. 대통령 사건의 객관적 실체를 밝힐 수 있는 실마리, 즉 한 올의 실에 대한 고찰이라고 밝힌 것이다.

이 의견서는 「거짓과 진실」 대표기자 우종창 외 5인의 이름으로 제출됐다. 나는 이 의견서를 직접 들고 대법원을 찾아갔다. 민원실 직원은 의견서를 한 번 훑어보더니 접수도장을 찍어주었다. 일단 1차 관문은 통과한 셈이다. 의견서 초안은 내가 썼고, 나를 도와주는 변호사와 IT 전문가들이 감수했다.

이어 10월 29일에는 「직권파기를 위한 의견서 총론」을 제출했다. 나는 이 의견서에서, 대통령과 최서원 관계·미르재단 설립 과정·K스포츠재단 설립 과정·정유라의 승마 지원 관련 뇌물수수·안종범 업무수첩의 증거 능력에 대한 오해와 진실을 기록했다.

11월 13일에는 「직권파기를 위한 의견서 각론1」을 제출했다. 이 의견서에는 최초 고발인 「투기자본 감시센터」의 정체와 묘한 시점에 제출된 고발장, 결론을 정해놓고 진행된 특검 수사의 불공정성과 위법·부당성, 정동구 이사장이 밝힌 K스포츠재단 설립의 진실 및 관련자 진술의 신빙성, 노승일의 경력과 검찰 진술의 신빙성에 대하여 기록했다.

나는 이 의견서를 대법관을 보좌하는 대법원 재판연구관들이 꼭 읽어주기를 바랬다. A4 용지로 50쪽이 넘는 장문의 의견서는 대법원에서도 잘 읽지 않는다는 점을 알고 있었기 때문에 내용을 축약해서 가급적 짧게 썼다.

검찰에 형 집행정지
요청서 제출

 2019년 4월 16일은 대통령에게 추가로 발부된 구속영장, 즉 SK 뇌물요구 사건의 구속영장의 시효가 만료되는 날이다. 대법원에서의 구속기간이 이 날짜로 만료되기 때문에 더 이상 대통령을 붙잡아 둘 근거가 없다. 나는 이날 서울구치소 정문 앞에서 태극기 애국 국민들과 함께 대통령이 걸어 나오기를 기대하며 밤샘했다.

 그러나 검찰은 대통령에게 다른 「멍에」를 덮어씌웠다. 이날 자정을 기해, 징역 2년 형이 확정된 공직선거법 위반죄에 대해 형 집행을 시작한 것이다. 이 사건은 한 해 전인 2018년 11월 29일에 이미 형이 확정되었기 때문에, 그날 자정부터 형 집행이 가능했다.

 그러나 검찰은 그동안 가만히 있다가, 추가 구속영장이 실효

(失效)되자 뒤늦게 부랴부랴 형 집행을 시작했다. 검찰의 이런 행위는 명백한 인권유린이다. 따라서 대통령은 「2019년 4월 16일」부터 「불법감금」 상태에 놓인 게 분명하다는 것이 내 판단이다.

형 집행을 담당하는 기관은 검찰이다. 나는 그날부터 검찰을 상대로 저항하기 시작했다. 나는 4월 29일, 서울중앙지검에 「형 집행정지 요청서」를 제출했다. 대통령이 수감된 서울구치소를 관할하는 검찰청이 서울중앙지검이기 때문이다.

나는 「형 집행정지 요청서」에서 이렇게 주장했다.

"대통령은 2017년 3월 31일에 구속돼, 2019년 4월 16일을 기준으로, 총 2년 18일간을 감옥살이하였습니다. 공직선거법 위반 사건으로 확정된 징역 2년을 이미 초과하였습니다. 박근혜 대통령은 현재 불법감금 상태에서 인권유린을 당하고 있으며, 검찰이 이런 식으로 형 집행을 하면, 자유대한민국 국민 모두가 인권침해를 당할 우려가 있습니다."

박근혜 대통령은 대한민국 제18대 대통령으로서, 탄핵사태 이후 지금까지 온갖 수사와 재판절차가 이어졌지만 그 스스로 이익을 취득한 내용은 하나도 발견되지 않았다. 거짓 여론조작 등 탄핵절차의 불법은 차치하고서라도, 그 이후 진행된 형사공판 절차에서 발생한 별건 구속영장 발부, 별건 공소제기에 이은 별건 형 집행은 대한민국 사법 역사상 가장 부끄러운 과오로 남을 것이다.

나는 형 집행정지 요청서 말미에 "더 이상의 거짓과 위선은 도저히 참을 수 없는 불법의 단계로 넘어가, 최후의 헌법수호 수단인 주권자인 국민의 저항권이 발동될 상황을 맞이하게 될 것"이라고 지적하고 "박근혜 대통령을 석방하는 신속한 결정을 내려주기 바란다"고 요청했다.

이 요청에 대해 검찰은 아무런 답변이 없고, 그 사유조차 알려주지 않았다. 그 사이 윤석열 서울중앙지검장은 검찰총장으로 영전하였고, 형 집행정지의 최종 법적 권한이 배성범 서울중앙지검장에게 넘어 갔다.

기자의 천적은
기자다

 내가 이 책을 탈고한 2019년 8월 22일 현재, 박근혜 대통령은 여전히 서울구치소에 수감돼 있다. 이날 대법원은 대통령과 이재용 삼성전자 부회장, 그리고 최서원에 대한 선고를 8월 29일에 한다고 발표했다.

 길고 긴 기다림의 시간이 언제 끝날지 나는 정확히 모른다. 그러나 기울어진 운동장이었던 대한민국이 서서히 바로 서고 있다는 점에서 나는 희망을 본다. 그래도 대법원이 대한민국의 최고 법원이라는 점에서 나는 희망을 갖고 있다.

 그리고 박근혜 대통령 사건의 실체적 진실을 밝히는 나의 작업은 계속될 것이다. 이번에 출간하는 「대통령을 묻어버린 거짓의 산」 제1권에 이어 제2권과 제3권을 계속해서 쓸 것이다. 후손들에게 올바른 역사의 기록을 남기기 위해서다. 대통령 탄핵이 없었더라면, 우리는 지금도 우리 사회 곳곳의 거짓과 위선의 실체에 둔감한 채 살고 있을 것이다.

어느 세계에서든 천적(天敵)이 있다. 잡아먹는 동물이 있으면 잡아먹히는 동물도 있다. 상어를 잡아먹는 범고래, 모기를 먹고 사는 미꾸라지, 닭과 지네의 관계가 천적이다. 기자의 천적은 기자다. 나는 전직 기자이기 때문에 기자들이 저질러 놓은 대통령 사건을 바로 잡겠다는 생각뿐이다.(제1권 끝).

우종창 기자가 말하는
박근혜 대통령 탄핵의 진실, 그리고 재판
대통령을 묻어버린 거짓의 산

발행일 2019년 9월 10일 초판 1쇄

지은이 우종창
펴낸이 우종창
펴낸곳 거짓과 진실

주소 서울 강북구 솔매로 29, 301호
전화 070-4038-1445
팩스 070-4038-1445
이메일 wjc57@naver.com
홈페이지 www.truepark1.com
등록 2018. 7. 16. 제 2017-000026호

ISBN 9791196799403(03300)

ⓒ 우종창 2019

정가 15,000원

※ 이 책에 실린 저작물은 저자의 서면 허락 없이는 무단 복제, 전제할 수 없습니다.
※ 잘못된 책은 거짓과 진실(010-5307-5472)에 연락하면 바꿔 드립니다.